T&P BOOKS

THAI
WOORDENSCHAT

THEMATISCHE WOORDENLIJST

NEDERLANDS
THAI

De meest bruikbare woorden
Om uw woordenschat uit te breiden en
uw taalvaardigheid aan te scherpen

9000 woorden

Thematische woordenschat Nederlands-Thai - 9000 woorden

Door Andrey Taranov

Woordenlijsten van T&P Books zijn bedoeld om u woorden van een vreemde taal te helpen leren, onthouden, en bestudering. Dit woordenboek is ingedeeld in thema's en behandelt alle belangrijk terreinen van het dagelijkse leven, bedrijven, wetenschap, cultuur, etc.

Het proces van het leren van woorden met behulp van de op thema's gebaseerde aanpak van T&P Books biedt u de volgende voordelen:

- Correct gegroepeerde informatie is bepalend voor succes bij opeenvolgende stadia van het leren van woorden
- De beschikbaarheid van woorden die van dezelfde stam zijn maakt het mogelijk om woordgroepen te onthouden (in plaats van losse woorden)
- Kleine groepen van woorden faciliteren het proces van het aanmaken van associatieve verbindingen, die nodig zijn bij het consolideren van de woordenschat
- Het niveau van talenkennis kan worden ingeschat door het aantal geleerde woorden

T&P Books Publishing
www.tpbooks.com

ISBN: 978-1-78767-236-9

Dit boek is ook beschikbaar in e-boek formaat.
Gelieve www.tpbooks.com te bezoeken of de belangrijkste online boekwinkels.

THAISE WOORDENSCHAT
nieuwe woorden leren

T&P Books woordenlijsten zijn bedoeld om u te helpen vreemde woorden te leren, te onthouden, en te bestuderen. De woordenschat bevat meer dan 9000 veel gebruikte woorden die thematisch geordend zijn.

* De woordenlijst bevat de meest gebruikte woorden
* Aanbevolen als aanvulling bij welke taalcursus dan ook
* Voldoet aan de behoeften van de beginnende en gevorderde student in vreemde talen
* Geschikt voor dagelijks gebruik, bestudering en zelftestactiviteiten
* Maakt het mogelijk om uw woordenschat te evalueren

Bijzondere kenmerken van de woordenschat

* De woorden zijn gerangschikt naar hun betekenis, niet volgens alfabet
* De woorden worden weergegeven in drie kolommen om bestudering en zelftesten te vergemakkelijken
* Woorden in groepen worden verdeeld in kleine blokken om het leerproces te vergemakkelijken
* De woordenschat biedt een handige en eenvoudige beschrijving van elk buitenlands woord

De woordenschat bevat 256 onderwerpen zoals:

Basisconcepten, getallen, kleuren, maanden, seizoenen, meeteenheden, kleding en accessoires, eten & voeding, restaurant, familieleden, verwanten, karakter, gevoelens, emoties, ziekten, stad, dorp, bezienswaardigheden, winkelen, geld, huis, thuis, kantoor, werken op kantoor, import & export, marketing, werk zoeken, sport, onderwijs, computer, internet, gereedschap, natuur, landen, nationaliteiten en meer …

INHOUDSOPGAVE

UITSPRAAKGIDS

T&P fonetisch alfabet	Thai voorbeeld	Nederlands voorbeeld

Klinkers

[a]	ห้า [hâ:] – hâa	acht
[e]	เป็นลม [pen lom] – bpen lom	delen, spreken
[i]	วินัย [wíʔ naj] – wí–nai	bidden, tint
[o]	โกน [ko:n] – gohn	overeenkomst
[u]	ขุ่นเคือง [kʰùn kʰɯ:aŋ] – khùn kheuang	hoed, doe
[aa]	ราคา [ra: kʰa:] – raa–khaa	aan, maart
[oo]	ภูมิใจ [pʰu:m tɕaj] – phoom jai	fuut, uur
[ee]	บัญชี [ban tɕʰi:] – ban–chee	team, portier
[eu]	เดือน [dɯ:an] – deuan	Lange [ə]
[er]	เงิน [ŋɤn] – ngern	deur
[ae]	แปล [plɛ:] – bplae	zwemmen, existeren
[ay]	เลข [lê:k] – lâyk	twee, ongeveer
[ai]	ไปป์ [paj] – bpai	byte, majoor
[oi]	โพย [pʰo:j] – phoi	Hanoi, cowboy
[ya]	สัญญา [sǎn ja:] – sǎn–yaa	signaal, Spanjaard
[oie]	อบเชย [ʔòp tɕʰɤ:j] – òp–choie	Combinatie [ə:i]
[ieo]	หน้าเชียว [nâ: si:aw] – nâa sieow	Kia Motors

Aan het begin van een lettergreep

[b]	บาง [ba:ŋ] – baang	hebben
[d]	สีแดง [sǐ: dɛ:ŋ] – sěe daeng	Dank u, honderd
[f]	มันฝรั่ง [man fà ràŋ] – man fà–ràng	feestdag, informeren
[h]	เฮลซิงกิ [he:n siŋ kìʔ] – hayn–sing–gì	het, herhalen
[y]	ยี่สิบ [jî: sìp] – yêe sip	New York, januari
[g]	กรง [kroŋ] – gromg	goal, tango
[kh]	เลขา [le: kʰǎ:] – lay–khǎa	deukhoed, Stockholm
[l]	เล็ก [lék] – lék	delen, luchter
[m]	เมลอน [me: lɔ:n] – may–lorn	morgen, etmaal
[n]	หนัง [nǎŋ] – nǎng	nemen, zonder
[ng]	เงือก [ŋɯ:ak] – ngêuak	optelling, jongeman
[bp]	เป็น [pen] – bpen	parallel, koper
[ph]	เผา [pʰǎw] – phào	ophouden, ophangen
[r]	เบอร์รี่ [bɤ: rî:] – ber–rêe	roepen, breken
[s]	ซ่อน [sôn] – sôrn	spreken, kosten
[dt]	ดนตรี [don tri:] – don–dtree	tomaat, taart
[j]	ปั่นจั่น [pân tɕàn] – bpân jàn	ongeveer 'tjie'

T&P fonetisch alfabet	Thai voorbeeld	Nederlands voorbeeld
[ch]	วิชา [wi? tɕʰaː] – wí–chaa	aspiraat [tsch]
[th]	แถว [tʰɛːw] – thǎe	luchthaven, stadhuis
[w]	เดียว [kʰiːaw] – khieow	twee, willen

Aan het einde van een lettergreep

[k]	แม่เหล็ก [mɛː lèk] – mâe lèk	kennen, kleur
[m]	เพิ่ม [pʰɤːm] – phêrm	morgen, etmaal
[n]	เนียน [niːan] – nian	nemen, zonder
[ng]	เป็นห่วง [pen hùːaŋ] – bpen hùang	optelling, jongeman
[p]	ไม่ขยับ [mâj kʰà ja p] – mâi khà–yàp	parallel, koper
[t]	ลูกเป็ด [lûːk pèt] – lôok bpèt	tomaat, taart

Opmerkingen

Midden Toon - [ā] การคูณ [gaan khon]
Laag Toon - [à] แจกจ่าย [jàek jàai]
Dalend Toon - [â] แต่ม [dtâem]
Hoog Toon - [á] แซ็กโซโฟน [sáek-soh-fohn]
Stijgend Toon - [ǎ] เนินเขา [nern khǎo]

AFKORTINGEN
gebruikt in de woordenschat

Nederlandse afkortingen

abn	-	als bijvoeglijk naamwoord
bijv.	-	bijvoorbeeld
bn	-	bijvoeglijk naamwoord
bw	-	bijwoord
enk.	-	enkelvoud
enz.	-	enzovoort
form.	-	formele taal
inform.	-	informele taal
mann.	-	mannelijk
mil.	-	militair
mv.	-	meervoud
on.ww.	-	onovergankelijk werkwoord
ontelb.	-	ontelbaar
ov.	-	over
ov.ww.	-	overgankelijk werkwoord
telb.	-	telbaar
vn	-	voornaamwoord
vrouw.	-	vrouwelijk
vw	-	voegwoord
vz	-	voorzetsel
wisk.	-	wiskunde
ww	-	werkwoord

Nederlandse artikelen

de	-	gemeenschappelijk geslacht
de/het	-	gemeenschappelijk geslacht, onzijdig
het	-	onzijdig

BASISBEGRIPPEN

Basisbegrippen Deel 1

1. Voornaamwoorden

jij, je	คุณ	khun
hij	เขา	khăo
zij, ze	เธอ	ther
het	มัน	man
wij, we	เรา	rao
jullie	คุณทั้งหลาย	khun tháng lăai
U (form., enk.)	คุณ	khun
U (form., mv.)	คุณทั้งหลาย	khun tháng lăai
zij, ze (mann.)	เขา	khăo
zij, ze (vrouw.)	เธอ	ther

2. Begroetingen. Begroetingen. Afscheid

Hallo! Dag!	สวัสดี!	sà-wàt-dee
Hallo!	สวัสดี ครับ/ค่ะ!	sà-wàt-dee khráp/khâ
Goedemorgen!	อรุณสวัสดี!	a-run sà-wàt
Goedemiddag!	สวัสดีตอนบ่าย	sà-wàt-dee dtorn-bàai
Goedenavond!	สวัสดีตอนค่ำ	sà-wàt-dee dtorn-khâm
gedag zeggen (groeten)	ทักทาย	thák thaai
Hoi!	สวัสดี!	sà-wàt-dee
groeten (het)	คำทักทาย	kham thák thaai
verwelkomen (ww)	ทักทาย	thák thaai
Hoe gaat het met u?	คุณสบายดีไหม?	khun sà-baai dee măi
Hoe is het?	สบายดีไหม?	sà-baai dee măi
Is er nog nieuws?	มีอะไรใหม?	mee à-rai mài
Tot ziens! (form.)	ลาก่อน!	laa gòrn
Doei!	บาย!	baai
Tot snel! Tot ziens!	พบกันใหม่	phóp gan mài
Vaarwel! (inform.)	ลาก่อน!	laa gòrn
Vaarwel! (form.)	สวัสดี!	sà-wàt-dee
afscheid nemen (ww)	บอกลา	bòrk laa
Tot kijk!	ลาก่อน!	laa gòrn
Dank u!	ขอบคุณ!	khòrp khun
Dank u wel!	ขอบคุณมาก!	khòrp khun mâak
Graag gedaan	ยินดีช่วย	yin dee chûay
Geen dank!	ไม่เป็นไร	mâi bpen rai

Geen moeite.	ไม่เป็นไร	mâi bpen rai
Excuseer me, ... (inform.)	ขอโทษที!	khŏr thôht thee
Excuseer me, ... (form.)	ขอโทษ ครับ/ค่ะ!	khŏr thôht khráp / khâ
excuseren (verontschuldigen)	ให้อภัย	hâi a-phai

zich verontschuldigen	ขอโทษ	khŏr thôht
Mijn excuses.	ขอโทษ	khŏr thôht
Het spijt me!	ขอโทษ!	khŏr thôht
vergeven (ww)	อภัย	a-phai
Maakt niet uit!	ไม่เป็นไร!	mâi bpen rai
alsjeblieft	โปรด	bpròht

Vergeet het niet!	อย่าลืม!	yàa leum
Natuurlijk!	แน่นอน!	nâe norn
Natuurlijk niet!	ไม่ใช่แน่!	mâi châi nâe
Akkoord!	โอเค!	oh-khay
Zo is het genoeg!	พอแล้ว	phor láew

3. Hoe aan te spreken

Excuseer me, ...	ขอโทษ	khŏr thôht
meneer	ท่าน	thâan
mevrouw	คุณ	khun
juffrouw	คุณ	khun
jongeman	พ่อหนุ่ม	phôr nùm
jongen	หนู	nŏo
meisje	หนู	nŏo

4. Kardinale getallen. Deel 1

nul	ศูนย์	sŏon
een	หนึ่ง	nèung
twee	สอง	sŏrng
drie	สาม	săam
vier	สี่	sèe

vijf	ห้า	hâa
zes	หก	hòk
zeven	เจ็ด	jèt
acht	แปด	bpàet
negen	เก้า	gâo

tien	สิบ	sìp
elf	สิบเอ็ด	sìp èt
twaalf	สิบสอง	sìp sŏrng
dertien	สิบสาม	sìp săam
veertien	สิบสี่	sìp sèe

vijftien	สิบห้า	sìp hâa
zestien	สิบหก	sìp hòk
zeventien	สิบเจ็ด	sìp jèt
achttien	สิบแปด	sìp bpàet

negentien	สิบเก้า	sìp gâo
twintig	ยี่สิบ	yêe sìp
eenentwintig	ยี่สิบเอ็ด	yêe sìp èt
tweeëntwintig	ยี่สิบสอง	yêe sìp sŏrng
drieëntwintig	ยี่สิบสาม	yêe sìp săam

dertig	สามสิบ	săam sìp
eenendertig	สามสิบเอ็ด	săam-sìp-èt
tweeëndertig	สามสิบสอง	săam-sìp-sŏrng
drieëndertig	สามสิบสาม	săam-sìp-săam

veertig	สี่สิบ	sèe sìp
eenenveertig	สี่สิบเอ็ด	sèe-sìp-èt
tweeënveertig	สี่สิบสอง	sèe-sìp-sŏrng
drieënveertig	สี่สิบสาม	sèe-sìp-săam

vijftig	ห้าสิบ	hâa sìp
eenenvijftig	ห้าสิบเอ็ด	hâa-sìp-èt
tweeënvijftig	ห้าสิบสอง	hâa-sìp-sŏrng
drieënvijftig	หาสิบสาม	hâa-sìp-săam

zestig	หกสิบ	hòk sìp
eenenzestig	หกสิบเอ็ด	hòk-sìp-èt
tweeënzestig	หกสิบสอง	hòk-sìp-sŏrng
drieënzestig	หกสิบสาม	hòk-sìp-săam

zeventig	เจ็ดสิบ	jèt sìp
eenenzeventig	เจ็ดสิบเอ็ด	jèt-sìp-èt
tweeënzeventig	เจ็ดสิบสอง	jèt-sìp-sŏrng
drieënzeventig	เจ็ดสิบสาม	jèt-sìp-săam

tachtig	แปดสิบ	bpàet sìp
eenentachtig	แปดสิบเอ็ด	bpàet-sìp-èt
tweeëntachtig	แปดสิบสอง	bpàet-sìp-sŏrng
drieëntachtig	แปดสิบสาม	bpàet-sìp-săam

negentig	เก้าสิบ	gâo sìp
eenennegentig	เก้าสิบเอ็ด	gâo-sìp-èt
tweeënnegentig	เก้าสิบสอง	gâo-sìp-sŏrng
drieënnegentig	เกาสิบสาม	gâo-sìp-săam

5. Kardinale getallen. Deel 2

honderd	หนึ่งร้อย	nèung rói
tweehonderd	สองรอย	sŏrng rói
driehonderd	สามรอย	săam rói

vierhonderd	สี่รอย	sèe rói
vijfhonderd	หารอย	hâa rói
zeshonderd	หกรอย	hòk rói

zevenhonderd	เจ็ดร้อย	jèt rói
achthonderd	แปดรอย	bpàet rói
negenhonderd	เการอย	gâo rói

duizend	หนึ่งพัน	nèung phan
tweeduizend	สองพัน	sŏrng phan
drieduizend	สามพัน	săam phan
tienduizend	หนึ่งหมื่น	nèung mèun
honderdduizend	หนึ่งแสน	nèung săen

| miljoen (het) | ล้าน | láan |
| miljard (het) | พันล้าน | phan láan |

6. Ordinale getallen

eerste (bn)	แรก	râek
tweede (bn)	ที่สอง	thêe sŏrng
derde (bn)	ที่สาม	thêe săam
vierde (bn)	ที่สี่	thêe sèe
vijfde (bn)	ที่ห้า	thêe hâa

zesde (bn)	ที่หก	thêe hòk
zevende (bn)	ที่เจ็ด	thêe jèt
achtste (bn)	ที่แปด	thêe bpàet
negende (bn)	ที่เก้า	thêe gâo
tiende (bn)	ที่สิบ	thêe sìp

7. Getallen. Breuken

breukgetal (het)	เศษส่วน	sàyt sùan
half	หนึ่งส่วนสอง	nèung sùan sŏrng
een derde	หนึ่งส่วนสาม	nèung sùan săam
kwart	หนึ่งส่วนสี่	nèung sùan sèe

een achtste	หนึ่งส่วนแปด	nèung sùan bpàet
een tiende	หนึ่งส่วนสิบ	nèung sùan sìp
twee derde	สองส่วนสาม	sŏrng sùan săam
driekwart	สามส่วนสี่	săam sùan sèe

8. Getallen. Eenvoudige berekeningen

| aftrekking (de) | การลบ | gaan lóp |
| aftrekken (ww) | ลบ | lóp |

| deling (de) | การหาร | gaan hăan |
| delen (ww) | หาร | hăan |

optelling (de)	การบวก	gaan bùak
erbij optellen	บวก	bùak
(bij elkaar voegen)		

optellen (ww)	เพิ่ม	phêrm
vermenigvuldiging (de)	การคูณ	gaan khon
vermenigvuldigen (ww)	คูณ	khoon

9. Getallen. Diversen

cijfer (het)	ตัวเลข	dtua lâyk
nummer (het)	เลข	lâyk
telwoord (het)	ตัวเลข	dtua lâyk
minteken (het)	เครื่องหมายลบ	khrêuang măai lóp
plusteken (het)	เครื่องหมายบวก	khrêuang măai bùak
formule (de)	สูตร	sòot
berekening (de)	การนับ	gaan náp
tellen (ww)	นับ	náp
bijrekenen (ww)	นับ	náp
vergelijken (ww)	เปรียบเทียบ	bprìap thîap
Hoeveel? (ontelb.)	เท่าไหร่?	thâo rài
Hoeveel? (telb.)	กี่...?	gèe...?
som (de), totaal (het)	ผลรวม	phŏn ruam
uitkomst (de)	ผลลัพธ์	phŏn láp
rest (de)	ที่เหลือ	thêe lĕua
enkele (bijv. ~ minuten)	สองสาม	sŏrng săam
weinig (bw)	นิดหน่อย	nít nòi
weinig (telb.)	น้อย	nói
restant (het)	ที่เหลือ	thêe lĕua
anderhalf	หนึ่งครึ่ง	nèung khrêung
dozijn (het)	โหล	lŏh
middendoor (bw)	เป็นสองส่วน	bpen sŏrng sùan
even (bw)	เท่าเทียมกัน	thâo thiam gan
helft (de)	ครึ่ง	khrêung
keer (de)	ครั้ง	khráng

10. De belangrijkste werkwoorden. Deel 1

aanbevelen (ww)	แนะนำ	náe nam
aandringen (ww)	ยืนยัน	yeun yan
aankomen (per auto, enz.)	มา	maa
aanraken (ww)	แตะต้อง	dtàe dtôrng
adviseren (ww)	แนะนำ	náe nam
afdalen (on.ww.)	ลง	long
afslaan (naar rechts ~)	เลี้ยว	líeow
antwoorden (ww)	ตอบ	dtòrp
bang zijn (ww)	กลัว	glua
bedreigen	ขู่	khòo
(bijv. met een pistool)		
bedriegen (ww)	หลอก	lòrk
beëindigen (ww)	จบ	jòp
beginnen (ww)	เริ่ม	rêrm
begrijpen (ww)	เข้าใจ	khâo jai
beheren (managen)	บริหาร	bor-rí-hăan

beledigen (met scheldwoorden)	ดูถูก	doo thòok
beloven (ww)	สัญญา	săn-yaa
bereiden (koken)	ทำอาหาร	tham aa-hăan
bespreken (spreken over)	หารือ	hăa-reu

bestellen (eten ~)	สั่ง	sàng
bestraffen (een stout kind ~)	ลงโทษ	long thôht
betalen (ww)	จ่าย	jàai
betekenen (beduiden)	หมาย	măai
betreuren (ww)	เสียใจ	sĭa jai

bevallen (prettig vinden)	ชอบ	chôrp
bevelen (mil.)	สั่งการ	sàng gaan
bevrijden (stad, enz.)	ปลดปล่อย	bplòt bplòi
bewaren (ww)	รักษา	rák-săa
bezitten (ww)	เป็นเจ้าของ	bpen jâo khŏrng

bidden (praten met God)	ภาวนา	phaa-wá-naa
binnengaan (een kamer ~)	เข้า	khâo
breken (ww)	แตก	dtàek
controleren (ww)	ควบคุม	khûap khum
creëren (ww)	สร้าง	sâang

deelnemen (ww)	มีส่วนร่วม	mee sùan rûam
denken (ww)	คิด	khít
doden (ww)	ฆ่า	khâa
doen (ww)	ทำ	tham
dorst hebben (ww)	กระหายน้ำ	grà-hăai náam

11. De belangrijkste werkwoorden. Deel 2

een hint geven	บอกใบ้	bòrk bâi
eisen (met klem vragen)	เรียกร้อง	rîak rórng
excuseren (vergeven)	ให้อภัย	hâi a-phai
existeren (bestaan)	มีอยู่	mee yòo
gaan (te voet)	ไป	bpai

gaan zitten (ww)	นั่ง	nâng
gaan zwemmen	ไปว่ายน้ำ	bpai wâai náam
geven (ww)	ให้	hâi
glimlachen (ww)	ยิ้ม	yím
goed raden (ww)	คาดเดา	khâat dao

grappen maken (ww)	ล้อเล่น	lór lên
graven (ww)	ขุด	khùt

hebben (ww)	มี	mee
helpen (ww)	ช่วย	chûay
herhalen (opnieuw zeggen)	ซ้ำ	sám
honger hebben (ww)	หิว	hĭw
hopen (ww)	หวัง	wăng
horen (waarnemen met het oor)	ได้ยิน	dâai yin

huilen (wenen)	ร้องไห้	rórng hâi
huren (huis, kamer)	เช่า	châo
informeren (informatie geven)	แจง	jâeng

instemmen (akkoord gaan)	เห็นด้วย	hěn dûay
jagen (ww)	ล่า	lâa
kennen (kennis hebben van iemand)	รู้จัก	róo jàk
kiezen (ww)	เลือก	lêuak
klagen (ww)	บน	bòn

kosten (ww)	ราคา	raa-khaa
kunnen (ww)	สามารถ	sǎa-mâat
lachen (ww)	หัวเราะ	hǔa rór
laten vallen (ww)	ทิ้งให้ตก	thíng hâi dtòk
lezen (ww)	อ่าน	àan

liefhebben (ww)	รัก	rák
lunchen (ww)	ทานอาหารเที่ยง	thaan aa-hǎan thîang
nemen (ww)	เอา	ao
nodig zijn (ww)	ต้องการ	dtôrng gaan

12. De belangrijkste werkwoorden. Deel 3

onderschatten (ww)	ดูถูก	doo thòok
ondertekenen (ww)	ลงนาม	long naam
ontbijten (ww)	ทานอาหารเช้า	thaan aa-hǎan cháo
openen (ww)	เปิด	bpèrt
ophouden (ww)	หยุด	yùt
opmerken (zien)	สังเกต	sǎng-gàyt

opscheppen (ww)	โอ้อวด	ôh ùat
opschrijven (ww)	จด	jòt
plannen (ww)	วางแผน	waang phǎen
prefereren (verkiezen)	ชอบ	chôrp
proberen (trachten)	พยายาม	phá-yaa-yaam
redden (ww)	กู้	gôo

rekenen op …	พึ่งพา	phêung phaa
rennen (ww)	วิ่ง	wîng
reserveren (een hotelkamer ~)	จอง	jorng
roepen (om hulp)	เรียก	rîak
schieten (ww)	ยิง	ying
schreeuwen (ww)	ตะโกน	dtà-gohn

schrijven (ww)	เขียน	khǐan
souperen (ww)	ทานอาหารเย็น	thaan aa-hǎan yen
spelen (kinderen)	เล่น	lên
spreken (ww)	พูด	phôot
stelen (ww)	ขโมย	khà-moi
stoppen (pauzeren)	หยุด	yùt
studeren (Nederlands ~)	เรียน	rian
sturen (zenden)	ส่ง	sòng

tellen (optellen)	นับ	náp
toebehoren aan ...	เป็นของของ...	bpen khŏrng khŏrng...
toestaan (ww)	อนุญาต	a-nú-yâat
tonen (ww)	แสดง	sà-daeng

twijfelen (onzeker zijn)	สงสัย	sŏng-săi
uitgaan (ww)	ออกไป	òrk bpai
uitnodigen (ww)	เชิญ	chern
uitspreken (ww)	ออกเสียง	òrk sĭang
uitvaren tegen (ww)	ดุด่า	dù dàa

13. De belangrijkste werkwoorden. Deel 4

vallen (ww)	ตก	dtòk
vangen (ww)	จับ	jàp
veranderen (anders maken)	เปลี่ยน	bplìan
verbaasd zijn (ww)	ประหลาดใจ	bprà-làat jai
verbergen (ww)	ซอน	sôrn

verdedigen (je land ~)	ปกป้อง	bpòk bpôrng
verenigen (ww)	สมาน	sà-măan
vergelijken (ww)	เปรียบเทียบ	bprìap thîap
vergeten (ww)	ลืม	leum
vergeven (ww)	ให้อภัย	hâi a-phai

verklaren (uitleggen)	อธิบาย	à-thí-baai
verkopen (per stuk ~)	ขาย	khăai
vermelden (praten over)	กลาวถึง	glàao thĕung
versieren (decoreren)	ประดับ	bprà-dàp
vertalen (ww)	แปล	bplae

vertrouwen (ww)	เชื่อ	chêua
vervolgen (ww)	ทำต่อไป	tham dtòr bpai
verwarren (met elkaar ~)	สับสน	sàp sŏn
verzoeken (ww)	ขอ	khŏr
verzuimen (school, enz.)	พลาด	phlâat

vinden (ww)	พบ	phóp
vliegen (ww)	บิน	bin
volgen (ww)	ไปตาม...	bpai dtaam...
voorstellen (ww)	เสนอ	sà-nĕr
voorzien (verwachten)	คาดหวัง	khâat wăng
vragen (ww)	ถาม	thăam

waarnemen (ww)	สังเกตการณ์	săng-gàyt gaan
waarschuwen (ww)	เตือน	dteuan
wachten (ww)	รอ	ror
weerspreken (ww)	คาน	kháan
weigeren (ww)	ปฏิเสธ	bpà-dtì-sàyt

werken (ww)	ทำงาน	tham ngaan
weten (ww)	รู้	róo
willen (verlangen)	ต้องการ	dtôrng gaan
zeggen (ww)	บอก	bòrk

zich haasten (ww)	รีบ	rêep
zich interesseren voor ...	สนใจใน	sŏn jai nai
zich vergissen (ww)	ทำผิด	tham phìt
zich verontschuldigen	ขอโทษ	khŏr thôht
zien (ww)	เห็น	hĕn

zijn (ww)	เป็น	bpen
zoeken (ww)	หา	hăa
zwemmen (ww)	ว่ายน้ำ	wâai náam
zwijgen (ww)	นิ่งเงียบ	nîng ngîap

14. Kleuren

kleur (de)	สี	sĕe
tint (de)	สีอ่อน	sĕe òrn
kleurnuance (de)	สีสัน	sĕe săn
regenboog (de)	สายรุ้ง	săai rúng

wit (bn)	สีขาว	sĕe khăao
zwart (bn)	สีดำ	sĕe dam
grijs (bn)	สีเทา	sĕe thao

groen (bn)	สีเขียว	sĕe khĭeow
geel (bn)	สีเหลือง	sĕe lĕuang
rood (bn)	สีแดง	sĕe daeng

blauw (bn)	สีน้ำเงิน	sĕe nám ngern
lichtblauw (bn)	สีฟ้า	sĕe fáa
roze (bn)	สีชมพู	sĕe chom-poo
oranje (bn)	สีส้ม	sĕe sôm
violet (bn)	สีม่วง	sĕe mûang
bruin (bn)	สีน้ำตาล	sĕe nám dtaan

goud (bn)	สีทอง	sĕe thorng
zilverkleurig (bn)	สีเงิน	sĕe ngern

beige (bn)	สีน้ำตาลอ่อน	sĕe nám dtaan òrn
roomkleurig (bn)	สีครีม	sĕe khreem
turkoois (bn)	สีเขียวแกม	sĕe khĭeow gaem
	น้ำเงิน	náam ngern
kersrood (bn)	สีแดงเชอร์รี่	sĕe daeng cher-rêe

lila (bn)	สีม่วงอ่อน	sĕe mûang-òrn
karmijnrood (bn)	สีแดงเข้ม	sĕe daeng khâym

licht (bn)	อ่อน	òrn
donker (bn)	แก่	gàe
fel (bn)	สด	sòt

kleur-, kleurig (bn)	สี	sĕe
kleuren- (abn)	สี	sĕe
zwart-wit (bn)	ขาวดำ	khăao-dam
eenkleurig (bn)	สีเดียว	sĕe dieow
veelkleurig (bn)	หลากสี	làak sĕe

15. Vragen

Wie?	ใคร?	khrai
Wat?	อะไร?	a-rai
Waar?	ที่ไหน?	thêe nǎi
Waarheen?	ที่ไหน?	thêe nǎi
Waarvandaan?	จากที่ไหน?	jàak thêe nǎi
Wanneer?	เมื่อไหร่?	mêua rài
Waarom?	ทำไม?	tham-mai
Waarom?	ทำไม?	tham-mai

Waarvoor dan ook?	เพื่ออะไร?	phêua a-rai
Hoe?	อย่างไร?	yàang rai
Wat voor ...?	อะไร?	a-rai
Welk?	ไหน?	nǎi

Aan wie?	สำหรับใคร?	sǎm-ràp khrai
Over wie?	เกี่ยวกับใคร?	gìeow gàp khrai
Waarover?	เกี่ยวกับอะไร?	gìeow gàp a-rai
Met wie?	กับใคร?	gàp khrai

Hoeveel? (ontelb.)	เท่าไหร่?	thâo rài
Hoeveel? (telb.)	กี่...?	gèe...?
Van wie? (mann.)	ของใคร?	khǒrng khrai

16. Voorzetsels

met (bijv. ~ beleg)	กับ	gàp
zonder (~ accent)	ปราศจาก	bpràat-sà-jàak
naar (in de richting van)	ไปที่	bpai thêe
over (praten ~)	เกี่ยวกับ	gìeow gàp
voor (in tijd)	ก่อน	gòrn
voor (aan de voorkant)	หน้า	nâa

onder (lager dan)	ใต้	dtâi
boven (hoger dan)	เหนือ	něua
op (bovenop)	บน	bon
van (uit, afkomstig van)	จาก	jàak
van (gemaakt van)	ทำใช้	tham chái

over (bijv. ~ een uur)	ใน	nai
over (over de bovenkant)	ขาม	khâam

17. Functiewoorden. Bijwoorden. Deel 1

Waar?	ที่ไหน?	thêe nǎi
hier (bw)	ที่นี่	thêe nêe
daar (bw)	ที่นั่น	thêe nân

ergens (bw)	ที่ใดที่หนึ่ง	thêe dai thêe nèung
nergens (bw)	ไม่มีที่ไหน	mâi mee thêe nǎi

bij ... (in de buurt)	ข้าง	khâang
bij het raam	ข้างหน้าต่าง	khâang nâa dtàang

Waarheen?	ที่ไหน?	thêe nǎi
hierheen (bw)	ที่นี่	thêe nêe
daarheen (bw)	ที่นั่น	thêe nân
hiervandaan (bw)	จากที่นี่	jàak thêe nêe
daarvandaan (bw)	จากที่นั่น	jàak thêe nân

dichtbij (bw)	ใกล้	glâi
ver (bw)	ไกล	glai

in de buurt (van ...)	ใกล้	glâi
dichtbij (bw)	ใกล้ๆ	glâi glâi
niet ver (bw)	ไม่ไกล	mâi glai

linker (bn)	ซ้าย	sáai
links (bw)	ข้างซ้าย	khâang sáai
linksaf, naar links (bw)	ซ้าย	sáai

rechter (bn)	ขวา	khwǎa
rechts (bw)	ข้างขวา	khâang kwǎa
rechtsaf, naar rechts (bw)	ขวา	khwǎa

vooraan (bw)	ข้างหน้า	khâang nâa
voorste (bn)	หน้า	nâa
vooruit (bw)	หน้า	nâa

achter (bw)	ข้างหลัง	khâang lǎng
van achteren (bw)	จากข้างหลัง	jàak khâang lǎng
achteruit (naar achteren)	หลัง	lǎng

midden (het)	กลาง	glaang
in het midden (bw)	ตรงกลาง	dtrorng glaang

opzij (bw)	ข้าง	khâang
overal (bw)	ทุกที่	thúk thêe
omheen (bw)	รอบ	rôrp

binnenuit (bw)	จากข้างใน	jàak khâang nai
naar ergens (bw)	ที่ไหน	thêe nǎi
rechtdoor (bw)	ตรงไป	dtrorng bpai
terug (bijv. ~ komen)	กลับ	glàp

ergens vandaan (bw)	จากที่ใด	jàak thêe dai
ergens vandaan	จากที่ใด	jàak thêe dai
(en dit geld moet ~ komen)		

ten eerste (bw)	ข้อที่หนึ่ง	khôr thêe nèung
ten tweede (bw)	ข้อที่สอง	khôr thêe sǒrng
ten derde (bw)	ขอที่สาม	khôr thêe sǎam

plotseling (bw)	ในทันที	nai than thee
in het begin (bw)	ตอนแรก	dtorn-râek
voor de eerste keer (bw)	เป็นครั้งแรก	bpen khráng râek
lang voor ... (bw)	นานก่อน	naan gòrn

opnieuw (bw)	ใหม่	mài
voor eeuwig (bw)	ใหจบสิ้น	hâi jòp sîn

nooit (bw)	ไม่เคย	mâi khoie
weer (bw)	อีกครั้งหนึ่ง	èek khráng nèung
nu (bw)	ตอนนี้	dtorn-née
vaak (bw)	บอย	bòi
toen (bw)	เวลานั้น	way-laa nán
urgent (bw)	อยางเรงดวน	yàang râyng dùan
meestal (bw)	มักจะ	mák jà

trouwens, ... (tussen haakjes)	อนึ่ง	à-nèung
mogelijk (bw)	เป็นไปได้	bpen bpai dâai
waarschijnlijk (bw)	อาจจะ	àat jà
misschien (bw)	อาจจะ	àat jà
trouwens (bw)	หฺอกจากนั้น...	nôrk jàak nán...
daarom ...	นั่นเป็นเหตุผลที่...	nân bpen hàyt phŏn thêe...
in weerwil van ...	แมวา...	máe wâa...
dankzij ...	เนื่องจาก...	nêuang jàak...

wat (vn)	อะไร	a-rai
dat (vw)	ที่	thêe
iets (vn)	อะไร	a-rai
iets	อะไรก็ตาม	a-rai gôr dtaam
niets (vn)	ไม่มีอะไร	mâi mee a-rai

wie (~ is daar?)	ใคร	khrai
iemand (een onbekende)	บางคน	baang khon
iemand (een bepaald persoon)	บางคน	baang khon

niemand (vn)	ไม่มีใคร	mâi mee khrai
nergens (bw)	ไม่ไปไหน	mâi bpai năi
niemands (bn)	ไม่เป็นของ ของใคร	mâi bpen khŏrng khŏrng khrai
iemands (bn)	ของคนหนึ่ง	khŏrng khon nèung

zo (Ik ben ~ blij)	มาก	mâak
ook (evenals)	ดวย	dûay
alsook (eveneens)	ดวย	dûay

18. Functiewoorden. Bijwoorden. Deel 2

Waarom?	ทำไม?	tham-mai
om een bepaalde reden	เพราะเหตุผลอะไร	phrór hàyt phŏn à-rai
omdat ...	เพราะวา...	phrór wâa
voor een bepaald doel	ดวยจุดประสงค์อะไร	dûay jùt bprà-sŏng a-rai

en (vw)	และ	láe
of (vw)	หรือ	rĕu
maar (vw)	แต	dtàe
voor (vz)	สำหรับ	săm-ràp
te (~ veel mensen)	เกินไป	gern bpai

alleen (bw)	เท่านั้น	thâo nán
precies (bw)	ตรง	dtrorng
ongeveer (~ 10 kg)	ประมาณ	bprà-maan

omstreeks (bw)	ประมาณ	bprà-maan
bij benadering (bn)	ประมาณ	bprà-maan
bijna (bw)	เกือบ	gèuap
rest (de)	ที่เหลือ	thêe lĕua

de andere (tweede)	อีก	èek
ander (bn)	อื่น	èun
elk (bn)	ทุก	thúk
om het even welk	ใดๆ	dai dai
veel (ontelb.)	มาก	mâak
veel (telb.)	หลาย	lăai
veel mensen	หลายคน	lăai khon
iedereen (alle personen)	ทุกๆ	thúk thúk

in ruil voor ...	ที่จะเปลี่ยนเป็น	thêe jà bplìan bpen
in ruil (bw)	แทน	thaen
met de hand (bw)	ใช้มือ	chái meu
onwaarschijnlijk (bw)	แทบจะไม่	thâep jà mâi

waarschijnlijk (bw)	อาจจะ	àat jà
met opzet (bw)	โดยเจตนา	doi jàyt-dtà-naa
toevallig (bw)	บังเอิญ	bang-ern

zeer (bw)	มาก	mâak
bijvoorbeeld (bw)	ยกตัวอย่าง	yók dtua yàang
tussen (~ twee steden)	ระหว่าง	rá-wàang
tussen (te midden van)	ท่ามกลาง	tâam-glaang
zoveel (bw)	มากมาย	mâak maai
vooral (bw)	โดยเฉพาะ	doi chà-phór

Basisbegrippen Deel 2

19. Tegenovergestelden

rijk (bn)	รวย	ruay
arm (bn)	จน	jon
ziek (bn)	เจ็บป่วย	jèp bpùay
gezond (bn)	สบายดี	sà-baai dee
groot (bn)	ใหญ่	yài
klein (bn)	เล็ก	lék
snel (bw)	อย่างเร็ว	yàang reo
langzaam (bw)	อยางชา	yàang cháa
snel (bn)	เร็ว	reo
langzaam (bn)	ชา	cháa
vrolijk (bn)	ยินดี	yin dee
treurig (bn)	เสียใจ	sĭa jai
samen (bw)	ด้วยกัน	dûay gan
apart (bw)	ตางหาก	dtàang hàak
hardop (~ lezen)	ออกเสียง	òrk sĭang
stil (~ lezen)	อย่างเงียบๆ	yàang ngîap ngîap
hoog (bn)	สูง	sŏong
laag (bn)	ต่ำ	dtàm
diep (bn)	ลึก	léuk
ondiep (bn)	ตื้น	dtêun
ja	ใช่	châi
nee	ไม่ใช่	mâi châi
ver (bn)	ไกล	glai
dicht (bn)	ใกล	glâi
ver (bw)	ไกล	glai
dichtbij (bw)	ใกลๆ	glâi glâi
lang (bn)	ยาว	yaao
kort (bn)	สั้น	sân
vriendelijk (goedhartig)	ใจดี	jai dee
kwaad (bn)	เลวร้าย	leo ráai

gehuwd (mann.)	แต่งงานแล้ว	dtàeng ngaan láew
ongehuwd (mann.)	เป็นโสด	bpen sòht
verbieden (ww)	ห้าม	hâam
toestaan (ww)	อนุญาต	a-nú-yâat
einde (het)	จบ	jòp
begin (het)	จุดเริ่มต้น	jùt rêrm-dtôn
linker (bn)	ซ้าย	sáai
rechter (bn)	ขวา	khwǎa
eerste (bn)	แรก	râek
laatste (bn)	สุดท้าย	sùt tháai
misdaad (de)	อาชญากรรม	àat-yaa-gam
bestraffing (de)	การลงโทษ	gaan long thôht
bevelen (ww)	สั่ง	sàng
gehoorzamen (ww)	เชื่อฟัง	chêua fang
recht (bn)	ตรง	dtrorng
krom (bn)	โค้ง	khóhng
paradijs (het)	สวรรค์	sà-wǎn
hel (de)	นรก	ná-rók
geboren worden (ww)	เกิด	gèrt
sterven (ww)	ตาย	dtaai
sterk (bn)	แข็งแรง	khǎeng raeng
zwak (bn)	อ่อนแอ	òrn ae
oud (bn)	แก่	gàe
jong (bn)	หนุ่ม	nùm
oud (bn)	เก่าแก่	gào gàe
nieuw (bn)	ใหม่	mài
hard (bn)	แข็ง	khǎeng
zacht (bn)	อ่อน	òrn
warm (bn)	อุ่น	ùn
koud (bn)	หนาว	nǎao
dik (bn)	อ้วน	ûan
dun (bn)	ผอม	phǒrm
smal (bn)	แคบ	khâep
breed (bn)	กว้าง	gwâang
goed (bn)	ดี	dee
slecht (bn)	ไม่ดี	mâi dee
moedig (bn)	กล้าหาญ	glâa hǎan
laf (bn)	ขี้ขลาด	khêe khlàat

20. Dagen van de week

maandag (de)	วันจันทร์	wan jan
dinsdag (de)	วันอังคาร	wan ang-khaan
woensdag (de)	วันพุธ	wan phút
donderdag (de)	วันพฤหัสบดี	wan phá-réu-hàt-sà-bor-dee
vrijdag (de)	วันศุกร์	wan sùk
zaterdag (de)	วันเสาร์	wan săo
zondag (de)	วันอาทิตย์	wan aa-thít
vandaag (bw)	วันนี้	wan née
morgen (bw)	พรุ่งนี้	phrûng-née
overmorgen (bw)	วันมะรืนนี้	wan má-reun née
gisteren (bw)	เมื่อวานนี้	mêua waan née
eergisteren (bw)	เมื่อวานซืนนี้	mêua waan-seun née
dag (de)	วัน	wan
werkdag (de)	วันทำงาน	wan tham ngaan
feestdag (de)	วันนักขัตฤกษ์	wan nák-khàt-rêrk
verlofdag (de)	วันหยุด	wan yùt
weekend (het)	วันสุดสัปดาห์	wan sùt sàp-daa
de hele dag (bw)	ทั้งวัน	tháng wan
de volgende dag (bw)	วันรุ่งขึ้น	wan rûng khêun
twee dagen geleden	สองวันก่อน	sŏrng wan gòrn
aan de vooravond (bw)	วันก่อนหน้านี้	wan gòrn nâa née
dag-, dagelijks (bn)	รายวัน	raai wan
elke dag (bw)	ทุกวัน	thúk wan
week (de)	สัปดาห์	sàp-daa
vorige week (bw)	สัปดาห์ก่อน	sàp-daa gòrn
volgende week (bw)	สัปดาห์หน้า	sàp-daa nâa
wekelijks (bn)	รายสัปดาห์	raai sàp-daa
elke week (bw)	ทุกสัปดาห์	thúk sàp-daa
twee keer per week	สัปดาห์ละสองครั้ง	sàp-daa lá sŏrng khráng
elke dinsdag	ทุกวันอังคาร	túk wan ang-khaan

21. Uren. Dag en nacht

morgen (de)	เช้า	cháo
's morgens (bw)	ตอนเช้า	dtorn cháo
middag (de)	เที่ยงวัน	thîang wan
's middags (bw)	ตอนบาย	dtorn bàai
avond (de)	เย็น	yen
's avonds (bw)	ตอนเย็น	dtorn yen
nacht (de)	คืน	kheun
's nachts (bw)	กลางคืน	glaang kheun
middernacht (de)	เที่ยงคืน	thîang kheun
seconde (de)	วินาที	wí-naa-thee
minuut (de)	นาที	naa-thee
uur (het)	ชั่วโมง	chûa mohng

halfuur (het)	ครึ่งชั่วโมง	khrêung chûa mohng
kwartier (het)	สิบห้านาที	sìp hâa naa-thee
vijftien minuten	สิบห้านาที	sìp hâa naa-thee
etmaal (het)	24 ชั่วโมง	yêe sìp sèe · chûa mohng

zonsopgang (de)	พระอาทิตย์ขึ้น	phrá aa-thít khêun
dageraad (de)	ใกล้รุ่ง	glâi rûng
vroege morgen (de)	เช้า	cháo
zonsondergang (de)	พระอาทิตย์ตก	phrá aa-thít dtòk

's morgens vroeg (bw)	ตอนเช้า	dtorn cháo
vanmorgen (bw)	เช้านี้	cháo née
morgenochtend (bw)	พรุ่งนี้เช้า	phrûng-née cháo

vanmiddag (bw)	บ่ายนี้	bàai née
's middags (bw)	ตอนบ่าย	dtorn bàai
morgenmiddag (bw)	พรุ่งนี้บ่าย	phrûng-née bàai

vanavond (bw)	คืนนี้	kheun née
morgenavond (bw)	คืนพรุ่งนี้	kheun phrûng-née

klokslag drie uur	3 โมงตรง	săam mohng dtrorng
ongeveer vier uur	ประมาณ 4 โมง	bprà-maan sèe mohng
tegen twaalf uur	ภายใน 12 โมง	phaai nai sìp sŏng mohng

over twintig minuten	อีก 20 นาที	èek yêe sìp naa-thee
over een uur	อีกหนึ่งชั่วโมง	èek nèung chûa mohng
op tijd (bw)	ทันเวลา	than way-laa

kwart voor ...	อีกสิบห้านาที	èek sìp hâa naa-thee
binnen een uur	ภายในหนึ่งชั่วโมง	phaai nai nèung chûa mohng
elk kwartier	ทุก 15 นาที	thúk sìp hâa naa-thee
de klok rond	ทั้งวัน	tháng wan

22. Maanden. Seizoenen

januari (de)	มกราคม	mók-gà-raa khom
februari (de)	กุมภาพันธ์	gum-phaa phan
maart (de)	มีนาคม	mee-naa khom
april (de)	เมษายน	may-săa yon
mei (de)	พฤษภาคม	phréut-sà-phaa khom
juni (de)	มิถุนายน	mí-thù-naa-yon

juli (de)	กรกฎาคม	gà-rá-gà-daa-khom
augustus (de)	สิงหาคม	sĭng hăa khom
september (de)	กันยายน	gan-yaa-yon
oktober (de)	ตุลาคม	dtù-laa khom
november (de)	พฤศจิกายน	phréut-sà-jì-gaa-yon
december (de)	ธันวาคม	than-waa khom

lente (de)	ฤดูใบไม้ผลิ	réu-doo bai máai phlì
in de lente (bw)	ฤดูใบไม้ผลิ	réu-doo bai máai phlì
lente- (abn)	ฤดูใบไม้ผลิ	réu-doo bai máai phlì
zomer (de)	ฤดูร้อน	réu-doo rórn

in de zomer (bw)	ฤดูร้อน	réu-doo rórn
zomer-, zomers (bn)	ฤดูร้อน	réu-doo rórn
herfst (de)	ฤดูใบไม้ร่วง	réu-doo bai máai rûang
in de herfst (bw)	ฤดูใบไม้ร่วง	réu-doo bai máai rûang
herfst- (abn)	ฤดูใบไม้รวง	réu-doo bai máai rûang
winter (de)	ฤดูหนาว	réu-doo năao
in de winter (bw)	ฤดูหนาว	réu-doo năao
winter- (abn)	ฤดูหนาว	réu-doo năao
maand (de)	เดือน	deuan
deze maand (bw)	เดือนนี้	deuan née
volgende maand (bw)	เดือนหน้า	deuan nâa
vorige maand (bw)	เดือนที่แล้ว	deuan thêe láew
een maand geleden (bw)	หนึ่งเดือนก่อนหน้านี้	nèung deuan gòrn nâa née
over een maand (bw)	อีกหนึ่งเดือน	èek nèung deuan
over twee maanden (bw)	อีกสองเดือน	èek sŏrng deuan
de hele maand (bw)	ทั้งเดือน	tháng deuan
een volle maand (bw)	ตลอดทั้งเดือน	dtà-lòrt tháng deuan
maand-, maandelijks (bn)	รายเดือน	raai deuan
maandelijks (bw)	ทุกเดือน	thúk deuan
elke maand (bw)	ทุกเดือน	thúk deuan
twee keer per maand	เดือนละสองครั้ง	deuan lá sŏrng kráng
jaar (het)	ปี	bpee
dit jaar (bw)	ปีนี้	bpee née
volgend jaar (bw)	ปีหน้า	bpee nâa
vorig jaar (bw)	ปีที่แล้ว	bpee thêe láew
een jaar geleden (bw)	หนึ่งปีก่อน	nèung bpee gòrn
over een jaar	อีกหนึ่งปี	èek nèung bpee
over twee jaar	อีกสองปี	èek sŏng bpee
het hele jaar	ทั้งปี	tháng bpee
een vol jaar	ตลอดทั้งปี	dtà-lòrt tháng bpee
elk jaar	ทุกปี	thúk bpee
jaar-, jaarlijks (bn)	รายปี	raai bpee
jaarlijks (bw)	ทุกปี	thúk bpee
4 keer per jaar	ปีละสี่ครั้ง	bpee lá sèe khráng
datum (de)	วันที่	wan thêe
datum (de)	วันเดือนปี	wan deuan bpee
kalender (de)	ปฏิทิน	bpà-dtì-thin
een half jaar	ครึ่งปี	khrêung bpee
zes maanden	หกเดือน	hòk deuan
seizoen (bijv. lente, zomer)	ฤดูกาล	réu-doo gaan
eeuw (de)	ศตวรรษ	sà-dtà-wát

23. Tijd. Diversen

tijd (de)	เวลา	way-laa
ogenblik (het)	ครู่หนึ่ง	khrôo nèung

moment (het)	ครู่เดียว	khrôo dieow
ogenblikkelijk (bn)	เพียงครู่เดียว	phiang khrôo dieow
tijdsbestek (het)	ช่วงเวลา	chûang way-laa
leven (het)	ชีวิต	chee-wít
eeuwigheid (de)	ตลอดกาล	dtà-lòrt gaan

epoche (de), tijdperk (het)	สมัย	sà-măi
era (de), tijdperk (het)	ยุค	yúk
cyclus (de)	วัฏจักร	wát-dtà-jàk
periode (de)	ช่วง	chûang
termijn (vastgestelde periode)	ระยะเวลา	rá-yá way-laa

toekomst (de)	อนาคต	a-naa-khót
toekomstig (bn)	อนาคตู	a-naa-khót
de volgende keer	ครั้งหน้า	khráng nâa
verleden (het)	อดีต	a-dèet
vorig (bn)	ที่ผ่านมา	thêe phàan maa
de vorige keer	ครั้งที่แล้ว	khráng thêe láew
later (bw)	ภายหลัง	phaai lăng
na (~ het diner)	หลังจาก	lăng jàak
tegenwoordig (bw)	เวลานี้	way-laa née
nu (bw)	ตอนนี้	dtorn-née
onmiddellijk (bw)	ทันที	than thee
snel (bw)	อีกไม่นาน	èek mâi naan
bij voorbaat (bw)	ล่วงหน้า	lûang nâa

lang geleden (bw)	นานมาแล้ว	naan maa láew
kort geleden (bw)	เมื่อเร็ว ๆ นี้	mêua reo reo née
noodlot (het)	ชะตากรรม	chá-dtaa gam
herinneringen (mv.)	ความทรงจำ	khwaam song jam
archief (het)	จดหมายเหตุ	jòt măai hàyt
tijdens ... (ten tijde van)	ระหว่าง...	rá-wàang...
lang (bw)	นาน	naan
niet lang (bw)	ไม่นาน	mâi naan
vroeg (bijv. ~ in de ochtend)	ล่วงหน้า	lûang nâa
laat (bw)	ช้า	cháa

voor altijd (bw)	ตลอดกาล	dtà-lòrt gaan
beginnen (ww)	เริ่ม	rêrm
uitstellen (ww)	เลื่อน	lêuan

tegelijkertijd (bw)	ในเวลาเดียวกัน	nai way-laa dieow gan
voortdurend (bw)	อย่างถาวร	yàang thăa-won
voortdurend	ต่อเนื่อง	dtòr nêuang
tijdelijk (bn)	ชั่วคราว	chûa khraao

soms (bw)	บางครั้ง	baang khráng
zelden (bw)	ไม่บ่อย	mâi bòi
vaak (bw)	บ่อย	bòi

24. Lijnen en vormen

vierkant (het)	สี่เหลี่ยมจัตุรัส	sèe lìam jàt-dtù-ràt
vierkant (bn)	สี่เหลี่ยมจัตุรัส	sèe lìam jàt-dtù-ràt

cirkel (de)	วงกลม	wong glom
rond (bn)	กลม	glom
driehoek (de)	รูปสามเหลี่ยม	rôop săam lìam
driehoekig (bn)	สามเหลี่ยม	săam lìam

ovaal (het)	รูปกลมรี	rôop glom ree
ovaal (bn)	กลมรี	glom ree
rechthoek (de)	สี่เหลี่ยมมุมฉาก	sèe lìam mum chàak
rechthoekig (bn)	สี่เหลี่ยมมุมฉาก	sèe lìam mum chàak

piramide (de)	พีระมิด	phee-rá-mít
ruit (de)	รูปสี่เหลี่ยม ขนมเปียกปูน	rôop sèe lìam khà-nŏm bpìak bpoon
trapezium (het)	รูปสี่เหลี่ยมคางหมู	rôop sèe lìam khaang mŏo
kubus (de)	ลูกบาศก์	lôok bàat
prisma (het)	ปริซึม	bprì seum

omtrek (de)	เส้นรอบวง	sên rôrp wong
bol, sfeer (de)	ทรงกลม	song glom
bal (de)	ลูกกลม	lôok glom
diameter (de)	เส้นผ่านศูนย์กลาง	sên phàan sŏon-glaang
straal (de)	เส้นรัศมี	sên rát-sà-măe
omtrek (~ van een cirkel)	เส้นรอบวง	sên rôrp wong
middelpunt (het)	กลาง	glaang

horizontaal (bn)	แนวนอน	naew norn
verticaal (bn)	แนวตั้ง	naew dtâng
parallel (de)	เส้นขนาน	sên khà-năan
parallel (bn)	ขนาน	khà-năan

lijn (de)	เส้น	sên
streep (de)	เส้น	sên
rechte lijn (de)	เส้นตรง	sên dtrorng
kromme (de)	เส้นโค้ง	sên khóhng
dun (bn)	บาง	baang
omlijning (de)	เส้นขอบ	sâyn khòrp

snijpunt (het)	เส้นตัด	sên dtàt
rechte hoek (de)	มุมฉาก	mum chàak
segment (het)	เซกเมนต์	sâyk-mayn
sector (de)	เซกเตอร์	sâyk-dtêr
zijde (de)	ข้าง	khâang
hoek (de)	มุม	mum

25. Meeteenheden

gewicht (het)	น้ำหนัก	nám nàk
lengte (de)	ความยาว	khwaam yaao
breedte (de)	ความกว้าง	khwaam gwâang
hoogte (de)	ความสูง	khwaam sŏong
diepte (de)	ความลึก	khwaam léuk
volume (het)	ปริมาณ	bpà-rí-maan
oppervlakte (de)	บริเวณ	bor-rí-wayn
gram (het)	กรัม	gram

milligram (het)	มิลลิกรัม	min-lí gram
kilogram (het)	กิโลกรัม	gì-loh gram
ton (duizend kilo)	ตัน	dtan
pond (het)	ปอนด์	bporn
ons (het)	ออนซ์	orn

meter (de)	เมตร	máyt
millimeter (de)	มิลลิเมตร	min-lí mâyt
centimeter (de)	เซ็นติเมตร	sen dtì mâyt
kilometer (de)	กิโลเมตร	gì-loh máyt
mijl (de)	ไมล์	mai

duim (de)	นิ้ว	níw
voet (de)	ฟุต	fút
yard (de)	หลา	lăa

vierkante meter (de)	ตารางเมตร	dtaa-raang máyt
hectare (de)	เฮกตาร์	hêek dtaa

liter (de)	ลิตร	lít
graad (de)	องศา	ong-săa
volt (de)	โวลต์	wohn
ampère (de)	แอมแปร์	aem-bpae
paardenkracht (de)	แรงม้า	raeng máa

hoeveelheid (de)	จำนวน	jam-nuan
een beetje ...	นิดนอย	nít nói
helft (de)	ครึ่ง	khrêung
dozijn (het)	โหล	lŏh
stuk (het)	สวน	sùan

afmeting (de)	ขนาด	khà-nàat
schaal (bijv. ~ van 1 op 50)	มาตราสวน	mâat-dtraa sùan

minimaal (bn)	น้อยที่สุด	nói thêe sùt
minste (bn)	เล็กที่สุด	lék thêe sùt
medium (bn)	กลาง	glaang
maximaal (bn)	สูงสุด	sŏong sùt
grootste (bn)	ใหญ่ที่สุด	yài têe sùt

26. Containers

glazen pot (de)	ขวดโหล	khùat lŏh
blik (conserven~)	กระป๋อง	grà-bpŏrng
emmer (de)	ถัง	thăng
ton (bijv. regenton)	ถัง	thăng

ronde waterbak (de)	กะทะ	gà-thá
tank (bijv. watertank-70-ltr)	ถังเก็บน้ำ	thăng gèp nám
heupfles (de)	กระติกน้ำ	grà-dtìk nám
jerrycan (de)	ภาชนะ	phaa-chá-ná
tank (bijv. ketelwagen)	ถังบรรจุ	thăng ban-jù
beker (de)	แก้ว	gâew
kopje (het)	ถ้วย	thûay

schoteltje (het)	จานรอง	jaan rorng
glas (het)	แก้ว	gâew
wijnglas (het)	แก้วไวน์	gâew wai
pan (de)	หม้อ	môr

fles (de)	ขวด	khùat
flessenhals (de)	ปาก	bpàak

karaf (de)	คนโท	khon-thoh
kruik (de)	เหยือก	yèuak
vat (het)	ภาชนะ	phaa-chá-ná
pot (de)	หม้อ	môr
vaas (de)	แจกัน	jae-gan

flacon (de)	กระติก	grà-dtìk
flesje (het)	ขวดเล็ก	khùat lék
tube (bijv. ~ tandpasta)	หลอด	lòrt

zak (bijv. ~ aardappelen)	ถุง	thǔng
tasje (het)	ถุง	thǔng
pakje (~ sigaretten, enz.)	ซอง	sorng

doos (de)	กล่อง	glòrng
kist (de)	ลัง	lang
mand (de)	ตะกร้า	dtà-grâa

27. Materialen

materiaal (het)	วัสดุ	wát-sà-dù
hout (het)	ไม้	máai
houten (bn)	ไม้	máai

glas (het)	แก้ว	gâew
glazen (bn)	แกว	gâew

steen (de)	หิน	hǐn
stenen (bn)	หิน	hǐn

plastic (het)	พลาสติก	pláat-dtìk
plastic (bn)	พลาสติก	pláat-dtìk

rubber (het)	ยาง	yaang
rubber-, rubberen (bn)	ยาง	yaang

stof (de)	ผ้า	phâa
van stof (bn)	ผา	phâa

papier (het)	กระดาษ	grà-dàat
papieren (bn)	กระดาษ	grà-dàat

karton (het)	กระดาษแข็ง	grà-dàat khǎeng
kartonnen (bn)	กระดาษแข็ง	grà-dàat khǎeng
polyethyleen (het)	โพลีเอทิลีน	phoh-lee-ay-thí-leen
cellofaan (het)	เซลโลเฟน	sayn loh-fayn

multiplex (het)	ไม้อัด	máai àt
porselein (het)	เครื่องเคลือบดินเผา	khrêuang khlêuap din phǎo
porseleinen (bn)	เครื่องเคลือบดินเผา	khrêuang khlêuap din phǎo
klei (de)	ดินเหนียว	din nǐeow
klei-, van klei (bn)	ดินเหนียว	din nǐeow
keramiek (de)	เซรามิก	say-raa mík
keramieken (bn)	เซรามิก	say-raa mík

28. Metalen

metaal (het)	โลหะ	loh-hà
metalen (bn)	โลหะ	loh-hà
legering (de)	โลหะสัมฤทธิ์	loh-hà sǎm-rít

goud (het)	ทอง	thorng
gouden (bn)	ทอง	thorng
zilver (het)	เงิน	ngern
zilveren (bn)	เงิน	ngern

ijzer (het)	เหล็ก	lèk
ijzeren	เหล็ก	lèk
staal (het)	เหล็กกล้า	lèk glâa
stalen (bn)	เหล็กกลา	lèk glâa
koper (het)	ทองแดง	thorng daeng
koperen (bn)	ทองแดง	thorng daeng

aluminium (het)	อะลูมิเนียม	a-loo-mí-niam
aluminium (bn)	อะลูมิเนียม	a-loo-mí-niam
brons (het)	ทองบรอนซ์	thorng-bron
bronzen (bn)	ทองบรอนซ์	thorng-bron

messing (het)	ทองเหลือง	thorng lěuang
nikkel (het)	นิกเกิล	ník-gêrn
platina (het)	ทองคำขาว	thorng kham khǎao
kwik (het)	ปรอท	bpa -ròrt
tin (het)	ดีบุก	dee-bùk
lood (het)	ตะกั่ว	dtà-gùa
zink (het)	สังกะสี	sǎng-gà-sěe

MENS

Mens. Het lichaam

29. Mensen. Basisbegrippen

mens (de)	มนุษย์	má-nút
man (de)	ผู้ชาย	phôo chaai
vrouw (de)	ผู้หญิง	phôo yǐng
kind (het)	เด็ก, ลูก	dèk, lôok
meisje (het)	เด็กผู้หญิง	dèk phôo yǐng
jongen (de)	เด็กผู้ชาย	dèk phôo chaai
tiener, adolescent (de)	วัยรุ่น	wai rûn
oude man (de)	ชายชรา	chaai chá-raa
oude vrouw (de)	หญิงชรา	yǐng chá-raa

30. Menselijke anatomie

organisme (het)	ร่างกาย	râang gaai
hart (het)	หัวใจ	hǔa jai
bloed (het)	เลือด	lêuat
slagader (de)	เส้นเลือดแดง	sâyn lêuat daeng
ader (de)	เส้นเลือดดำ	sâyn lêuat dam
hersenen (mv.)	สมอง	sà-mǒrng
zenuw (de)	เส้นประสาท	sên bprà-sàat
zenuwen (mv.)	เส้นประสาท	sên bprà-sàat
wervel (de)	กระดูกสันหลัง	grà-dòok sǎn-lǎng
ruggengraat (de)	สันหลัง	sǎn lǎng
maag (de)	กระเพาะอาหาร	grà phór aa-hǎan
darmen (mv.)	ลำไส้	lam sâi
darm (de)	ลำไส้	lam sâi
lever (de)	ตับ	dtàp
nier (de)	ไต	dtai
been (deel van het skelet)	กระดูก	grà-dòok
skelet (het)	โครงกระดูก	khrohng grà-dòok
rib (de)	ซี่โครง	sêe khrohng
schedel (de)	กะโหลก	gà-lòhk
spier (de)	กล้ามเนื้อ	glâam néua
biceps (de)	กล้ามเนื้อไบเซ็ปส์	glâam néua bai-sép
triceps (de)	กล้ามเนื้อไทรเซปส์	gglâam néua thrai-sâyp
pees (de)	เส้นเอ็น	sâyn en
gewricht (het)	ขอตอ	khôr dtòr

longen (mv.)	ปอด	bpòrt
geslachtsorganen (mv.)	อวัยวะเพศ	a-wai-wá phâyt
huid (de)	ผิวหนัง	phǐw nǎng

31. Hoofd

hoofd (het)	หัว	hǔa
gezicht (het)	หน้า	nâa
neus (de)	จมูก	jà-mòok
mond (de)	ปาก	bpàak

oog (het)	ตา	dtaa
ogen (mv.)	ตา	dtaa
pupil (de)	รูมานตา	roo mâan dtaa
wenkbrauw (de)	คิ้ว	khíw
wimper (de)	ขนตา	khǒn dtaa
ooglid (het)	เปลือกตา	bplèuak dtaa

tong (de)	ลิ้น	lín
tand (de)	ฟัน	fan
lippen (mv.)	ริมฝีปาก	rim fěe bpàak
jukbeenderen (mv.)	โหนกแก้ม	nòhk gâem
tandvlees (het)	เหงือก	ngèuak
gehemelte (het)	เพดานปาก	phay-daan bpàak

neusgaten (mv.)	รูจมูก	roo jà-mòok
kin (de)	คาง	khaang
kaak (de)	ขากรรไกร	khǎa gan-grai
wang (de)	แก้ม	gâem

voorhoofd (het)	หน้าผาก	nâa phàak
slaap (de)	ขมับ	khà-màp
oor (het)	หู	hǒo
achterhoofd (het)	หลังศีรษะ	lǎng sěe-sà
hals (de)	คอ	khor
keel (de)	ลำคอ	lam khor

haren (mv.)	ผม	phǒm
kapsel (het)	ทรงผม	song phǒm
haarsnit (de)	ทรงผม	song phǒm
pruik (de)	ผมปลอม	phǒm bplorm

snor (de)	หนวด	nùat
baard (de)	เครา	krao
dragen (een baard, enz.)	ลองไว้	lorng wái
vlecht (de)	ผมเปีย	phǒm bpia
bakkebaarden (mv.)	จอน	jorn

ros (roodachtig, rossig)	ผมแดง	phǒm daeng
grijs (~ haar)	ผมหงอก	phǒm ngòrk
kaal (bn)	หัวล้าน	hǔa láan
kale plek (de)	หัวล้าน	hǔa láan
paardenstaart (de)	ผมทรงหางม้า	phǒm song hǎang máa
pony (de)	ผมม้า	phǒm máa

32. Menselijk lichaam

hand (de)	มือ	meu
arm (de)	แขน	khǎen

vinger (de)	นิ้ว	níw
teen (de)	นิ้วเท้า	níw tháo
duim (de)	นิ้วโป้ง	níw bpôhng
pink (de)	นิ้วก้อย	níw gôi
nagel (de)	เล็บ	lép

vuist (de)	กำปั้น	gam bpân
handpalm (de)	ฝ่ามือ	fàa meu
pols (de)	ข้อมือ	khôr meu
voorarm (de)	แขนช่วงล่าง	khǎen chûang lâang
elleboog (de)	ข้อศอก	khôr sòrk
schouder (de)	ไหล่	lài

been (rechter ~)	ขา	khǎa
voet (de)	เท้า	tháo
knie (de)	หัวเข่า	hǔa khào
kuit (de)	น่อง	nôrng
heup (de)	สะโพก	sà-phôhk
hiel (de)	ส้นเท้า	sôn tháo

lichaam (het)	ร่างกาย	râang gaai
buik (de)	ท้อง	thórng
borst (de)	อก	òk
borst (de)	หน้าอก	nâa òk
zijde (de)	ข้าง	khâang
rug (de)	หลัง	lǎng
lage rug (de)	หลังส่วนล่าง	lǎng sùan lâang
taille (de)	เอว	eo

navel (de)	สะดือ	sà-deu
billen (mv.)	ก้น	gôn
achterwerk (het)	กน	gôn

huidvlek (de)	ไฝเสน่ห์	fǎi sà-này
moedervlek (de)	ปาน	bpaan
tatoeage (de)	รอยสัก	roi sàk
litteken (het)	แผลเป็น	phlǎe bpen

Kleding en accessoires

33. Bovenkleding. Jassen

kleren (mv.)	เสื้อผ้า	sêua phâa
bovenkleding (de)	เสื้อนอก	sêua nôk
winterkleding (de)	เสื้อกันหนาว	sêua gan năao
jas (de)	เสื้อโค้ท	sêua khóht
bontjas (de)	เสื้อโค้ทขนสัตว์	sêua khóht khŏn sàt
bontjasje (het)	แจ็คเก็ตขนสัตว์	jáek-gèt khŏn sàt
donzen jas (de)	แจ็คเก็ตกันหนาว	jàek-gèt gan năao
jasje (bijv. een leren ~)	แจ็คเก็ต	jáek-gèt
regenjas (de)	เสื้อกันฝน	sêua gan fŏn
waterdicht (bn)	ซึ่งกันน้ำได้	sêung gan náam dâai

34. Heren & dames kleding

overhemd (het)	เสื้อ	sêua
broek (de)	กางเกง	gaang-gayng
jeans (de)	กางเกงยีนส์	gaang-gayng yeen
colbert (de)	แจ็คเก็ตสูท	jàek-gèt sòot
kostuum (het)	ชุดสูท	chút sòot
jurk (de)	ชุดเดรส	chút draet
rok (de)	กระโปรง	grà bprohng
blouse (de)	เสื้อ	sêua
wollen vest (de)	แจ็คเก็ตถัก	jáek-gèt thàk
blazer (kort jasje)	แจ็คเก็ต	jáek-gèt
T-shirt (het)	เสื้อยืด	sêua yêut
shorts (mv.)	กางเกงขาสั้น	gaang-gayng khăa sân
trainingspak (het)	ชุดวอร์ม	chút wom
badjas (de)	เสื้อคลุมอาบน้ำ	sêua khlum àap náam
pyjama (de)	ชุดนอน	chút norn
sweater (de)	เสื้อไหมพรม	sêua măi phrom
pullover (de)	เสื้อกันหนาวแบบสวม	sêua gan năao bàep sŭam
gilet (het)	เสื้อกั๊ก	sêua gák
rokkostuum (het)	เสื้อเทลโค้ต	sêua thayn-khóht
smoking (de)	ชุดทักซิโด	chút thák sí dôh
uniform (het)	เครื่องแบบ	khrêuang bàep
werkkleding (de)	ชุดทำงาน	chút tam ngaan
overall (de)	ชุดเอี๊ยม	chút íam
doktersjas (de)	เสื้อคลุม	sêua khlum

35. Kleding. Ondergoed

ondergoed (het)	ชุดชั้นใน	chút chán nai
herenslip (de)	กางเกงในชาย	gaang-gayng nai chaai
slipjes (mv.)	กางเกงในสตรี	gaang-gayng nai sàt-dtree
onderhemd (het)	เสื้อชั้นใน	sêua chán nai
sokken (mv.)	ถุงเท้า	thǔng tháo
nachthemd (het)	ชุดนอนสตรี	chút norn sàt-dtree
beha (de)	ยกทรง	yók song
kniekousen (mv.)	ถุงเท้ายาว	thǔng tháo yaao
panty (de)	ถุงน่องเต็มตัว	thǔng nôrng dtem dtua
nylonkousen (mv.)	ถุงน่อง	thǔng nôrng
badpak (het)	ชุดว่ายน้ำ	chút wâai náam

36. Hoofddeksels

hoed (de)	หมวก	mùak
deukhoed (de)	หมวก	mùak
honkbalpet (de)	หมวกเบสบอล	mùak bàyt-bon
kleppet (de)	หมวกติงลี่	mùak dting lêe
baret (de)	หมวกเบเร่ต์	mùak bay-rây
kap (de)	ฮูด	hóot
panamahoed (de)	หมวกปานามา	mùak bpaa-naa-maa
gebreide muts (de)	หมวกไหมพรม	mùak mǎi phrom
hoofddoek (de)	ผ้าโพกศีรษะ	phâa phôhk sěe-sà
dameshoed (de)	หมวกสตรี	mùak sàt-dtree
veiligheidshelm (de)	หมวกนิรภัย	mùak ní-rá-phai
veldmuts (de)	หมวกหนีบ	mùak nèep
helm, valhelm (de)	หมวกกันน็อค	mùak ní-rá-phai
bolhoed (de)	หมวกกลมทรงสูง	mùak glom song sǒong
hoge hoed (de)	หมวกทรงสูง	mùak song sǒong

37. Schoeisel

schoeisel (het)	รองเท้า	rorng tháo
schoenen (mv.)	รองเท้า	rorng tháo
vrouwenschoenen (mv.)	รองเท้า	rorng tháo
laarzen (mv.)	รองเท้าบูท	rorng tháo bòot
pantoffels (mv.)	รองเท้าแตะในบ้าน	rorng tháo dtàe nai bâan
sportschoenen (mv.)	รองเท้ากีฬา	rorng tháo gee-laa
sneakers (mv.)	รองเท้าผ้าใบ	rorng tháo phâa bai
sandalen (mv.)	รองเท้าแตะ	rorng tháo dtàe
schoenlapper (de)	คนซ่อมรองเท้า	khon sôrm rorng tháo
hiel (de)	สันรองเท้า	sôn rorng tháo

paar (een ~ schoenen)	คู่	khôo
veter (de)	เชือกรองเท้า	chêuak rorng tháo
rijgen (schoenen ~)	ผูกเชือกรองเท้า	phòok chêuak rorng tháo
schoenlepel (de)	ที่ช้อนรองเท้า	thêe chón rorng tháo
schoensmeer (de/het)	ยาขัดรองเท้า	yaa khàt rorng tháo

38. Textiel. Weefsel

katoen (de/het)	ฝ้าย	fâai
katoenen (bn)	ฝ้าย	fâai
vlas (het)	แฟลกซ์	fláek
vlas-, van vlas (bn)	แฟลกซ์	fláek

zijde (de)	ไหม	măi
zijden (bn)	ไหม	măi
wol (de)	ขนสัตว์	khŏn sàt
wollen (bn)	ขนสัตว์	khŏn sàt

fluweel (het)	กำมะหยี่	gam-má-yèe
suède (de)	หนังกลับ	năng glàp
ribfluweel (het)	ผ้าลูกฟูก	phâa lôok fôok

nylon (de/het)	ไนลอน	nai-lorn
nylon-, van nylon (bn)	ไนลอน	nai-lorn
polyester (het)	โพลีเอสเตอร์	poh-lee-àyt-dtêr
polyester- (abn)	โพลีเอสเตอร์	poh-lee-àyt-dtêr

leer (het)	หนัง	năng
leren (van leer gemaak)	หนัง	năng
bont (het)	ขนสัตว์	khŏn sàt
bont- (abn)	ขนสัตว์	khŏn sàt

39. Persoonlijke accessoires

handschoenen (mv.)	ถุงมือ	thŭng meu
wanten (mv.)	ถุงมือ	thŭng meu
sjaal (fleece ~)	ผ้าพันคอ	phâa phan khor

bril (de)	แว่นตา	wâen dtaa
brilmontuur (het)	กรอบแว่น	gròrp wâen
paraplu (de)	ร่ม	rôm
wandelstok (de)	ไม้เท้า	máai tháo
haarborstel (de)	แปรงหวีผม	bpraeng wěe phŏm
waaier (de)	พัด	phát

das (de)	เนคไท	nâyk-thai
strikje (het)	โบว์หูกระต่าย	boh hŏo grà-dtàai
bretels (mv.)	สายเอี่ยม	săi íam
zakdoek (de)	ผ้าเช็ดหน้า	phâa chét-nâa

| kam (de) | หวี | wěe |
| haarspeldje (het) | ที่หนีบผม | têe nèep phŏm |

schuifspeldje (het)	กิ๊บ	gíp
gesp (de)	หัวเข็มขัด	hǔa khěm khàt

broekriem (de)	เข็มขัด	khěm khàt
draagriem (de)	สายกระเป๋า	sǎai grà-bpǎo

handtas (de)	กระเป๋า	grà-bpǎo
damestas (de)	กระเป๋าถือ	grà-bpǎo thěu
rugzak (de)	กระเป๋าสะพายหลัง	grà-bpǎo sà-phaai lǎng

40. Kleding. Diversen

mode (de)	แฟชั่น	fae-chân
de mode (bn)	คานิยม	khâa ní-yom
kledingstilist (de)	นักออกแบบแฟชั่น	nák òrk bàep fae-chân

kraag (de)	คอปกเสื้อ	khor bpòk sêua
zak (de)	กระเป๋า	grà-bpǎo
zak- (abn)	กระเป๋า	grà-bpǎo
mouw (de)	แขนเสื้อ	khǎen sêua
lusje (het)	ที่แขวนเสื้อ	thêe khwǎen sêua
gulp (de)	ซิปกางเกง	síp gaang-gayng

rits (de)	ซิป	síp
sluiting (de)	ซิป	síp
knoop (de)	กระดุม	grà dum
knoopsgat (het)	รูกระดุม	roo grà dum
losraken (bijv. knopen)	หลุดออก	lùt òrk

naaien (kleren, enz.)	เย็บ	yép
borduren (ww)	ปัก	bpàk
borduursel (het)	ลายปัก	laai bpàk
naald (de)	เข็มเย็บผ้า	khěm yép phâa
draad (de)	เสนดาย	sây-dâai
naad (de)	รอยเย็บ	roi yép

vies worden (ww)	สกปรก	sòk-gà-bpròk
vlek (de)	รอยเปื้อน	roi bpêuan
gekreukt raken (ov. kleren)	พับเป็นรอยยน	pháp bpen roi yôn
scheuren (ov.ww.)	ฉีก	chèek
mot (de)	แมลงกินผ้า	má-laeng gin phâa

41. Persoonlijke verzorging. Schoonheidsmiddelen

tandpasta (de)	ยาสีฟัน	yaa sěe fan
tandenborstel (de)	แปรงสีฟัน	bpraeng sěe fan
tanden poetsen (ww)	แปรงฟัน	bpraeng fan

scheermes (het)	มีดโกน	mêet gohn
scheerschuim (het)	ครีมโกนหนวด	khreem gohn nùat
zich scheren (ww)	โกน	gohn
zeep (de)	สบู่	sà-bòo

shampoo (de)	แชมพู	chaem-phoo
schaar (de)	กรรไกร	gan-grai
nagelvijl (de)	ตะไบเล็บ	dtà-bai lép
nagelknipper (de)	กรรไกรตัดเล็บ	gan-grai dtàt lép
pincet (het)	แหนบ	nàep

cosmetica (mv.)	เครื่องสำอาง	khrêuang sǎm-aang
masker (het)	มาสก์หน้า	mâak nâa
manicure (de)	การแต่งเล็บ	gaan dtàeng lép
manicure doen	แต่งเล็บ	dtàeng lép
pedicure (de)	การแต่งเล็บเท้า	gaan dtàeng lép táo

cosmetica tasje (het)	กระเป๋าเครื่องสำอาง	grà-bpǎo khrêuang sǎm-aang
poeder (de/het)	แป้งฝุ่น	bpâeng-fùn
poederdoos (de)	ตลับแป้ง	dtà-làp bpâeng
rouge (de)	แป้งทาแก้ม	bpâeng thaa gâem

parfum (de/het)	น้ำหอม	nám hǒrm
eau de toilet (de)	น้ำหอมออนๆ	náam hǒrm òn òn
lotion (de)	โลชั่น	loh-chân
eau de cologne (de)	โคโลญจ์	khoh-lohn

oogschaduw (de)	อายแชโตว์	aai-chae-doh
oogpotlood (het)	อายไลเนอร์	aai lai-ner
mascara (de)	มาสคารา	mâat-khaa-râa

lippenstift (de)	ลิปสติก	líp-sà-dtìk
nagellak (de)	น้ำยาทาเล็บ	nám yaa-thaa lép
haarlak (de)	สเปรย์ฉีดผม	sà-bpray chèet phǒm
deodorant (de)	ยาดับกลิ่น	yaa dàp glìn

crème (de)	ครีม	khreem
gezichtscrème (de)	ครีมทาหน้า	khreem thaa nâa
handcrème (de)	ครีมทามือ	khreem thaa meu
antirimpelcrème (de)	ครีมลดริ้วรอย	khreem lót ríw roi
dagcrème (de)	ครีมกลางวัน	khreem klaang wan
nachtcrème (de)	ครีมกลางคืน	khreem klaang kheun
dag- (abn)	กลางวัน	glaang wan
nacht- (abn)	กลางคืน	glaang kheun

tampon (de)	ผ้าอนามัยแบบสอด	phâa a-naa-mai bàep sòrt
toiletpapier (het)	กระดาษชำระ	grà-dàat cham-rá
föhn (de)	เครื่องเป่าผม	khrêuang bpào phǒm

42. Juwelen

sieraden (mv.)	เครื่องเพชรพลอย	khrêuang phét phloi
edel (bijv. ~ stenen)	เพชรพลอย	phét phloi
keurmerk (het)	ตราฮอลมาร์ค	dtraa hon-mâak

ring (de)	แหวน	wǎen
trouwring (de)	แหวนแต่งงาน	wǎen dtàeng ngaan
armband (de)	กำไลขอมือ	gam-lai khôr meu
oorringen (mv.)	ตุ้มหู	dtûm hǒo

halssnoer (het)	สร้อยคอ	sôi khor
kroon (de)	มงกุฎ	mong-gùt
kralen snoer (het)	สรอยคอลูกปัด	sôi khor lôok bpàt

diamant (de)	เพชร	phét
smaragd (de)	มรกต	mor-rá-gòt
robijn (de)	พลอยสีทับทิม	phloi sěe tháp-thim
saffier (de)	ไพลิน	phai-lin
parel (de)	ไขมุก	khài múk
barnsteen (de)	อำพัน	am phan

43. Horloges. Klokken

polshorloge (het)	นาฬิกา	naa-lí-gaa
wijzerplaat (de)	หน้าปัด	nâa bpàt
wijzer (de)	เข็ม	khěm
metalen horlogeband (de)	สายนาฬิกาข้อมือ	sǎai naa-lí-gaa khôr meu
horlogebandje (het)	สายรัดข้อมือ	sǎai rát khôr meu

batterij (de)	แบตเตอรี่	bàet-dter-rêe
leeg zijn (ww)	หมด	mòt
batterij vervangen	เปลี่ยนแบตเตอรี่	bplìan bàet-dter-rêe
voorlopen (ww)	เดินเร็วเกินไป	dern reo gern bpai
achterlopen (ww)	เดินช้า	dern cháa

wandklok (de)	นาฬิกาแขวนผนัง	naa-lí-gaa khwǎen phà-nǎng
zandloper (de)	นาฬิกาทราย	naa-lí-gaa saai
zonnewijzer (de)	นาฬิกาแดด	naa-lí-gaa dàet
wekker (de)	นาฬิกาปลุก	naa-lí-gaa bplùk
horlogemaker (de)	ช่างซ่อมนาฬิกา	châang sôrm naa-lí-gaa
repareren (ww)	ซ่อม	sôrm

Voedsel. Voeding

44. Voedsel

vlees (het)	เนื้อ	néua
kip (de)	ไก่	gài
kuiken (het)	เนื้อลูกไก่	néua lôok gài
eend (de)	เป็ด	bpèt
gans (de)	ห่าน	hàan
wild (het)	สัตว์ที่ล่า	sàt thêe lâa
kalkoen (de)	ไก่งวง	gài nguang
varkensvlees (het)	เนื้อหมู	néua mŏo
kalfsvlees (het)	เนื้อลูกวัว	néua lôok wua
schapenvlees (het)	เนื้อแกะ	néua gàe
rundvlees (het)	เนื้อวัว	néua wua
konijnenvlees (het)	เนื้อกระต่าย	néua grà-dtàai
worst (de)	ไส้กรอก	sâi gròrk
saucijs (de)	ไส้กรอกเวียนนา	sâi gròrk wian-naa
spek (het)	หมูเบคอน	mŏo bay-khorn
ham (de)	แฮม	haem
gerookte achterham (de)	แฮมแกมมอน	haem gaem-morn
paté (de)	ปาเต	bpaa dtay
lever (de)	ตับ	dtàp
gehakt (het)	เนื้อสับ	néua sàp
tong (de)	ลิ้น	lín
ei (het)	ไข่	khài
eieren (mv.)	ไข่	khài
eiwit (het)	ไข่ขาว	khài khăao
eigeel (het)	ไขแดง	khài daeng
vis (de)	ปลา	bplaa
zeevruchten (mv.)	อาหารทะเล	aa hăan thá-lay
schaaldieren (mv.)	สัตว์พวกกุ้งกั้งปู	sàt phûak gûng gâng bpoo
kaviaar (de)	ไข่ปลา	khài-bplaa
krab (de)	ปู	bpoo
garnaal (de)	กุ้ง	gûng
oester (de)	หอยนางรม	hŏi naang rom
langoest (de)	กุ้งมังกร	gûng mang-gon
octopus (de)	ปลาหมึก	bplaa mèuk
inktvis (de)	ปลาหมึกกล้วย	bplaa mèuk-glûay
steur (de)	ปลาสเตอร์เจียน	bpláa sà-dtêr jian
zalm (de)	ปลาแซลมอน	bplaa saen-morn
heilbot (de)	ปลาตาเดียว	bplaa dtaa-dieow
kabeljauw (de)	ปลาค็อด	bplaa khót

makreel (de)	ปลาแม็คเคอเร็ล	bplaa máek-kay-a-rěn
tonijn (de)	ปลาทูน่า	bplaa thoo-nâa
paling (de)	ปลาไหล	bplaa lǎi

forel (de)	ปลาเทราท์	bplaa thrau
sardine (de)	ปลาซาร์ดีน	bplaa saa-deen
snoek (de)	ปลาไพค	bplaa phai
haring (de)	ปลาเฮอร์ริง	bplaa her-ring

brood (het)	ขนมปัง	khà-nǒm bpang
kaas (de)	เนยแข็ง	noie khǎeng
suiker (de)	น้ำตาล	nám dtaan
zout (het)	เกลือ	gleua

rijst (de)	ข้าว	khâao
pasta (de)	พาสต้า	phâat-dtâa
noedels (mv.)	กวยเตี๋ยว	gǔay-dtǐeow

boter (de)	เนย	noie
plantaardige olie (de)	น้ำมันพืช	nám man phêut
zonnebloemolie (de)	น้ำมันดอกทานตะวัน	nám man dòrk thaan dtà-wan
margarine (de)	เนยเทียม	noie thiam

| olijven (mv.) | มะกอก | má-gòrk |
| olijfolie (de) | น้ำมันมะกอก | nám man má-gòrk |

melk (de)	นม	nom
gecondenseerde melk (de)	นมขน	nom khôn
yoghurt (de)	โยเกิร์ต	yoh-gèrt
zure room (de)	ซาวรครีม	saao khreem
room (de)	ครีม	khreem

| mayonaise (de) | มาย็องเนส | maa-yorng-nâyt |
| crème (de) | สวนผสมของเนย
และน้ำตาล | sùan phà-sǒm khǒrng
noie láe nám dtaan |

graan (het)	เมล็ดธัญพืช	má-lét than-yá-phêut
meel (het), bloem (de)	แป้ง	bpâeng
conserven (mv.)	อาหารกระป๋อง	aa-hǎan grà-bpǒrng

maïsvlokken (mv.)	คอร์นเฟลค	khorn-flâyk
honing (de)	น้ำผึ้ง	nám phêung
jam (de)	แยม	yaem
kauwgom (de)	หมากฝรั่ง	màak fà-ràng

45. Drankjes

water (het)	น้ำ	nám
drinkwater (het)	น้ำดื่ม	nám dèum
mineraalwater (het)	น้ำแร่	nám râe

zonder gas	ไม่มีฟอง	mâi mee forng
koolzuurhoudend (bn)	น้ำอัดลม	nám àt lom
bruisend (bn)	มีฟอง	mee forng

| ijs (het) | น้ำแข็ง | nám khǎeng |
| met ijs | ใส่น้ำแข็ง | sài nám khǎeng |

alcohol vrij (bn)	ไม่มีแอลกอฮอล์	mâi mee aen-gor-hor
alcohol vrije drank (de)	เครื่องดื่มที่ไม่มี แอลกอฮอล์	krêuang dèum têe mâi mee aen-gor-hor
frisdrank (de)	เครื่องดื่มให้ ความสดชื่น	khrêuang dèum hâi khwaam sòt chêun
limonade (de)	น้ำเลมอนเนด	nám lay-morn-nâyt

alcoholische dranken (mv.)	เหล้า	lǎu
wijn (de)	ไวน์	wai
witte wijn (de)	ไวน์ขาว	wai khǎao
rode wijn (de)	ไวน์แดง	wai daeng

likeur (de)	สุรา	sù-raa
champagne (de)	แชมเปญ	chaem-bpayn
vermout (de)	เหล้าองุ่นขาวซึ่งมี กลิ่นหอม	lâo a-ngùn khǎao sêung mee glìn hǒrm

whisky (de)	เหล้าวิสกี้	lǎu wít-sa -gêe
wodka (de)	เหล้าวอดก้า	lǎu wórt-gâa
gin (de)	เหล้ายิน	lǎu yin
cognac (de)	เหล้าคอนยัก	lǎu khorn yák
rum (de)	เหล้ารัม	lǎu ram

koffie (de)	กาแฟ	gaa-fae
zwarte koffie (de)	กาแฟดำ	gaa-fae dam
koffie (de) met melk	กาแฟใส่นม	gaa-fae sài nom
cappuccino (de)	กาแฟคาปูชิโน	gaa-fae khaa bpoo chí noh
oploskoffie (de)	กาแฟสำเร็จรูป	gaa-fae sǎm-rèt rôop

melk (de)	นม	nom
cocktail (de)	ค็อกเทล	khók-tayn
milkshake (de)	มิลค์เชค	min-châyk

sap (het)	น้ำผลไม้	nám phǒn-lá-máai
tomatensap (het)	น้ำมะเขือเทศ	nám má-khěua thâyt
sinaasappelsap (het)	น้ำส้ม	nám sôm
vers geperst sap (het)	น้ำผลไม้คั้นสด	nám phǒn-lá-máai khán sòt

bier (hot)	เบียร์	bia
licht bier (het)	เบียร์ไลท์	bia lai
donker bier (het)	เบียร์ดารค	bia dàak

thee (de)	ชา	chaa
zwarte thee (de)	ชาดำ	chaa dam
groene thee (de)	ชาเขียว	chaa khǐeow

46. Groenten

groenten (mv.)	ผัก	phàk
verse kruiden (mv.)	ผักใบเขียว	phàk bai khǐeow
tomaat (de)	มะเขือเทศ	má-khěua thâyt

augurk (de)	แตงกวา	dtaeng-gwaa
wortel (de)	แครอท	khae-rót
aardappel (de)	มันฝรั่ง	man fà-ràng
ui (de)	หัวหอม	hŭa hŏrm
knoflook (de)	กระเทียม	grà-thiam

kool (de)	กะหล่ำปลี	gà-làm bplee
bloemkool (de)	ดอกกะหล่ำ	dòrk gà-làm
spruitkool (de)	กะหล่ำดาว	gà-làm-daao
broccoli (de)	บร็อคโคลี่	bròrk-khoh-lêe

rode biet (de)	ปีทรูท	bee-trôot
aubergine (de)	มะเขือยาว	má-khĕua-yaao
courgette (de)	แตงซูคินี	dtaeng soo-khí-nee
pompoen (de)	ฟักทอง	fák-thorng
raap (de)	หัวผักกาด	hŭa-phàk-gàat

peterselie (de)	ผักชีฝรั่ง	phàk chee fà-ràng
dille (de)	ผักชีลาว	phàk-chee-laao
sla (de)	ผักกาดหอม	phàk gàat hŏrm
selderij (de)	คื่นฉ่าย	khêun-châai
asperge (de)	หน่อไม้ฝรั่ง	nòr máai fà-ràng
spinazie (de)	ผักขม	phàk khŏm

erwt (de)	ถั่วลันเตา	thùa-lan-dtao
bonen (mv.)	ถั่ว	thùa
maïs (de)	ข้าวโพด	khâao-phôht
nierboon (de)	ถั่วรูปไต	thùa rôop dtai

peper (de)	พริกหยวก	phrík-yùak
radijs (de)	หัวไชเท้า	hŭa chai tháo
artisjok (de)	อาร์ติโชค	aa dtì chôhk

47. Vruchten. Noten

vrucht (de)	ผลไม้	phŏn-lá-máai
appel (de)	แอปเปิ้ล	àep-bpêrn
peer (de)	แพร	phae
citroen (de)	มะนาว	má-naao
sinaasappel (de)	ส้ม	sôm
aardbei (de)	สตรอว์เบอร์รี่	sà-dtror-ber-rêe

mandarijn (de)	ส้มแมนดาริน	sôm maen daa rin
pruim (de)	พลัม	phlam
perzik (de)	ลูกท้อ	lôok thór
abrikoos (de)	แอปริคอท	ae-bprì-khôrt
framboos (de)	ราสเบอร์รี่	râat-ber-rêe
ananas (de)	สับปะรด	sàp-bpà-rót

banaan (de)	กล้วย	glûay
watermeloen (de)	แตงโม	dtaeng moh
druif (de)	องุ่น	a-ngùn
zure kers (de)	เชอร์รี่	cher-rêe
zoete kers (de)	เชอร์รี่ป่า	cher-rêe bpàa

meloen (de)	เมลอน	may-lorn
grapefruit (de)	สมโอ	sôm oh
avocado (de)	อะโวคาโด	a-who-khaa-doh
papaja (de)	มะละกอ	má-lá-gor
mango (de)	มะม่วง	má-mûang
granaatappel (de)	ทับทิม	tháp-thim

rode bes (de)	เรดเคอร์แรนท์	râyt-khêr-raen
zwarte bes (de)	แบล็คเคอร์แรนท์	blàek khêr-raen
kruisbes (de)	กูสเบอร์รี่	gòot-ber-rêe
blauwe bosbes (de)	บิลเบอร์รี่	bil-ber-rêe
braambes (de)	แบล็คเบอร์รี่	blàek ber-rêe

rozijn (de)	ลูกเกด	lôok gàyt
vijg (de)	มะเดื่อฝรั่ง	má dèua fà-ràng
dadel (de)	ลูกอินทผลัม	lôok in-thá-plăm

pinda (de)	ถั่วลิสง	thùa-lí-sŏng
amandel (de)	อัลมอนด์	an-morn
walnoot (de)	วอลนัต	wor-lá-nát
hazelnoot (de)	เฮเซลนัท	hay sayn nát
kokosnoot (de)	มะพร้าว	má-phráao
pistaches (mv.)	ถั่วพิสตาชิโอ	thùa phít dtaa chí oh

48. Brood. Snoep

suikerbakkerij (de)	ขนม	khà-nŏm
brood (het)	ขนมปัง	khà-nŏm bpang
koekje (het)	คุกกี้	khúk-gêe

chocolade (de)	ช็อกโกแลต	chók-goh-láet
chocolade- (abn)	ช็อกโกแลต	chók-goh-láet
snoepje (het)	ลูกกวาด	lôok gwàat
cakeje (het)	ขนมเค้ก	khà-nŏm kháyk
taart (bijv. verjaardags~)	ขนมเค้ก	khà-nŏm kháyk

pastei (de)	ขนมพาย	khà-nŏm phaai
vulling (de)	ไส้ในขนม	sâi nai khà-nŏm

oonfituur (de)	แยม	yaem
marmelade (de)	แยมผิวส้ม	yaem phĭw sôm
wafel (de)	วาฟเฟิล	waaf-fern
ijsje (het)	ไอศกรีม	ai-sà-greem
pudding (de)	พุดดิ้ง	phút-dîng

49. Bereide gerechten

gerecht (het)	มื้ออาหาร	méu aa-hăan
keuken (bijv. Franse ~)	อาหาร	aa-hăan
recept (het)	ตำราอาหาร	dtam-raa aa-hăan
portie (de)	สวน	sùan
salade (de)	สลัด	sà-làt

soep (de)	ซุป	súp
bouillon (de)	ซุปน้ำใส	súp nám-săi
boterham (de)	แซนด์วิช	saen-wít
spiegelei (het)	ไข่ทอด	khài thôrt

hamburger (de)	แฮมเบอร์เกอร์	haem-ber-gêr
biefstuk (de)	สเต็กเนื้อ	sà-dtèk néua

garnering (de)	เครื่องเคียง	khrêuang khiang
spaghetti (de)	สปาเก็ตตี้	sà-bpaa-gèt-dtêe
aardappelpuree (de)	มันฝรั่งบด	man fà-ràng bòt
pizza (de)	พิซซ่า	phít-sâa
pap (de)	ข้าวต้ม	khâao-dtôm
omelet (de)	ไข่เจียว	khài jieow

gekookt (in water)	ต้ม	dtôm
gerookt (bn)	รมควัน	rom khwan
gebakken (bn)	ทอด	thôrt
gedroogd (bn)	ตากแห้ง	dtàak hâeng
diepvries (bn)	แช่แข็ง	châe khăeng
gemarineerd (bn)	ดอง	dorng

zoet (bn)	หวาน	wăan
gezouten (bn)	เค็ม	khem
koud (bn)	เย็น	yen
heet (bn)	ร้อน	rórn
bitter (bn)	ขม	khŏm
lekker (bn)	อร่อย	à-ròi

koken (in kokend water)	ต้ม	dtôm
bereiden (avondmaaltijd ~)	ทำอาหาร	tham aa-hăan
bakken (ww)	ทอด	thôrt
opwarmen (ww)	อุ่น	ùn

zouten (ww)	ใส่เกลือ	sài gleua
peperen (ww)	ใส่พริกไทย	sài phrík thai
raspen (ww)	ขูด	khòot
schil (de)	เปลือก	bplèuak
schillen (ww)	ปอกเปลือก	bpòrk bplêuak

50. Kruiden

zout (het)	เกลือ	gleua
gezouten (bn)	เค็ม	khem
zouten (ww)	ใส่เกลือ	sài gleua

zwarte peper (de)	พริกไทย	phrík thai
rode peper (de)	พริกแดง	phrík daeng
mosterd (de)	มัสตาร์ด	mát-dtàat
mierikswortel (de)	ฮอสแรดิช	hórt rae dìt

condiment (het)	เครื่องปรุงรส	khrêuang bprung rót
specerij, kruiderij (de)	เครื่องเทศ	khrêuang thâyt
saus (de)	ซอส	sós

azijn (de)	น้ำส้มสายชู	nám sôm sǎai choo
anijs (de)	เทียนสัตตบุษย์	thian-sàt-dtà-bùt
basilicum (de)	ใบโหระพา	bai hǒh rá phaa
kruidnagel (de)	กานพลู	gaan-phloo
gember (de)	ขิง	khǐng
koriander (de)	ผักชีลา	pàk-chee-laa
kaneel (de/het)	อบเชย	òp-choie

sesamzaad (het)	งา	ngaa
laurierblad (het)	ใบกระวาน	bai grà-waan
paprika (de)	พริกป่น	phrík bpòn
komijn (de)	เทียนตากบ	thian dtaa gòp
saffraan (de)	หญ้าฝรั่น	yâa fà-ràn

51. Maaltijden

eten (het)	อาหาร	aa-hǎan
eten (ww)	กิน	gin

ontbijt (het)	อาหารเช้า	aa-hǎan cháo
ontbijten (ww)	ทานอาหารเช้า	thaan aa-hǎan cháo
lunch (de)	ข้าวเที่ยง	khâao thîang
lunchen (ww)	ทานอาหารเที่ยง	thaan aa-hǎan thîang
avondeten (het)	อาหารเย็น	aa-hǎan yen
souperen (ww)	ทานอาหารเย็น	thaan aa-hǎan yen

eetlust (de)	ความอยากอาหาร	kwaam yàak aa hǎan
Eet smakelijk!	กินให้อร่อย!	gin hâi a-ròi

openen (een fles ~)	เปิด	bpèrt
morsen (koffie, enz.)	ทำหก	tham hòk
zijn gemorst	ทำหกออกมา	tham hòk òrk maa
koken (water kookt bij 100°C)	ต้ม	dtôm
koken (Hoe om water te ~)	ต้ม	dtôm
gekookt (~ water)	ต้ม	dtôm
afkoelen (koeler maken)	แช่เย็น	châe yen
afkoelen (koeler worden)	แช่เย็น	châe yen

smaak (de)	รสชาติ	rót châat
nasmaak (de)	รส	rót

volgen een dieet	ลดน้ำหนัก	lót nám nàk
dieet (het)	อาหารพิเศษ	aa-hǎan phí-sàyt
vitamine (de)	วิตามิน	wí-dtaa-min
calorie (de)	แคลอรี่	khae-lor-rêe
vegetariër (de)	คนกินเจ	khon gin jay
vegetarisch (bn)	มังสวิรัติ	mang-sà-wí-rát

vetten (mv.)	ไขมัน	khǎi man
eiwitten (mv.)	โปรตีน	bproh-dteen
koolhydraten (mv.)	คาร์โบไฮเดรต	kaa-boh-hai-dràyt
snede (de)	แผ่น	phàen
stuk (bijv. een ~ taart)	ชิ้น	chín
kruimel (de)	เศษ	sàyt

52. Tafelschikking

lepel (de)	ช้อน	chórn
mes (het)	มีด	mêet
vork (de)	ส้อม	sôrm
kopje (het)	แก้ว	gâew
bord (het)	จาน	jaan
schoteltje (het)	จานรอง	jaan rorng
servet (het)	ผ้าเช็ดปาก	phâa chét bpàak
tandenstoker (de)	ไม้จิ้มฟัน	máai jîm fan

53. Restaurant

restaurant (het)	ร้านอาหาร	ráan aa-hǎan
koffiehuis (het)	ร้านกาแฟ	ráan gaa-fae
bar (de)	ร้านเหล้า	ráan lâo
tearoom (de)	ร้านน้ำชา	ráan nám chaa
kelner, ober (de)	คนเสิร์ฟชาย	khon sèrf chaai
serveerster (de)	คนเสิร์ฟหญิง	khon sèrf yǐng
barman (de)	บาร์เทนเดอร์	baa-thayn-dêr
menu (het)	เมนู	may-noo
wijnkaart (de)	รายการไวน์	raai gaan wai
een tafel reserveren	จองโต๊ะ	jorng dtó
gerecht (het)	มื้ออาหาร	méu aa-hǎan
bestellen (eten ~)	สั่ง	sàng
een bestelling maken	สั่งอาหาร	sàng aa-hǎan
aperitief (de/het)	เครื่องดื่มเหล้า กอนอาหาร	khrêuang dèum lâo gòrn aa-hǎan
voorgerecht (het)	ของกินเล่น	khǒrng gin lâyn
dessert (het)	ของหวาน	khǒrng wǎan
rekening (de)	คิดเงิน	khít ngern
de rekening betalen	จ่ายคาอาหาร	jàai khâa aa hǎan
wisselgeld teruggeven	ให้เงินทอน	hâi ngern thorn
fooi (de)	เงินทิป	ngern thíp

Familie, verwanten en vrienden

54. Persoonlijke informatie. Formulieren

naam (de)	ชื่อ	chêu
achternaam (de)	นามสกุล	naam sà-gun
geboortedatum (de)	วันเกิด	wan gèrt
geboorteplaats (de)	สถานที่เกิด	sà-thăan thêe gèrt
nationaliteit (de)	สัญชาติ	săn-châat
woonplaats (de)	ที่อยู่อาศัย	thêe yòo aa-săi
land (het)	ประเทศ	bprà-thâyt
beroep (het)	อาชีพ	aa-chêep
geslacht (ov. het vrouwelijk ~)	เพศ	phâyt
lengte (de)	ความสูง	khwaam sŏong
gewicht (het)	น้ำหนัก	nám nàk

55. Familieleden. Verwanten

moeder (de)	มารดา	maan-daa
vader (de)	บิดา	bì-daa
zoon (de)	ลูกชาย	lôok chaai
dochter (de)	ลูกสาว	lôok săao
jongste dochter (de)	ลูกสาวคนเล็ก	lôok săao khon lék
jongste zoon (de)	ลูกชายคนเล็ก	lôok chaai khon lék
oudste dochter (de)	ลูกสาวคนโต	lôok săao khon dtoh
oudste zoon (de)	ลูกชายคนโต	lôok chaai khon dtoh
oudere broer (de)	พี่ชาย	phêe chaai
jongere broer (de)	น้องชาย	nórng chaai
oudere zuster (de)	พี่สาว	phêe săao
jongere zuster (de)	น้องสาว	nórng săao
neef (zoon van oom, tante)	ลูกพี่ลูกน้อง	lôok phêe lôok nórng
nicht (dochter van oom, tante)	ลูกพี่ลูกน้อง	lôok phêe lôok nórng
mama (de)	แม่	mâe
papa (de)	พ่อ	phôr
ouders (mv.)	พ่อแม่	phôr mâe
kind (het)	เด็ก, ลูก	dèk, lôok
kinderen (mv.)	เด็กๆ	dèk dèk
oma (de)	ย่า, ยาย	yâa, yaai
opa (de)	ปู่, ตา	bpòo, dtaa

kleinzoon (de)	หลานชาย	lăan chaai
kleindochter (de)	หลานสาว	lăan săao
kleinkinderen (mv.)	หลานๆ	lăan

oom (de)	ลุง	lung
tante (de)	ป้า	bpâa
neef (zoon van broer, zus)	หลานชาย	lăan chaai
nicht (dochter van broer, zus)	หลานสาว	lăan săao

schoonmoeder (de)	แม่ยาย	mâe yaai
schoonvader (de)	พ่อสามี	phôr săa-mee
schoonzoon (de)	ลูกเขย	lôok khŏie
stiefmoeder (de)	แม่เลี้ยง	mâe líang
stiefvader (de)	พ่อเลี้ยง	phôr líang

zuigeling (de)	ทารก	thaa-rók
wiegenkind (het)	เด็กเล็ก	dèk lék
kleuter (de)	เด็ก	dèk

vrouw (de)	ภรรยา	phan-rá-yaa
man (de)	สามี	săa-mee
echtgenoot (de)	สามี	săa-mee
echtgenote (de)	ภรรยา	phan-rá-yaa

gehuwd (mann.)	แต่งงานแล้ว	dtàeng ngaan láew
gehuwd (vrouw.)	แต่งงานแลว	dtàeng ngaan láew
ongehuwd (mann.)	เป็นโสด	bpen sòht
vrijgezel (de)	ชายโสด	chaai sòht
gescheiden (bn)	หย่าแล้ว	yàa láew
weduwe (de)	แม่หม้าย	mâe mâai
weduwnaar (de)	พ่อหม้าย	phôr mâai

familielid (het)	ญาติ	yâat
dichte familielid (het)	ญาติใกล้ชิด	yâat glâi chít
verre familielid (het)	ญาติห่างๆ	yâat hàang hàang
familieleden (mv.)	ญาติๆ	yâat

wees (weesjongen)	เด็กชายกำพร้า	dèk chaai gam phráa
wees (weesmeisje)	เด็กหญิงกำพรา	dèk yĭng gam phráa
voogd (de)	ผู้ปกครอง	phôo bpòk khrorng
adopteren (een jongen te ~)	บุญธรรม	bun tham
adopteren (een meisje te ~)	บุญธรรม	bun tham

56. Vrienden. Collega's

vriend (de)	เพื่อน	phêuan
vriendin (de)	เพื่อน	phêuan
vriendschap (de)	มิตรภาพ	mít-dtrà-phâap
bevriend zijn (ww)	เป็นเพื่อน	bpen phêuan

makker (de)	เพื่อนสนิท	phêuan sà-nìt
vriendin (de)	เพื่อนสนิท	phêuan sà-nìt
partner (de)	หุ้นส่วน	hûn sùan
chef (de)	หัวหน้า	hŭa-nâa

baas (de)	ผู้บังคับบัญชา	phôo bang-kháp ban-chaa
eigenaar (de)	เจ้าของ	jâo khŏrng
ondergeschikte (de)	ลูกน้อง	lôok nórng
collega (de)	เพื่อนร่วมงาน	phêuan rûam ngaan

kennis (de)	ผู้คุ้นเคย	phôo khún khoie
medereiziger (de)	เพื่อนร่วมทาง	pêuan rûam thaang
klasgenoot (de)	เพื่อนรุ่น	phêuan rûn

buurman (de)	เพื่อนบ้านผู้ชาย	phêuan bâan pôo chaai
buurvrouw (de)	เพื่อนบ้านผู้หญิง	phêuan bâan phôo yĭng
buren (mv.)	เพื่อนบ้าน	phêuan bâan

57. Man. Vrouw

vrouw (de)	ผู้หญิง	phôo yĭng
meisje (het)	หญิงสาว	yĭng săao
bruid (de)	เจ้าสาว	jâo săao

mooi(e) (vrouw, meisje)	สวย	sŭay
groot, grote (vrouw, meisje)	สูง	sŏong
slank(e) (vrouw, meisje)	ผอม	phŏrm
korte, kleine (vrouw, meisje)	เตี้ย	dtîa

| blondine (de) | ผมสีทอง | phŏm sĕe thorng |
| brunette (de) | ผมสีคล้ำ | phŏm sĕe khlám |

dames- (abn)	สตรี	sàt-dtree
maagd (de)	บริสุทธิ์	bor-rí-sùt
zwanger (bn)	ตั้งครรภ์	dtâng khan

man (de)	ผู้ชาย	phôo chaai
blonde man (de)	ผมสีทอง	phŏm sĕe thorng
bruinharige man (de)	ผมสีคล้ำ	phŏm sĕe khlám
groot (bn)	สูง	sŏong
klein (bn)	เตี้ย	dtîa

onbeleefd (bn)	หยาบคาย	yàap kaai
gedrongen (bn)	แข็งแรง	khăeng raeng
robuust (bn)	กำยำ	gam-yam
sterk (bn)	แข็งแรง	khăeng raeng
sterkte (de)	ความแข็งแรง	khwaam khăeng raeng

mollig (bn)	ท้วม	thúam
getaand (bn)	ผิวดำ	phĭw dam
slank (bn)	ผอม	phŏrm
elegant (bn)	สง่า	sà-ngàa

58. Leeftijd

| leeftijd (de) | อายุ | aa-yú |
| jeugd (de) | วัยเยาว์ | wai yao |

jong (bn)	หนุ่ม	nùm
jonger (bn)	อายุน้อยกว่า	aa-yú nói gwàa
ouder (bn)	อายุสูงกว่า	aa-yú sŏong gwàa
jongen (de)	ชายหนุ่ม	chaai nùm
tiener, adolescent (de)	วัยรุ่น	wai rûn
kerel (de)	คนหนุ่ม	khon nùm
oude man (de)	ชายชรา	chaai chá-raa
oude vrouw (de)	หญิงชรา	yĭng chá-raa
volwassen (bn)	ผู้ใหญ่	phôo yài
van middelbare leeftijd (bn)	วัยกลาง	wai glaang
bejaard (bn)	วัยชรา	wai chá-raa
oud (bn)	แก่	gàe
pensioen (het)	การเกษียณอายุ	gaan gà-sĭan aa-yú
met pensioen gaan	เกษียณ	gà-sĭan
gepensioneerde (de)	ผู้เกษียณอายุ	phôo gà-sĭan aa-yú

59. Kinderen

kind (het)	เด็ก, ลูก	dèk, lôok
kinderen (mv.)	เด็กๆ	dèk dèk
tweeling (de)	แฝด	fàet
wieg (de)	เปล	bplay
rammelaar (de)	ของเล่นกุ๊งกิ๊ง	khŏrng lên gúng-gîng
luier (de)	ผ้าอ้อม	phâa ôrm
speen (de)	จุกนม	jùk-nom
kinderwagen (de)	รถเข็นเด็ก	rót khĕn dèk
kleuterschool (de)	โรงเรียนอนุบาล	rohng rian a-nú-baan
babysitter (de)	คนเฝ้าเด็ก	khon fâo dèk
kindertijd (de)	วัยเด็ก	wai dèk
pop (de)	ตุ๊กตา	dtúk-dtaa
speelgoed (het)	ของเล่น	khŏrng lên
bouwspeelgoed (het)	ชุดของเล่นก่อสร้าง	chút khŏrng lên gòr sâang
welopgevoed (bn)	มีกิริยา มารยาทดี	mee gì-rí-yaa maa-rá-yâat dee
onopgevoed (bn)	ไม่มีมารยาท	mâi mee maa-rá-yâat
verwend (bn)	เสียคน	sĭa khon
stout zijn (ww)	ซน	son
stout (bn)	ซน	son
stoutheid (de)	ความเกเร	kwaam gay-ray
stouterd (de)	เด็กเกเร	dèk gay-ray
gehoorzaam (bn)	ที่เชื่อฟัง	thêe chêua fang
ongehoorzaam (bn)	ที่ไม่เชื่อฟัง	thêe mâi chêua fang
braaf (bn)	ที่เชื่อฟังผู้ใหญ่	thée chêua fang phôo yài
slim (verstandig)	ฉลาด	chà-làat
wonderkind (het)	เด็กมีพรสวรรค์	dèk mee phon sà-wăn

60. Gehuwde paren. Gezinsleven

kussen (een kus geven)	จูบ	jòop
elkaar kussen (ww)	จูบ	jòop
gezin (het)	ครอบครัว	khrôrp khrua
gezins- (abn)	ครอบครัว	khrôrp khrua
paar (het)	ผัวเมีย	phŭa mia
huwelijk (het)	การแตงงาน	gaan dtàeng ngaan
thuis (het)	บาน	bâan
dynastie (de)	วงศตระกูล	wong dtrà-goon

date (de)	การออกเดท	gaan òrk dàyt
zoen (de)	การจูบ	gaan jòop

liefde (de)	ความรัก	khwaam rák
liefhebben (ww)	รัก	rák
geliefde (bn)	ที่รัก	thêe rák

tederheid (de)	ความละเมียดละไม	khwaam lá-mîat lá-mai
teder (bn)	ละเมียดละไม	lá-mîat lá-mai
trouw (de)	ความซื่อ	khwaam sêu
trouw (bn)	ซื่อ	sêu
zorg (bijv. bejaarden~)	การดูแล	gaan doo lae
zorgzaam (bn)	ชอบดูแล	chôrp doo lae

jonggehuwden (mv.)	คู่แต่งงานใหม่	khôo dtàeng ngaan mài
wittebroodsweken (mv.)	ฮันนีมูน	han-nee-moon
trouwen (vrouw)	แตงงาน	dtàeng ngaan
trouwen (man)	แตงงาน	dtàeng ngaan

bruiloft (de)	การสมรส	gaan sŏm rót
gouden bruiloft (de)	การสมรสครบรอบ50ปี	gaan sŏm rót khróp rôrp hâa-sìp bpee
verjaardag (de)	วันครบรอบ	wan khróp rôrp

minnaar (de)	คู่รัก	khôo rák
minnares (de)	เมียนอย	mia nói

overspel (het)	การคบชู	gaan khóp chóo
overspel plegen (ww)	คบชู	khóp chóo
jaloers (bn)	หึงหวง	hĕung hŭang
jaloers zijn (echtgenoot, enz.)	หึง	hĕung
echtscheiding (de)	การหยาราง	gaan yàa ráang
scheiden (ww)	หยา	yàa

ruzie hebben (ww)	ทะเลาะ	thá-lór
vrede sluiten (ww)	ประนีประนอม	bprà-nee-bprà-nom

samen (bw)	ดวยกัน	dûay gan
seks (de)	เพศสัมพันธ์	phâyt săm-phan

geluk (het)	ความสุข	khwaam sùk
gelukkig (bn)	มีความสุข	mee khwaam sùk
ongeluk (het)	เหตุราย	hàyt ráai
ongelukkig (bn)	ไมมีความสุข	mâi mee khwaam sùk

Karakter. Gevoelens. Emoties

61. Gevoelens. Emoties

gevoel (het)	ความรู้สึก	khwaam róo sèuk
gevoelens (mv.)	ความรู้สึก	khwaam róo sèuk
voelen (ww)	รู้สึก	róo sèuk
honger (de)	ความหิว	khwaam hĭw
honger hebben (ww)	หิว	hĭw
dorst (de)	ความกระหาย	khwaam grà-hăai
dorst hebben	กระหาย	grà-hăai
slaperigheid (de)	ความงวง	khwaam ngûang
willen slapen	งวง	ngûang
moeheid (de)	ความเหนื่อย	khwaam nèuay
moe (bn)	เหนื่อย	nèuay
vermoeid raken (ww)	เหนื่อย	nèuay
stemming (de)	อารมณ์	aa-rom
verveling (de)	ความเบื่อ	khwaam bèua
zich vervelen (ww)	เบื่อ	bèua
afzondering (de)	ความเหงา	khwaam ngăo
zich afzonderen (ww)	ปลีกวิเวก	bplèek wí-wâyk
bezorgd maken	ทำให้...เป็นห่วง	tham hâi...bpen hùang
bezorgd zijn (ww)	กังวล	gang-won
zorg (bijv. geld~en)	ความเป็นห่วง	khwaam bpen hùang
ongerustheid (de)	ความวิตกกังวล	khwaam wí-dtòk gang-won
ongerust (bn)	เป็นห่วงใหญ่	bpen hùang yài
zenuwachtig zijn (ww)	กระวนกระวาย	grà won grà waai
in paniek raken	ตื่นตระหนก	dtèun dtrà-nòk
hoop (de)	ความหวัง	khwaam wăng
hopen (ww)	หวัง	wăng
zekerheid (de)	ความแน่ใจ	khwaam nâe jai
zeker (bn)	แน่ใจ	nâe jai
onzekerheid (de)	ความไม่มั่นใจ	khwaam mâi mân jai
onzeker (bn)	ไม่มั่นใจ	mâi mân jai
dronken (bn)	เมา	mao
nuchter (bn)	ไม่เมา	mâi mao
zwak (bn)	ออนแอ	òrn ae
gelukkig (bn)	มีความสุข	mee khwaam sùk
doen schrikken (ww)	ทำให้...กลัว	tham hâi...glua
toorn (de)	ความโกรธเคือง	khwaam gròht kheuang
woede (de)	ความเดือดดาล	khwaam dèuat daan
depressie (de)	ความหดหู่	khwaam hòt-hòo
ongemak (het)	อึดอัด	èut àt

gemak, comfort (het)	สบาย	sà-baai
spijt hebben (ww)	เสียดาย	sĭa daai
spijt (de)	ความเสียดาย	khwaam sĭa daai
pech (de)	โชคราย	chôhk ráai
bedroefdheid (de)	ความเศรา	khwaam sâo

schaamte (de)	ความละอายใจ	khwaam lá-aai jai
pret (de), plezier (het)	ความปิติ	khwaam bpì-dtì
enthousiasme (het)	ความกระตือรือรัน	khwaam grà-dteu-reu-rón
enthousiasteling (de)	คนที่กระตือรือรน	khon thêe grà-dteu-reu-rón
enthousiasme vertonen	แสดงความ	sà-daeng khwaam
	กระตือรือรน	grà-dteu-reu-rón

62. Karakter. Persoonlijkheid

karakter (het)	นิสัย	ní-sǎi
karakterfout (de)	ขอเสีย	khôr sĭa
verstand (het)	สติ	sà-dtì
rede (de)	สติ	sà-dtì

geweten (het)	มโนธรรม	má-noh tham
gewoonte (de)	นิสัย	ní-sǎi
bekwaamheid (de)	ความสามารถ	khwaam sǎa-mâat
kunnen (bijv., ~ zwemmen)	สามารถ	sǎa-mâat

geduldig (bn)	อดทน	òt thon
ongeduldig (bn)	ใจรอนใจเร็ว	jai rórn jai reo
nieuwsgierig (bn)	อยากรูอยากเห็น	yàak róo yàak hĕn
nieuwsgierigheid (de)	ความอยากรูอยากเห็น	khwaam yàak róo yàak hĕn

bescheidenheid (de)	ความถอมตน	khwaam thòrm dton
bescheiden (bn)	ถอมตน	thòrm dton
onbescheiden (bn)	หยาบโลน	yàap lohn

luiheid (de)	ความขี้เกียจ	khwaam khêe gìat
lui (bn)	ขี้เกียจ	khêe gìat
luiwammes (de)	คนขี้เกียจ	khon khêe gìat

sluwheid (de)	ความเจาเลห์	khwaam jâo lây
sluw (bn)	เจาเลห	jâo lây
wantrouwen (het)	ความหวาดระแวง	khwaam wàat rá-waeng
wantrouwig (bn)	เคลือบแคลง	khlêuap-khlaeng

gulheid (de)	ความเอื้อเฟื้อ	khwaam êua féua
gul (bn)	มีน้ำใจ	mee nám jai
talentrijk (bn)	มีพรสวรรค์	mee phon sà-wǎn
talent (het)	พรสวรรค	phon sà-wǎn

moedig (bn)	กลาหาญ	glâa hǎan
moed (de)	ความกลาหาญ	khwaam glâa hǎan
eerlijk (bn)	ซื่อสัตย	sêu sàt
eerlijkheid (de)	ความซื่อสัตย์	khwaam sêu sàt
voorzichtig (bn)	ระมัดระวัง	rá mát rá-wang
manhaftig (bn)	กลา	glâa

ernstig (bn)	เอาจริงเอาจัง	ao jing ao jang
streng (bn)	เขมงวด	khêm ngûat
resoluut (bn)	เด็ดเดี่ยว	dèt dìeow
onzeker, irresoluut (bn)	ไม่เด็ดขาด	mâi dèt khàat
schuchter (bn)	อาย	aai
schuchterheid (de)	ความขวยอาย	khwaam khŭay aai
vertrouwen (het)	ความไว้ใจ	khwaam wái jai
vertrouwen (ww)	ไว้เนื้อเชื่อใจ	wái néua chêua jai
goedgelovig (bn)	เชื่อใจ	chêua jai
oprecht (bw)	อย่างจริงใจ	yàang jing jai
oprecht (bn)	จริงใจ	jing jai
oprechtheid (de)	ความจริงใจ	khwaam jing jai
open (bn)	เปิดเผย	bpèrt phŏie
rustig (bn)	ใจเย็น	jai yen
openhartig (bn)	จริงใจ	jing jai
naïef (bn)	หลงเชื่อ	lŏng chêua
verstrooid (bn)	ใจลอย	jai loi
leuk, grappig (bn)	ตลก	dtà-lòk
gierigheid (de)	ความโลภ	khwaam lôhp
gierig (bn)	โลภ	lôhp
inhalig (bn)	ขี้เหนียว	khêe nĭeow
kwaad (bn)	เลว	leo
koppig (bn)	ดื้อ	dêu
onaangenaam (bn)	ไม่น่าพึงพอใจ	mâi nâa pheung phor jai
egoïst (de)	คนที่เห็นแก่ตัว	khon thêe hĕn gàe dtua
egoïstisch (bn)	เห็นแก่ตัว	hĕn gàe dtua
lafaard (de)	คนขี้ขลาด	khon khêe khlàat
laf (bn)	ขี้ขลาด	khêe khlàat

63. Slaap. Dromen

slapen (ww)	นอน	norn
slaap (in ~ vallen)	ความนอน	khwaam norn
droom (de)	ความฝัน	khwaam făn
dromen (in de slaap)	ฝัน	făn
slaperig (bn)	งวง	ngûang
bed (het)	เตียง	dtiang
matras (de)	ฟูกนอน	fôok norn
deken (de)	ผ้าห่ม	phâa hòm
kussen (het)	หมอน	mŏrn
laken (het)	ผ้าปูที่นอน	phâa bpoo thêe norn
slapeloosheid (de)	อาการนอนไม่หลับ	aa-gaan norn mâi làp
slapeloos (bn)	นอนไม่หลับ	norn mâi làp
slaapmiddel (het)	ยานอนหลับ	yaa-norn-làp
slaapmiddel innemen	กินยานอนหลับ	gin yaa-norn-làp
willen slapen	งวง	ngûang

geeuwen (ww)	หาว	hǎao
gaan slapen	ไปนอน	bpai norn
het bed opmaken	ปูที่นอน	bpoo thêe norn
inslapen (ww)	หลับ	làp

nachtmerrie (de)	ฝันร้าย	fǎn ráai
gesnurk (het)	การกรน	gaan-kron
snurken (ww)	กรน	gron

wekker (de)	นาฬิกาปลุก	naa-lí-gaa bplùk
wekken (ww)	ปลุก	bplùk
wakker worden (ww)	ตื่น	dtèun
opstaan (ww)	ลุกขึ้น	lúk khêun
zich wassen (ww)	ล้างหน้าล้างตา	láang nâa láang dtaa

64. Humor. Gelach. Blijdschap

humor (de)	อารมณ์ขัน	aa-rom khǎn
gevoel (het) voor humor	อารมณ์	aa-rom
plezier hebben (ww)	เริงรื่น	rerng rêun
vrolijk (bn)	เริงรื่น	rerng rêun
pret (de), plezier (het)	ความรื่นเริง	khwaam rêun-rerng

glimlach (de)	รอยยิ้ม	roi yím
glimlachen (ww)	ยิ้ม	yím
beginnen te lachen (ww)	เริ่มหัวเราะ	rêrm hǔa rór
lachen (ww)	หัวเราะ	hǔa rór
lach (de)	การหัวเราะ	gaan hǔa rór

mop (de)	เรื่องขำขัน	rêuang khǎm khǎn
grappig (een ~ verhaal)	ตลก	dtà-lòk
grappig (~e clown)	ขบขัน	khòp khǎn

grappen maken (ww)	ล้อเล่น	lór lên
grap (de)	ตลก	dtà-lòk
blijheid (de)	ความสุขสันต์	khwaam sùk-sǎn
blij zijn (ww)	โมทนา	moh-thá-naa
blij (bn)	ยินดี	yin dee

65. Discussie, conversatie. Deel 1

communicatie (de)	การสื่อสาร	gaan sèu sǎan
communiceren (ww)	สื่อสาร	sèu sǎan

conversatie (de)	การสนทนา	gaan sǒn-thá-naa
dialoog (de)	บทสนทนา	bòt sǒn-thá-naa
discussie (de)	การหารือ	gaan hǎa-reu
debat (het)	การโต้แยง	gaan dtôh yáeng
debatteren, twisten (ww)	โต้แยง	dtôh yáeng

gesprekspartner (de)	คู่สนทนา	khôo sǒn-tá-naa
thema (het)	หัวข้อ	hǔa khôr

standpunt (het)	แง่คิด	ngâe khít
mening (de)	ความคิดเห็น	khwaam khít hěn
toespraak (de)	สุนทรพจน์	sǔn tha ra phót

bespreking (de)	การหารือ	gaan hǎa-reu
bespreken (spreken over)	หารือ	hǎa-reu
gesprek (het)	การสนทนา	gaan sǒn-thá-naa
spreken (converseren)	คุยกัน	khui gan
ontmoeting (de)	การพบกัน	gaan phóp gan
ontmoeten (ww)	พบ	phóp

spreekwoord (het)	สุภาษิต	sù-phaa-sìt
gezegde (het)	คำกลาว	kham glàao
raadsel (het)	ปริศนา	bprìt-sà-nǎa
een raadsel opgeven	ถามปริศนา	thǎam bprìt-sà-nǎa
wachtwoord (het)	รหัสผาน	rá-hàt phàan
geheim (het)	ความลับ	khwaam láp

eed (de)	คำสาบาน	kham sǎa-baan
zweren (een eed doen)	สาบาน	sǎa baan
belofte (de)	คำสัญญา	kham sǎn-yaa
beloven (ww)	สัญญา	sǎn-yaa

advies (het)	คำแนะนำ	kham náe nam
adviseren (ww)	แนะนำ	náe nam
advies volgen (iemands ~)	ทำตามคำแนะนำ	tham dtaam kham náe nam
luisteren (gehoorzamen)	เชื่อฟัง	chêua fang

nieuws (het)	ข่าว	khàao
sensatie (de)	ข่าวดัง	khàao dang
informatie (de)	ข้อมูล	khôr moon
conclusie (de)	ข้อสรุป	khôr sà-rùp
stem (de)	เสียง	sǐang
compliment (het)	คำชมเชย	kham chom choie
vriendelijk (bn)	ใจดี	jai dee

woord (het)	คำ	kham
zin (de), zinsdeel (het)	วลี	wá-lee
antwoord (het)	คำตอบ	kham dtòrp

| waarheid (de) | ความจริง | khwaam jing |
| leugen (de) | การโกหก | gaan goh-hòk |

gedachte (de)	ความคิด	khwaam khít
idee (de/het)	ความคิด	khwaam khít
fantasie (de)	จินตนาการ	jin-dtà-naa gaan

66. Discussie, conversatie. Deel 2

gerespecteerd (bn)	ที่นับถือ	thêe náp thěu
respecteren (ww)	นับถือ	náp thěu
respect (het)	ความนับถือ	khwaam náp thěu
Geachte ... (brief)	ทาน	thâan
voorstellen (Mag ik jullie ~)	แนะนำ	náe nam

kennismaken (met ...)	รู้จัก	róo jàk
intentie (de)	ความตั้งใจ	khwaam dtâng jai
intentie hebben (ww)	ตั้งใจ	dtâng jai
wens (de)	การขอพร	gaan khǒr phon
wensen (ww)	ขอ	khǒr
verbazing (de)	ความประหลาดใจ	khwaam bprà-làat jai
verbazen (verwonderen)	ทำให้...ประหลาดใจ	tham hâi...bprà-làat jai
verbaasd zijn (ww)	ประหลาดใจ	bprà-làat jai
geven (ww)	ให้	hâi
nemen (ww)	รับ	ráp
teruggeven (ww)	ให้คืน	hâi kheun
retourneren (ww)	เอาคืน	ao kheun
zich verontschuldigen	ขอโทษ	khǒr thôht
verontschuldiging (de)	คำขอโทษ	kham khǒr thôht
vergeven (ww)	ให้อภัย	hâi a-phai
spreken (ww)	คุยกัน	khui gan
luisteren (ww)	ฟัง	fang
aanhoren (ww)	ฟังจนจบ	fang jon jòp
begrijpen (ww)	เข้าใจ	khâo jai
tonen (ww)	แสดง	sà-daeng
kijken naar ...	ดู	doo
roepen (vragen te komen)	เรียก	rîak
afleiden (storen)	รบกวน	róp guan
storen (lastigvallen)	รบกวน	róp guan
doorgeven (ww)	ส่ง	sòng
verzoek (het)	ข้อร้องขอ	khǒr rórng khǒr
verzoeken (ww)	ร้องขอ	rórng khǒr
eis (de)	ขอเรียกร้อง	khǒr rîak rórng
eisen (met klem vragen)	เรียกร้อง	rîak rórng
beledigen	แซว	saew
(beledigende namen geven)		
uitlachen (ww)	ล้อเลียน	lór lian
spot (de)	ขอล้อเลียน	khǒr lór lian
bijnaam (de)	ชื่อเล่น	chêu lên
zinspeling (de)	การพูดเป็นนัย	gaan phôot bpen nai
zinspelen (ww)	พูดเป็นนัย	phôot bpen nai
impliceren (duiden op)	หมายความว่า	mǎai khwaam wâa
beschrijving (de)	คำพรรณนา	kham phan-ná-naa
beschrijven (ww)	พรรณนา	phan-ná-naa
lof (de)	คำชม	kham chom
loven (ww)	ชม	chom
teleurstelling (de)	ความผิดหวัง	khwaam phìt wǎng
teleurstellen (ww)	ทำให้...ผิดหวัง	tham hâi...phìt wǎng
teleurgesteld zijn (ww)	ผิดหวัง	phìt wǎng
veronderstelling (de)	ขอสมมุติ	khǒr sǒm mút
veronderstellen (ww)	สมมุติ	sǒm mút

| waarschuwing (de) | คำเตือน | kham dteuan |
| waarschuwen (ww) | เตือน | dteuan |

67. Discussie, conversatie. Deel 3

| aanpraten (ww) | เกลี้ยกล่อม | glîak-glôrm |
| kalmeren (kalm maken) | ทำให้...สงบ | tham hâi...sà-ngòp |

stilte (de)	ความเงียบ	khwaam ngîap
zwijgen (ww)	เงียบ	ngîap
fluisteren (ww)	กระซิบ	grà síp
gefluister (het)	เสียงกระซิบ	sĭang grà síp

open, eerlijk (bw)	พูดตรงๆ	phôot dtrorng dtrorng
volgens mij ...	ในสายตาของ	nai săai dtaa-kŏrng
	ผม/ฉัน...	phŏm/chăn...

detail (het)	รายละเอียด	raai lá-ìat
gedetailleerd (bn)	โดยละเอียด	doi lá-ìat
gedetailleerd (bw)	อย่างละเอียด	yàang lá-ìat

| hint (de) | คำบอกใบ้ | kham bòrk bâi |
| een hint geven | บอกใบ้ | bòrk bâi |

blik (de)	การมอง	gaan morng
een kijkje nemen	มอง	morng
strak (een ~ke blik)	จอง	jôrng
knipperen (ww)	กระพริบตา	grà phríp dtaa
knipogen (ww)	ขยิบตา	khà-yìp dtaa
knikken (ww)	พยักหน้า	phá-yák nâa

zucht (de)	การถอนหายใจ	gaan thŏrn hăai jai
zuchten (ww)	ถอนหายใจ	thŏrn hăai-jai
huiveren (ww)	สั่น	sàn
gebaar (het)	อิริยาบถ	i-rí-yaa-bòt
aanraken (ww)	สัมผัส	săm-phàt
grijpen (ww)	จับ	jàp
een schouderklopje geven	แตะ	dtàe

Kijk uit!	ระวัง!	rá-wang
Echt?	จริงหรือ?	jing rĕu
Bent je er zeker van?	คุณแน่ใจหรือ?	khun nâe jai rĕu
Succes!	ขอให้โชคดี!	khŏr hâi chôhk dee
Juist, ja!	ฉันเข้าใจ!	chăn khâo jai
Wat jammer!	น่าเสียดาย!	nâa sĭa-daai

68. Overeenstemming. Weigering

instemming (het)	การยินยอม	gaan yin yorm
instemmen (akkoord gaan)	ยินยอม	yin yorm
goedkeuring (de)	คำอนุมัติ	kham a-nú-mát
goedkeuren (ww)	อนุมัติ	a-nú-mát

weigering (de)	คำปฏิเสธ	kham bpà-dtì-sàyt
weigeren (ww)	ปฏิเสธ	bpà-dtì-sàyt

Geweldig!	เยี่ยม!	yîam
Goed!	ดีเลย!	dee loie
Akkoord!	โอเค!	oh-khay

verboden (bn)	ไม่ได้รับอนุญาต	mâi dâai ráp a-nú-yâat
het is verboden	ห้าม	hâam
het is onmogelijk	มันเป็นไปไม่ได้	man bpen bpai mâi dâai
onjuist (bn)	ไม่ถูกต้อง	mâi thòok dtôrng

afwijzen (ww)	ปฏิเสธ	bpà-dtì-sàyt
steunen	สนับสนุน	sà-nàp-sà-nŭn
(een goed doel, enz.)		
aanvaarden (excuses ~)	ยอมรับ	yorm ráp

bevestigen (ww)	ยืนยัน	yeun yan
bevestiging (de)	คำยืนยัน	kham yeun yan
toestemming (de)	คำอนุญาต	kham a-nú-yâat
toestaan (ww)	อนุญาต	a-nú-yâat
beslissing (de)	การตัดสินใจ	gaan dtàt sĭn jai
z'n mond houden (ww)	ไม่พูดอะไร	mâi phôot a-rai

voorwaarde (de)	เงื่อนไข	ngêuan khăi
smoes (de)	ขออ้าง	khôr âang
lof (de)	คำชม	kham chom
loven (ww)	ชม	chom

69. Succes. Veel geluk. Mislukking

succes (het)	ความสำเร็จ	khwaam săm-rèt
succesvol (bw)	ให้เป็นผลสำเร็จ	hâi bpen phŏn săm-rèt
succesvol (bn)	ที่สำเร็จ	thêe săm-rèt

geluk (het)	โชค	chôhk
Succes!	ขอให้โชคดี!	khŏr hâi chôhk dee
geluks- (bn)	มีโชค	mee chôhk
gelukkig (fortuinlijk)	มีโชคดี	mee chôhk dee

mislukking (de)	ความล้มเหลว	khwaam lóm lĕo
tegenslag (de)	โชคร้าย	chôhk ráai
pech (de)	โชคร้าย	chôhk ráai
zonder succes (bn)	ไม่ประสบ	mâi bprà-sòp
	ความสำเร็จ	khwaam săm-rèt
catastrofe (de)	ความล้มเหลว	khwaam lóm lĕo

fierheid (de)	ความภาคภูมิใจ	khwaam phâak phoom jai
fier (bn)	ภูมิใจ	phoom jai
fier zijn (ww)	ภูมิใจ	phoom jai

winnaar (de)	ผู้ชนะ	phôo chá-ná
winnen (ww)	ชนะ	chá-ná
verliezen (ww)	แพ้	pháe

poging (de)	ความพยายาม	khwaam phá-yaa-yaam
pogen, proberen (ww)	พยายาม	phá-yaa-yaam
kans (de)	โอกาส	oh-gàat

70. Ruzies. Negatieve emoties

schreeuw (de)	เสียงตะโกน	sǐang dtà-gohn
schreeuwen (ww)	ตะโกน	dtà-gohn
beginnen te schreeuwen	เริ่มตะโกน	rêrm dtà-gohn

ruzie (de)	การทะเลาะ	gaan thá-lór
ruzie hebben (ww)	ทะเลาะ	thá-lór
schandaal (het)	ความทะเลาะ	khwaam thá-lór
schandaal maken (ww)	ตีโพยตีพาย	dtee phoi dtee phaai
conflict (het)	ความขัดแย้ง	khwaam khàt yáeng
misverstand (het)	การเข้าใจผิด	gaan khâo jai phìt

belediging (de)	คำดูถูก	kham doo thòok
beledigen	ดูถูก	doo thòok
(met scheldwoorden)		
beledigd (bn)	โดนดูถูก	dohn doo thòok
krenking (de)	ความเคียดแค้น	khwaam khîat-kháen
krenken (beledigen)	ลวงเกิน	lûang gern
gekwetst worden (ww)	ถือสา	thěu sǎa

verontwaardiging (de)	ความโกรธแค้น	khwaam gròht kháen
verontwaardigd zijn (ww)	ขุ่นเคือง	khùn kheuang
klacht (de)	คำร้อง	kham rórng
klagen (ww)	บ่น	bòn

verontschuldiging (de)	คำขอโทษ	kham khǒr thôht
zich verontschuldigen	ขอโทษ	khǒr thôht
excuus vragen	ขออภัย	khǒr a-phai

kritiek (de)	คำวิจารณ์	kham wí-jaan
bekritiseren (ww)	วิจารณ์	wí-jaan
beschuldiging (de)	การกล่าวหา	gaan glàao hǎa
beschuldigen (ww)	กล่าวหา	glàao hǎa

wraak (de)	การแก้แค้น	gaan gâe kháen
wreken (ww)	แก้แค้น	gâe kháen
wraak nemen (ww)	แก้แค้น	gâe kháen

minachting (de)	ความดูหมิ่น	khwaam doo mìn
minachten (ww)	ดูหมิ่น	doo mìn
haat (de)	ความเกลียดชัง	khwaam glìat chang
haten (ww)	เกลียด	glìat

zenuwachtig (bn)	กระวนกระวาย	grà won grà waai
zenuwachtig zijn (ww)	กระวนกระวาย	grà won grà waai
boos (bn)	โกรธ	gròht
boos maken (ww)	ทำให้...โกรธ	tham hâi...gròht
vernedering (de)	ความเสียดเยย	khwaam sìat yóie
vernederen (ww)	ฉีกหน้า	chèek nâa

67

zich vernederen (ww)	ฉีกหน้าตนเอง	chèek nâa dton ayng
schok (de)	ความตกตะลึง	khwaam dtòk dtà-leung
schokken (ww)	ทำให้...ตกตะลึง	tham hâi...dtòk dtà-leung
onaangenaamheid (de)	ปัญหา	bpan-hăa
onaangenaam (bn)	ไม่นาพึงพอใจ	mâi nâa pheung phor jai
vrees (de)	ความกลัว	khwaam glua
vreselijk (bijv. ~ onweer)	แย	yâe
eng (bn)	น่ากลัว	nâa glua
gruwel (de)	ความกลัว	khwaam glua
vreselijk (~ nieuws)	แย่มาก	yâe mâak
beginnen te beven	เริ่มตัวสั่น	rêrm dtua sàn
huilen (wenen)	ร้องไห้	rórng hâi
beginnen te huilen (wenen)	เริ่มร้องไห้	rêrm rórng hâi
traan (de)	น้ำตา	nám dtaa
schuld (~ geven aan)	ความผิด	khwaam phìt
schuldgevoel (het)	ผิด	phìt
schande (de)	เสียเกียรติ	sĭa gìat
protest (het)	การประท้วง	gaan bprà-thúang
stress (de)	ความว้าวุ่นใจ	khwaam wáa-wûn-jai
storen (lastigvallen)	รบกวน	róp guan
kwaad zijn (ww)	โกรธจัด	gròht jàt
kwaad (bn)	โกรธ	gròht
beëindigen (een relatie ~)	ยุติ	yút-dtì
vloeken (ww)	ดุด่า	dù dàa
schrikken (schrik krijgen)	ตกใจ	dtòk jai
slaan (iemand ~)	ตี	dtee
vechten (ww)	สู	sôo
regelen (conflict)	ยุติ	yút-dtì
ontevreden (bn)	ไม่พอใจ	mâi phor jai
woedend (bn)	โกรธจัด	gròht jàt
Dat is niet goed!	มันไม่ค่อยดี	man mâi khôi dee
Dat is slecht!	มันไม่ดีเลย	man mâi dee loie

Geneeskunde

71. Ziekten

ziekte (de)	โรค	rôhk
ziek zijn (ww)	ป่วย	bpùay
gezondheid (de)	สุขภาพ	sùk-khà-phâap
snotneus (de)	น้ำมูกไหล	nám môok lǎi
angina (de)	ตอมทอนซิลอักเสบ	dtòm thorn-sin àk-sàyp
verkoudheid (de)	หวัด	wàt
verkouden raken (ww)	เป็นหวัด	bpen wàt
bronchitis (de)	โรคหลอดลมอักเสบ	rôhk lòrt lom àk-sàyp
longontsteking (de)	โรคปอดบวม	rôhk bpòrt-buam
griep (de)	ไข้หวัดใหญ่	khâi wàt yài
bijziend (bn)	สายตาสั้น	sǎai dtaa sân
verziend (bn)	สายตายาว	sǎai dtaa yaao
scheelheid (de)	ตาเหล	dtaa làai
scheel (bn)	เป็นตาเหล่	bpen dtaa kǎi rěu làai
grauwe staar (de)	ตอกระจก	dtôr grà-jòk
glaucoom (het)	ตอหิน	dtôr hǐn
beroerte (de)	โรคหลอดเลือดสมอง	rôhk lòrt lêuat sà-mŏrng
hartinfarct (het)	อาการหัวใจวาย	aa-gaan hǔa jai waai
myocardiaal infarct (het)	กล้ามเนื้อหัวใจตาย เหตุขาดเลือด	glâam néua hǔa jai dtaai hàyt khàat lêuat
verlamming (de)	อัมพาต	am-má-phâat
verlammen (ww)	ทำให้เป็นอัมพาต	tham hâi bpen am-má-phâat
allergie (de)	ภูมิแพ้	phoom pháe
astma (de/het)	โรคหืด	rôhk hèut
diabetes (de)	โรคเบาหวาน	rôhk bao wǎan
tandpijn (de)	อาการปวดฟัน	aa-gaan bpùat fan
tandbederf (het)	ฟันผุ	fan phù
diarree (de)	อาการท้องเสีย	aa-gaan thórng sǐa
constipatie (de)	อาการท้องผูก	aa-gaan thórng phòok
maagstoornis (de)	อาการปวดท้อง	aa-gaan bpùat thórng
voedselvergiftiging (de)	ภาวะอาหารเป็นพิษ	phaa-wá aa hǎan bpen pít
voedselvergiftiging oplopen	กินอาหารเป็นพิษ	gin aa hǎan bpen phít
artritis (de)	โรคข้ออักเสบ	rôhk khôr àk-sàyp
rachitis (de)	โรคกระดูกออน	rôhk grà-dòok òrn
reuma (het)	โรครูมาติก	rôhk roo-maa-dtìk
arteriosclerose (de)	ภาวะหลอดเลือดแข็ง	phaa-wá lòrt lêuat khǎeng
gastritis (de)	โรคกระเพาะอาหาร	rôhk grà-phór aa-hǎan
blindedarmontsteking (de)	ไส้ติ่งอักเสบ	sâi dtìng àk-sàyp

| galblaasontsteking (de) | โรคถุงน้ำดีอักเสบ | rôhk thǔng nám dee àk-sàyp |
| zweer (de) | แผลเปื่อย | phlǎe bpèuay |

mazelen (mv.)	โรคหัด	rôhk hàt
rodehond (de)	โรคหัดเยอรมัน	rôhk hàt yer-rá-man
geelzucht (de)	โรคดีซ่าน	rôhk dee sâan
leverontsteking (de)	โรคตับอักเสบ	rôhk dtàp àk-sàyp

schizofrenie (de)	โรคจิตเภท	rôhk jìt-dtà-phâyt
dolheid (de)	โรคพิษสุนัขบ้า	rôhk phít sù-nák bâa
neurose (de)	โรคประสาท	rôhk bprà-sàat
hersenschudding (de)	สมองกระทบ กระเทือน	sà-mǒrng grà-thóp grà-theuan

kanker (de)	มะเร็ง	má-reng
sclerose (de)	กวนแข็งตัวของ เนื้อเยื่อรางกาย	gaan kǎeng dtua kǒng néua yêua râang gaai
multiple sclerose (de)	โรคปลอกประสาท เสื่อมแข็ง	rôhk bplòk bprà-sàat sèuam kǎeng

alcoholisme (het)	โรคพิษสุราเรื้อรัง	rôhk phít sù-raa réua rang
alcoholicus (de)	คนขี้เหล้า	khon khêe lâo
syfilis (de)	โรคซิฟิลิส	rôhk sí-fí-lít
AIDS (de)	โรคเอดส์	rôhk àyt

tumor (de)	เนื้องอก	néua ngôk
kwaadaardig (bn)	ราย	ráai
goedaardig (bn)	ไมราย	mâi ráai

koorts (de)	ไข้	khâi
malaria (de)	ไข้มาลาเรีย	kâi maa-laa-ria
gangreen (het)	เนื้อตายเน่า	néua dtaai nâo
zeeziekte (de)	ภาวะเมาคลื่น	phaa-wá mao khlêun
epilepsie (de)	โรคลมบาหมู	rôhk lom bâa-mǒo

epidemie (de)	โรคระบาด	rôhk rá-bàat
tyfus (de)	โรครากสาดใหญ่	rôhk râak-sàat yài
tuberculose (de)	วัณโรค	wan-ná-rôhk
cholera (de)	อหิวาตกโรค	a-hì-wâat-gà-rôhk
pest (de)	กาฬโรค	gaan-lá-rôhk

72. Symptomen. Behandelingen. Deel 1

symptoom (het)	อาการ	aa-gaan
temperatuur (de)	อุณหภูมิ	un-hà-phoom
verhoogde temperatuur (de)	อุณหภูมิสูง	un-hà-phoom sǒong
polsslag (de)	ชีพจร	chêep-phá-jon

duizeling (de)	อาการเวียนหัว	aa-gaan wian hǔa
heet (erg warm)	รอน	rórn
koude rillingen (mv.)	หนาวสั่น	nǎao sàn
bleek (bn)	หน้าเขียว	nâa sieow
hoest (de)	การไอ	gaan ai
hoesten (ww)	ไอ	ai

niezen (ww)	จาม	jaam
flauwte (de)	การเป็นลม	gaan bpen lom
flauwvallen (ww)	เป็นลม	bpen lom

blauwe plek (de)	ฟกช้ำ	fók chám
buil (de)	บวม	buam
zich stoten (ww)	ชน	chon
kneuzing (de)	รอยฟกช้ำ	roi fók chám
kneuzen (gekneusd zijn)	ได้รอยช้ำ	dâai roi chám

hinken (ww)	กะโผลกกะเผลก	gà-phlòhk-gà-phlàyk
verstuiking (de)	ข้อหลุด	khôr lùt
verstuiken (enkel, enz.)	ทำข้อหลุด	tham khôr lùt
breuk (de)	กระดูกหัก	grà-dòok hàk
een breuk oplopen	หักกระดูก	hàk grà-dòok

snijwond (de)	รอยบาด	roi bàat
zich snijden (ww)	ทำบาด	tham bàat
bloeding (de)	การเลือดไหล	gaan lêuat lǎi

| brandwond (de) | แผลไฟไหม้ | phlǎe fai mâi |
| zich branden (ww) | ได้รับแผลไฟไหม้ | dâai ráp phlǎe fai mâi |

prikken (ww)	ตำ	dtam
zich prikken (ww)	ตำตัวเอง	dtam dtua ayng
blesseren (ww)	ทำให้บาดเจ็บ	tham hâi bàat jèp
blessure (letsel)	การบาดเจ็บ	gaan bàat jèp
wond (de)	แผล	phlǎe
trauma (het)	แผลบาดเจ็บ	phlǎe bàat jèp

ijlen (ww)	คลุ้มคลั่ง	khlúm khlâng
stotteren (ww)	พูดตะกุกตะกัก	phôot dtà-gùk-dtà-gàk
zonnesteek (de)	โรคลมแดด	rôhk lom dàet

73. Symptomen. Behandelingen. Deel 2

| pijn (de) | ความเจ็บปวด | khwaam jèp bpùat |
| splinter (de) | เสี้ยน | sîan |

zweet (het)	เหงื่อ	ngèua
zweten (ww)	เหงื่อออก	ngèua òrk
braking (de)	การอาเจียน	gaan aa-jian
stuiptrekkingen (mv.)	การชัก	gaan chák

zwanger (bn)	ตั้งครรภ์	dtâng khan
geboren worden (ww)	เกิด	gèrt
geboorte (de)	การคลอด	gaan khlôrt
baren (ww)	คลอดบุตร	khlôrt bùt
abortus (de)	การแท้งบุตร	gaan tháeng bùt

ademhaling (de)	การหายใจ	gaan hǎai-jai
inademing (de)	การหายใจเข้า	gaan hǎai-jai khâo
uitademing (de)	การหายใจออก	gaan hǎai-jai òrk
uitademen (ww)	หายใจออก	hǎai-jai òrk

inademen (ww)	หายใจเข้า	hăai-jai khâo
invalide (de)	คนพิการ	khon phí-gaan
gehandicapte (de)	พิการ	phí-gaan
drugsverslaafde (de)	ผู้ติดยาเสพติด	phôo dtìt yaa-sàyp-dtìt

doof (bn)	หูหนวก	hŏo nùak
stom (bn)	เป็นใบ้	bpen bâi
doofstom (bn)	หูหนวกเป็นใบ้	hŏo nùak bpen bâi

krankzinnig (bn)	บ้า	bâa
krankzinnige (man)	คนบ้า	khon bâa
krankzinnige (vrouw)	คนบ้า	khon bâa
krankzinnig worden	เสียสติ	sĭa sà-dtì

gen (het)	ยีน	yeun
immuniteit (de)	ภูมิคุ้มกัน	phoom khúm gan
erfelijk (bn)	เป็นกรรมพันธุ์	bpen gam-má-phan
aangeboren (bn)	แต่กำเนิด	dtàe gam-nèrt

virus (het)	เชื้อไวรัส	chéua wai-rát
microbe (de)	จุลินทรีย์	jù-lin-see
bacterie (de)	แบคทีเรีย	bàek-tee-ria
infectie (de)	การติดเชื้อ	gaan dtìt chéua

74. Symptomen. Behandelingen. Deel 3

ziekenhuis (het)	โรงพยาบาล	rohng phá-yaa-baan
patiënt (de)	ผู้ป่วย	phôo bpùay

diagnose (de)	การวินิจฉัยโรค	gaan wí-nít-chăi rôhk
genezing (de)	การรักษา	gaan rák-săa
medische behandeling (de)	การรักษา ทางการแพทย์	gaan rák-săa thaang gaan phâet
onder behandeling zijn	รับการรักษา	ráp gaan rák-săa
behandelen (ww)	รักษา	rák-săa
zorgen (zieken ~)	รักษา	rák-săa
ziekenzorg (de)	การดูแลรักษา	gaan doo lae rák-săa

operatie (de)	การผ่าตัด	gaan phàa dtàt
verbinden (een arm ~)	พันแผล	phan phlăe
verband (het)	การพันแผล	gaan phan phlăe

vaccin (het)	การฉีดวัคซีน	gaan chèet wák-seen
inenten (vaccineren)	ฉีดวัคซีน	chèet wák-seen
injectie (de)	การฉีดยา	gaan chèet yaa
een injectie geven	ฉีดยา	chèet yaa

aanval (de)	มีอาการเฉียบพลัน	mee aa-gaan chìap phlan
amputatie (de)	การตัดอวัยวะออก	gaan dtàt a-wai-wá òrk
amputeren (ww)	ตัด	dtàt
coma (het)	อาการโคม่า	aa-gaan khoh-mâa
in coma liggen	อยู่ในอาการโคม่า	yòo nai aa-gaan khoh-mâa
intensieve zorg, ICU (de)	หน่วยอภิบาล	nùay à-phí-baan
zich herstellen (ww)	ฟื้นตัว	féun dtua

toestand (de)	อาการ	aa-gaan
bewustzijn (het)	สติสัมปชัญญะ	sà-dtì săm-bpà-chan-yá
geheugen (het)	ความทรงจำ	khwaam song jam

trekken (een kies ~)	ถอน	thŏrn
vulling (de)	การอุด	gaan ùt
vullen (ww)	อุด	ùt

| hypnose (de) | การสะกดจิต | gaan sà-gòt jìt |
| hypnotiseren (ww) | สะกดจิต | sà-gòt jìt |

75. Artsen

dokter, arts (de)	แพทย์	phâet
ziekenzuster (de)	พยาบาล	phá-yaa-baan
lijfarts (de)	แพทย์ส่วนตัว	phâet sùan dtua

tandarts (de)	ทันตแพทย์	than-dtà phâet
oogarts (de)	จักษุแพทย์	jàk-sù phâet
therapeut (de)	อายุรแพทย์	aa-yú-rá-phâet
chirurg (de)	ศัลยแพทย์	săn-yá-phâet

psychiater (de)	จิตแพทย์	jìt-dtà-phâet
pediater (de)	กุมารแพทย์	gù-maan phâet
psycholoog (de)	นักจิตวิทยา	nák jìt wít-thá-yaa
gynaecoloog (de)	นรีแพทย์	ná-ree phâet
cardioloog (de)	หทัยแพทย์	hà-thai phâet

76. Geneeskunde. Medicijnen. Accessoires

geneesmiddel (het)	ยา	yaa
middel (het)	ยา	yaa
voorschrijven (ww)	จ่ายยา	jàai yaa
recept (het)	ใบสั่งยา	bai sàng yaa

tablet (de/het)	ยาเม็ด	yaa mét
zalf (de)	ยาทา	yaa thaa
ampul (de)	หลอดยา	lòrt yaa
drank (de)	ยาส่วนผสม	yaa sùan phà-sŏm
siroop (de)	น้ำเชื่อม	nám chêuam
pil (de)	ยาเม็ด	yaa mét
poeder (de/het)	ยาผง	yaa phŏng

verband (het)	ผ้าพันแผล	phâa phan phlăe
watten (mv.)	สำลี	săm-lee
jodium (het)	ไอโอดีน	ai oh-deen

pleister (de)	พลาสเตอร์	phláat-dtêr
pipet (de)	ที่หยอดตา	thêe yòrt dtaa
thermometer (de)	ปรอท	bpa -ròrt
spuit (de)	เข็มฉีดยา	khĕm chèet-yaa
rolstoel (de)	รถเข็นคนพิการ	rót khĕn khon phí-gaan

73

krukken (mv.)	ไม้ค้ำยัน	máai khám yan
pijnstiller (de)	ยาแก้ปวด	yaa gâe bpùat
laxeermiddel (het)	ยาระบาย	yaa rá-baai
spiritus (de)	เอธานอล	ay-thaa-norn
medicinale kruiden (mv.)	สมุนไพร	sà-mŭn phrai
	ทางการแพทย์	thaang gaan phâet
kruiden- (abn)	สมุนไพร	sà-mŭn phrai

77. Roken. Tabaksproducten

tabak (de)	ยาสูบ	yaa sòop
sigaret (de)	บุหรี่	bù rèe
sigaar (de)	ซิการ์	sí-gâa
pijp (de)	ไปป์	bpai
pakje (~ sigaretten)	ซอง	sorng

lucifers (mv.)	ไม้ขีด	máai khèet
luciferdoosje (het)	กล่องไม้ขีด	glòrng máai khèet
aansteker (de)	ไฟแช็ก	fai cháek
asbak (de)	ที่เขี่ยบุหรี่	thêe khìa bù rèe
sigarettendoosje (het)	กล่องใส่บุหรี่	glòrng sài bù rèe

sigarettenpijpje (het)	ที่ต่อบุหรี่	thêe dtòr bù rèe
filter (de/het)	ตัวกรองบุหรี่	dtua grorng bù rèe

roken (ww)	สูบ	sòop
een sigaret opsteken	จุดบุหรี่	jùt bù rèe
roken (het)	การสูบบุหรี่	gaan sòop bù rèe
roker (de)	ผู้สูบบุหรี่	pôo sòop bù rèe

peuk (de)	ก้นบุหรี่	gôn bù rèe
rook (de)	ควันบุหรี่	khwan bù rèe
as (de)	ขี้บุหรี่	khêe bù rèe

HET MENSELIJKE LEEFGEBIED

Stad

78. Stad. Het leven in de stad

stad (de)	เมือง	meuang
hoofdstad (de)	เมืองหลวง	meuang lŭang
dorp (het)	หมู่บ้าน	mòo bâan
plattegrond (de)	แผนที่เมือง	phăen thêe meuang
centrum (ov. een stad)	ใจกลางเมือง	jai glaang-meuang
voorstad (de)	ชานเมือง	chaan meuang
voorstads- (abn)	ชานเมือง	chaan meuang
randgemeente (de)	รอบนอกเมือง	rôrp nôrk meuang
omgeving (de)	เขตรอบเมือง	khàyt rôrp-meuang
blok (huizenblok)	บล็อกผังเมือง	blòrk phăng meuang
woonwijk (de)	บล็อกที่อยู่อาศัย	blòrk thêe yòo aa-săi
verkeer (het)	การจราจร	gaan jà-raa-jon
verkeerslicht (het)	ไฟจราจร	fai jà-raa-jon
openbaar vervoer (het)	ขนส่งมวลชน	khŏn sòng muan chon
kruispunt (het)	สี่แยก	sèe yâek
zebrapad (oversteekplaats)	ทางม้าลาย	thaang máa laai
onderdoorgang (de)	อุโมงค์คนเดิน	u-mohng kon dern
oversteken (de straat ~)	ข้าม	khâam
voetganger (de)	คนเดินเท้า	khon dern tháo
trottoir (het)	ทางเท้า	thaang tháo
brug (de)	สะพาน	sà-phaan
dijk (de)	ทางเลียบแม่น้ำ	thaang lîap mâe náam
fontein (de)	น้ำพุ	nám phú
allee (de)	ทางเลียบสวน	thaang lîap sŭan
park (het)	สวน	sŭan
boulevard (de)	ถนนกว้าง	thà-nŏn gwâang
plein (het)	จัตุรัส	jàt-dtù-ràt
laan (de)	ถนนใหญ่	thà-nŏn yài
straat (de)	ถนน	thà-nŏn
zijstraat (de)	ซอย	soi
doodlopende straat (de)	ทางตัน	thaang dtan
huis (het)	บ้าน	bâan
gebouw (het)	อาคาร	aa-khaan
wolkenkrabber (de)	ตึกระฟ้า	dtèuk rá-fáa
gevel (de)	ด้านหน้าอาคาร	dâan-nâa aa-khaan
dak (het)	หลังคา	lăng khaa

75

venster (het)	หน้าต่าง	nâa dtàang
boog (de)	ซุมประตู	súm bprà-dtoo
pilaar (de)	เสา	săo
hoek (ov. een gebouw)	มุม	mum

vitrine (de)	หน้าต่างร้านค้า	nâa dtàang ráan kháa
gevelreclame (de)	ป้ายราน	bpâai ráan
affiche (de/het)	โปสเตอร์	bpòht-dtêr
reclameposter (de)	ป้ายโฆษณา	bpâai khôht-sà-naa
aanplakbord (het)	กระดานปิดประกาศ โฆษณา	grà-daan bpìt bprà-gàat khôht-sà-naa

vuilnis (de/het)	ขยะ	khà-yà
vuilnisbak (de)	ถุงขยะ	thăng khà-yà
afval weggooien (ww)	ทิ้งขยะ	thíng khà-yà
stortplaats (de)	ที่ทิ้งขยะ	thêe thíng khà-yà

telefooncel (de)	ตู้โทรศัพท์	dtôo thoh-rá-sàp
straatlicht (het)	เสาโคม	săo khohm
bank (de)	ม้านั่ง	máa nâng

politieagent (de)	เจ้าหน้าที่ตำรวจ	jâo nâa-thêe dtam-rùat
politie (de)	ตำรวจ	dtam-rùat
zwerver (de)	ขอทาน	khŏr thaan
dakloze (de)	คนไร้บ้าน	khon rái bâan

79. Stedelijke instellingen

winkel (de)	ร้านค้า	ráan kháa
apotheek (de)	ร้านขายยา	ráan khăai yaa
optiek (de)	รานตัดแว่น	ráan dtàt wâen
winkelcentrum (het)	ศูนย์การค้า	sŏon gaan kháa
supermarkt (de)	ซูเปอร์มาร์เก็ต	soo-bper-maa-gèt

bakkerij (de)	ร้านขนมปัง	ráan khà-nŏm bpang
bakker (de)	คนอบขนมปัง	khon òp khà-nŏm bpang
banketbakkerij (de)	ร้านขนม	ráan khà-nŏm
kruidenier (de)	ร้านขายของชำ	ráan khăai khŏrng cham
slagerij (de)	รานขายเนื้อ	ráan khăai néua

| groentewinkel (de) | ร้านขายผัก | ráan khăai phàk |
| markt (de) | ตลาด | dtà-làat |

koffiehuis (het)	ร้านกาแฟ	ráan gaa-fae
restaurant (het)	รานอาหาร	ráan aa-hăan
bar (de)	บาร์	baa
pizzeria (de)	รานพิซซ่า	ráan phís-sâa

kapperssalon (de/het)	ร้านทำผม	ráan tham phŏm
postkantoor (het)	โรงไปรษณีย์	rohng bprai-sà-nee
stomerij (de)	ร้านซักแห้ง	ráan sák hâeng
fotostudio (de)	ห้องถ่ายภาพ	hôrng thàai phâap
schoenwinkel (de)	ร้านขายรองเท้า	ráan khăai rorng táo
boekhandel (de)	รานขายหนังสือ	ráan khăai năng-sěu

sportwinkel (de)	ร้านขายอุปกรณ์กีฬา	ráan khǎai u-bpà-gon gee-laa
kledingreparatie (de)	ร้านซ่อมเสื้อผ้า	ráan sôrm sêua phâa
kledingverhuur (de)	ร้านเช่าเสื้อออกงาน	ráan châo sêua òrk ngaan
videotheek (de)	รานเช่าวิดีโอ	ráan châo wí-dee-oh

circus (de/het)	โรงละครสัตว์	rohng lá-khon sàt
dierentuin (de)	สวนสัตว์	sǔan sàt
bioscoop (de)	โรงภาพยนตร์	rohng phâap-phá-yon
museum (het)	พิพิธภัณฑ์	phí-phítha phan
bibliotheek (de)	หองสมุด	hôrng sà-mùt

theater (het)	โรงละคร	rohng lá-khon
opera (de)	โรงอุปรากร	rohng ù-bpà-raa-gon
nachtclub (de)	ไนท์คลับ	nai-khláp
casino (het)	คาสิโน	khaa-sì-noh

moskee (de)	สุเหร่า	sù-rào
synagoge (de)	โบสถ์ยิว	bòht yiw
kathedraal (de)	อาสนวิหาร	aa sǒn wí-hǎan
tempel (de)	วิหาร	wí-hǎan
kerk (de)	โบสถ์	bòht

instituut (het)	วิทยาลัย	wít-thá-yaa-lai
universiteit (de)	มหาวิทยาลัย	má-hǎa wít-thá-yaa-lai
school (de)	โรงเรียน	rohng rian

gemeentehuis (het)	ศาลากลางจังหวัด	sǎa-laa glaang jang-wàt
stadhuis (het)	ศาลาเทศบาล	sǎa-laa thâyt-sà-baan
hotel (het)	โรงแรม	rohng raem
bank (de)	ธนาคาร	thá-naa-khaan

ambassade (de)	สถานทูต	sà-thǎan thôot
reisbureau (het)	บริษัททัวร์	bor-rí-sàt thua
informatieloket (het)	สำนักงาน	sǎm-nák ngaan
	ศูนย์ขอมูล	sǒon khôr moon
wisselkantoor (het)	รานแลกเงิน	ráan lâek ngern

| metro (de) | รถไฟใต้ดิน | rót fai dtâi din |
| ziekenhuis (het) | โรงพยาบาล | rohng phá-yaa-baan |

| benzinestation (het) | ปั๊มน้ำมัน | bpám náam man |
| parking (de) | ลานจอดรถ | laan jòrt rót |

80. Borden

gevelreclame (de)	ป้ายร้าน	bpâai ráan
opschrift (het)	ป้ายเตือน	bpâai dteuan
poster (de)	โปสเตอร์	bpòht-dtêr
wegwijzer (de)	ป้ายบอกทาง	bpâai bòrk thaang
pijl (de)	ลูกศร	lôok sǒn

waarschuwing (verwittiging)	คำเตือน	kham dteuan
waarschuwingsbord (het)	ป้ายเตือน	bpâai dteuan
waarschuwen (ww)	เตือน	dteuan

vrije dag (de)	วันหยุด	wan yùt
dienstregeling (de)	ตารางเวลา	dtaa-raang way-laa
openingsuren (mv.)	เวลาทำการ	way-laa tham gaan

WELKOM!	ยินดีต้อนรับ!	yin dee dtôrn ráp
INGANG	ทางเข้า	thaang khâo
UITGANG	ทางออก	thaang òrk

DUWEN	ผลัก	phlàk
TREKKEN	ดึง	deung
OPEN	เปิด	bpèrt
GESLOTEN	ปิด	bpìt

| DAMES | หญิง | yǐng |
| HEREN | ชาย | chaai |

KORTING	ลดราคา	lót raa-khaa
UITVERKOOP	ขายของลดราคา	khǎai khǒrng lót raa-khaa
NIEUW!	ใหม่!	mài
GRATIS	ฟรี	free

PAS OP!	โปรดทราบ!	bpròht sâap
VOLGEBOEKT	ไม่มีห้องว่าง	mâi mee hôrng wâang
GERESERVEERD	จองแล้ว	jorng láew

| ADMINISTRATIE | สำนักงาน | sǎm-nák ngaan |
| ALLEEN VOOR PERSONEEL | เฉพาะพนักงาน | chà-phór phá-nák ngaan |

GEVAARLIJKE HOND	ระวังสุนัข!	rá-wang sù-nák
VERBODEN TE ROKEN!	ห้ามสูบบุหรี่	hâam sòop bù rèe
NIET AANRAKEN!	ห้ามแตะ!	hâam dtàe

GEVAARLIJK	อันตราย	an-dtà-raai
GEVAAR	อันตราย	an-dtà-raai
HOOGSPANNING	ไฟฟ้าแรงสูง	fai fáa raeng sǒong
VERBODEN TE ZWEMMEN	ห้ามว่ายน้ำ!	hâam wâai náam
BUITEN GEBRUIK	เสีย	sǐa

ONTVLAMBAAR	อันตรายติดไฟ	an-dtà-raai dtìt fai
VERBODEN	ห้าม	hâam
DOORGANG VERBODEN	ห้ามผ่าน!	hâam phàan
OPGELET PAS GEVERFD	สีพื้นเปียก	sěe phéun bpìak

81. Stedelijk vervoer

bus, autobus (de)	รถเมล์	rót may
tram (de)	รถราง	rót raang
trolleybus (de)	รถโดยสารประจำทางไฟฟ้า	rót doi sǎan bprà-jam thaang fai fáa
route (de)	เส้นทาง	sên thaang
nummer (busnummer, enz.)	หมวยเลข	mǎai lâyk
rijden met ...	ไปด้วย	bpai dûay
stappen (in de bus ~)	ขึ้น	khêun

afstappen (ww)	ลง	long
halte (de)	ป้าย	bpâai
volgende halte (de)	ป้ายถัดไป	bpâai thàt bpai
eindpunt (het)	ป้ายสุดท้าย	bpâai sùt tháai
dienstregeling (de)	ตารางเวลา	dtaa-raang way-laa
wachten (ww)	รอ	ror

| kaartje (het) | ตั๋ว | dtŭa |
| reiskosten (de) | ค่าตั๋ว | khâa dtŭa |

kassier (de)	คนขายตั๋ว	khon khăai dtŭa
kaartcontrole (de)	การตรวจตั๋ว	gaan dtrùat dtŭa
controleur (de)	พนักงานตรวจตั๋ว	phá-nák ngaan dtrùat dtŭa

te laat zijn (ww)	ไปสาย	bpai săai
missen (de bus ~)	พลาด	phlâat
zich haasten (ww)	รีบเร่ง	rêep râyng

taxi (de)	แท็กซี่	tháek-sêe
taxichauffeur (de)	คนขับแท็กซี่	khon khàp tháek-sêe
met de taxi (bw)	โดยแท็กซี่	doi tháek-sêe
taxistandplaats (de)	ป้ายจอดแท็กซี่	bpâai jòrt tháek sêe
een taxi bestellen	เรียกแท็กซี่	rîak tháek sêe
een taxi nemen	ขึ้นรถแท็กซี่	khêun rót tháek-sêe

verkeer (het)	การจราจร	gaan jà-raa-jon
file (de)	การจราจรติดขัด	gaan jà-raa-jon dtìt khàt
spitsuur (het)	ชั่วโมงเร่งด่วน	chûa mohng râyng dùan
parkeren (on.ww.)	จอด	jòrt
parkeren (ov.ww.)	จอด	jòrt
parking (de)	ลานจอดรถ	laan jòrt rót

metro (de)	รถไฟใต้ดิน	rót fai dtâi din
halte (bijv. kleine treinhalte)	สถานี	sà-thăa-nee
de metro nemen	ขึ้นรถไฟใต้ดิน	khêun rót fai dtâi din
trein (de)	รถไฟ	rót fai
station (treinstation)	สถานีรถไฟ	sà-thăa-nee rót fai

82. Bezienswaardigheden

monument (het)	อนุสาวรีย์	a-nú-săa-wá-ree
vesting (de)	ป้อม	bpôrm
paleis (het)	วัง	wang
kasteel (het)	ปราสาท	bpraa-sàat
toren (de)	หอ	hŏr
mausoleum (het)	สุสาน	sù-săan

architectuur (de)	สถาปัตยกรรม	sà-thăa-bpàt-dtà-yá-gam
middeleeuws (bn)	ยุคกลาง	yúk glaang
oud (bn)	โบราณ	boh-raan
nationaal (bn)	แห่งชาติ	hàeng châat
bekend (bn)	ที่มีชื่อเสียง	thêe mee chêu-sĭang
toerist (de)	นักท่องเที่ยว	nák thôrng thîeow
gids (de)	มัคคุเทศก์	mák-khú-thâyt

rondleiding (de)	ทัศนศึกษา	thát-sà-ná-sèuk-sǎa
tonen (ww)	แสดง	sà-daeng
vertellen (ww)	เลา	lâo

vinden (ww)	หาพบ	hǎa phóp
verdwalen (de weg kwijt zijn)	หลงทาง	lǒng thaang
plattegrond (~ van de metro)	แผนที่	phǎen thêe
plattegrond (~ van de stad)	แผนที่	phǎen thêe

souvenir (het)	ของที่ระลึก	khǒrng thêe rá-léuk
souvenirwinkel (de)	รานขาย	ráan khǎai
	ของที่ระลึก	khǒrng thêe rá-léuk
foto's maken	ถ่ายภาพ	thàai phâap
zich laten fotograferen	ได้รับการ	dâai ráp gaan
	ถายภาพให	thàai phâap hâi

83. Winkelen

kopen (ww)	ซื้อ	séu
aankoop (de)	ของซื้อ	khǒrng séu
winkelen (ww)	ไปซื้อของ	bpai séu khǒrng
winkelen (het)	การชอปปิง	gaan chôp bping

open zijn (ov. een winkel, enz.)	เปิด	bpèrt
gesloten zijn (ww)	ปิด	bpìt

schoeisel (het)	รองเท้า	rorng tháo
kleren (mv.)	เสื้อผา	sêua phâa
cosmetica (mv.)	เครื่องสำอาง	khrêuang sǎm-aang
voedingswaren (mv.)	อาหาร	aa-hǎan
geschenk (het)	ของขวัญ	khǒrng khwǎn

verkoper (de)	พนักงานขาย	phá-nák ngaan khǎai
verkoopster (de)	พนักงานขาย	phá-nák ngaan khǎai

kassa (de)	ที่จ่ายเงิน	thêe jàai ngern
spiegel (de)	กระจก	grà-jòk
toonbank (de)	เคาน์เตอร์	khao-dtêr
paskamer (de)	หองลองเสื้อผา	hôrng lorng sêua phâa

aanpassen (ww)	ลอง	lorng
passen (ov. kleren)	เหมาะ	mò
bevallen (prettig vinden)	ชอบ	chôrp

prijs (de)	ราคา	raa-khaa
prijskaartje (het)	ป้ายราคา	bpâai raa-khaa
kosten (ww)	ราคา	raa-khaa
Hoeveel?	ราคาเท่าไหร่?	raa-khaa thâo rài
korting (de)	ลดราคา	lót raa-khaa

niet duur (bn)	ไม่แพง	mâi phaeng
goedkoop (bn)	ถูก	thòok
duur (bn)	แพง	phaeng

Dat is duur.	มันราคาแพง	man raa-khaa phaeng
verhuur (de)	การเช่า	gaan châo
huren (smoking, enz.)	เช่า	châo
krediet (het)	สินเชื่อ	sĭn chêua
op krediet (bw)	ซื้อเงินเชื่อ	séu ngern chêua

84. Geld

geld (het)	เงิน	ngern
ruil (de)	การแลกเปลี่ยน สกุลเงิน	gaan lâek bplìan sà-gun ngern
koers (de)	อัตราแลกเปลี่ยน สกุลเงิน	àt-dtraa lâek bplìan sà-gun ngern
geldautomaat (de)	เอทีเอ็ม	ay-thee-em
muntstuk (de)	เหรียญ	rĭan

| dollar (de) | ดอลลาร์ | dorn-lâa |
| euro (de) | ยูโร | yoo-roh |

lire (de)	ลีราอิตาลี	lee-raa ì-dtaa-lee
Duitse mark (de)	มาร์ค	mâak
frank (de)	ฟรังค์	frang
pond sterling (het)	ปอนด์สเตอร์ลิง	bporn sà-dtêr-ling
yen (de)	เยน	yayn

schuld (geldbedrag)	หนี้	nêe
schuldenaar (de)	ลูกหนี้	lôok nêe
uitlenen (ww)	ให้ยืม	hâi yeum
lenen (geld ~)	ขอยืม	khŏr yeum

bank (de)	ธนาคาร	thá-naa-khaan
bankrekening (de)	บัญชี	ban-chee
storten (ww)	ฝาก	fàak
op rekening storten	ฝากเงินเข้าบัญชี	fàak ngern khâo ban-chee
opnemen (ww)	ถอน	thŏrn

kredietkaart (de)	บัตรเครดิต	bàt khray-dìt
baar geld (het)	เงินสด	ngern sòt
cheque (de)	เช็ค	chék
een cheque uitschrijven	เขียนเช็ค	khĭan chék
chequeboekje (het)	สมุดเช็ค	sà-mùt chék

portefeuille (de)	กระเป๋าเงิน	grà-bpăo ngern
geldbeugel (de)	กระเป๋าสตางค์	grà-bpăo sà-dtaang
safe (de)	ตู้เซฟ	dtôo sâyf

erfgenaam (de)	ทายาท	thaa-yâat
erfenis (de)	มรดก	mor-rá-dòrk
fortuin (het)	เงินจำนวนมาก	ngern jam-nuan mâak

huur (de)	สัญญาเช่า	săn-yaa châo
huurprijs (de)	ค่าเช่า	kâa châo
huren (huis, kamer)	เช่า	châo
prijs (de)	ราคา	raa-khaa

| kostprijs (de) | ราคา | raa-khaa |
| som (de) | จำนวนเงินรวม | jam-nuan ngern ruam |

uitgeven (geld besteden)	จ่าย	jàai
kosten (mv.)	ค่าจ่าย	khâa jàai
bezuinigen (ww)	ประหยัด	bprà-yàt
zuinig (bn)	ประหยัด	bprà-yàt

betalen (ww)	จ่าย	jàai
betaling (de)	การจ่ายเงิน	gaan jàai ngern
wisselgeld (het)	เงินทอน	ngern thorn

belasting (de)	ภาษี	phaa-sĕe
boete (de)	ค่าปรับ	khâa bpràp
beboeten (bekeuren)	ปรับ	bpràp

85. Post. Postkantoor

postkantoor (het)	โรงไปรษณีย์	rohng bprai-sà-nee
post (de)	จดหมาย	jòt măai
postbode (de)	บุรุษไปรษณีย์	bù-rùt bprai-sà-nee
openingsuren (mv.)	เวลาทำการ	way-laa tham gaan

brief (de)	จดหมาย	jòt măai
aangetekende brief (de)	จดหมายลงทะเบียน	jòt măai long thá-bian
briefkaart (de)	ไปรษณียบัตร	bprai-sà-nee-yá-bàt
telegram (het)	โทรเลข	thoh-rá-lâyk
postpakket (het)	พัสดุ	phát-sà-dù
overschrijving (de)	การโอนเงิน	gaan ohn ngern

ontvangen (ww)	รับ	ráp
sturen (zenden)	ฝาก	fàak
verzending (de)	การฝาก	gaan fàak

| adres (het) | ที่อยู่ | thêe yòo |
| postcode (de) | รหัสไปรษณีย์ | rá-hàt bprai-sà-nee |

| verzender (de) | ผู้ฝาก | phôo fàak |
| ontvanger (de) | ผู้รับ | phôo ráp |

| naam (de) | ชื่อ | chêu |
| achternaam (de) | นามสกุล | naam sà-gun |

tarief (het)	อัตราค่าส่งไปรษณีย์	àt-dtraa khâa sòng bprai-sà-nee
standaard (bn)	มาตรฐาน	mâat-dtrà-thăan
zuinig (bn)	ประหยัด	bprà-yàt

gewicht (het)	น้ำหนัก	nám nàk
afwegen (op de weegschaal)	มีน้ำหนัก	mee nám nàk
envelop (de)	ซอง	sorng
postzegel (de)	แสตมป์ไปรษณีย์	sà-dtaem bprai-sà-nee
een postzegel plakken op	แสตมป์ตราประทับบนซอง	sà-dtaem dtraa bprà-tháp bon song

Woning. Huis. Thuis

86. Huis. Woning

huis (het)	บ้าน	bâan
thuis (bw)	ที่บ้าน	thêe bâan
cour (de)	สนาม	sà-nǎam
omheining (de)	รั้ว	rúa
baksteen (de)	อิฐ	ìt
van bakstenen	อิฐ	ìt
steen (de)	หิน	hǐn
stenen (bn)	หิน	hǐn
beton (het)	คอนกรีต	khorn-grèet
van beton	คอนกรีต	khorn-grèet
nieuw (bn)	ใหม่	mài
oud (bn)	เก่า	gào
vervallen (bn)	เสื่อมสภาพ	sèuam sà-phâap
modern (bn)	ทันสมัย	than sà-mǎi
met veel verdiepingen	ที่มีหลายชั้น	thêe mee lǎai chán
hoog (bn)	สูง	sǒong
verdieping (de)	ชั้น	chán
met een verdieping	ชั้นเดียว	chán dieow
laagste verdieping (de)	ชั้นล่าง	chán lâang
bovenverdieping (de)	ชั้นบนสุด	chán bon sùt
dak (het)	หลังคา	lǎng khaa
schoorsteen (de)	ปล่องควัน	bplòrng khwan
dakpan (de)	กระเบื้องหลังคา	grà-bêuang lǎng khaa
pannen- (abn)	กระเบื้อง	grà-bêuang
zolder (de)	ห้องใต้หลังคา	hôrng dtâi lǎng-khaa
venster (het)	หน้าต่าง	nâa dtàang
glas (het)	แก้ว	gâew
vensterbank (de)	ชั้นติดผนัง	chán dtìt phà-nǎng
	ใต้หน้าต่าง	dtâi nâa dtàang
luiken (mv.)	ชัตเตอร์	chát-dtêr
muur (de)	ฝาผนัง	fǎa phà-nǎng
balkon (het)	ระเบียง	rá-biang
regenpijp (de)	รางน้ำ	raang náam
boven (bw)	ชั้นบน	chán bon
naar boven gaan (ww)	ขึ้นไปข้างบน	khêun bpai khâang bon
afdalen (on.ww.)	ลง	long
verhuizen (ww)	ย้ายไป	yáai bpai

87. Huis. Ingang. Lift

ingang (de)	ทางเข้า	thaang khâo
trap (de)	บันได	ban-dai
treden (mv.)	ขั้นบันได	khân ban-dai
trapleuning (de)	ราวบันได	raao ban-dai
hal (de)	หองโถง	hôrng thŏhng
postbus (de)	ตู้จดหมาย	dtôo jòt măai
vuilnisbak (de)	ถังขยะ	thăng khà-yà
vuilniskoker (de)	ช่องทิ้งขยะ	chôrng thíng khà-yà
lift (de)	ลิฟต์	líf
goederenlift (de)	ลิฟต์ขนของ	líf khŏn khŏrng
liftcabine (de)	กูรงลิฟต์	grorng líf
de lift nemen	ขึ้นลิฟต์	khêun líf
appartement (het)	อพาร์ตเมนต์	a-phâat-mayn
bewoners (mv.)	ผู้อาศัย	phôo aa-săi
buurman (de)	เพื่อนบ้าน	phêuan bâan
buurvrouw (de)	เพื่อนบ้าน	phêuan bâan
buren (mv.)	เพื่อนบาน	phêuan bâan

88. Huis. Elektriciteit

elektriciteit (de)	ไฟฟ้า	fai fáa
lamp (de)	หลอดไฟฟ้า	lòrt fai fáa
schakelaar (de)	ปุ่มปิดเปิดไฟ	bpùm bpìt bpèrt fai
zekering (de)	ฟิวส์	fiw
draad (de)	สายไฟฟ้า	săai fai fáa
bedrading (de)	การเดินสายไฟ	gaan dern săai fai
elektriciteitsmeter (de)	มิเตอร์วัดไฟฟ้า	mí-dtêr wát fai fáa
gegevens (mv.)	คามิเตอร	khâa mí-dtêr

89. Huis. Deuren. Sloten

deur (de)	ประตู	bprà-dtoo
toegangspoort (de)	ประตูรั้ว	bprà-dtoo rúa
deurkruk (de)	ลูกบิดประตู	lôok bìt bprà-dtoo
ontsluiten (ontgrendelen)	ไข	khăi
openen (ww)	เปิด	bpèrt
sluiten (ww)	ปิด	bpìt
sleutel (de)	ลูกกุญแจ	lôok gun-jae
sleutelbos (de)	พวง	phuang
knarsen (bijv. scharnier)	ออดแอด	órt-áet
knarsgeluid (het)	เสียงออดแอด	sĭang órt-áet
scharnier (het)	บานพับ	baan pháp
deurmat (de)	ที่เช็ดเท้า	thêe chét tháo
slot (het)	แมกุญแจ	mâe gun-jae

sleutelgat (het)	รูกุญแจ	roo gun-jae
grendel (de)	ไม้ที่วางขวาง	máai thêe waang khwăng
schuif (de)	กลอนประตู	glorn bprà-dtoo
hangslot (het)	ดอกกุญแจ	dòrk gun-jae

aanbellen (ww)	กดออด	gòt òrt
bel (geluid)	เสียงดัง	sĭang dang
deurbel (de)	กระดิ่งประตู	grà-dìng bprà-dtoo
belknop (de)	ปุ่มออดหน้าประตู	bpùm òrt nâa bprà-dtoo
geklop (het)	เสียงเคาะ	sĭang khór
kloppen (ww)	เคาะ	khór

code (de)	รหัส	rá-hàt
cijferslot (het)	กุญแจรหัส	gun-jae rá-hàt
parlofoon (de)	อินเตอร์คอม	in-dtêr-khom
nummer (het)	เลข	lâyk
naambordje (het)	ป้ายหน้าประตู	bpâai nâa bprà-dtoo
deurspion (de)	ช่องตาแมว	chôrng dtaa maew

90. Huis op het platteland

dorp (het)	หมู่บ้าน	mòo bâan
moestuin (de)	สวนผัก	sŭan phàk
hek (het)	รั้ว	rúa
houten hekwerk (het)	รั้วปักดิน	rúa bpàk din
tuinpoortje (het)	ประตูรั้วเล็กๆ	bprà-dtoo rúa lék lék

graanschuur (de)	ยุ้งฉาง	yúng chăang
wortelkelder (de)	ห้องใต้ดิน	hôrng dtâi din
schuur (de)	โรงนา	rohng naa
waterput (de)	บ่อน้ำ	bòr náam

kachel (de)	เตา	dtao
de kachel stoken	จุดไฟ	jùt fai
brandhout (het)	ฟืน	feun
houtblok (het)	ทอน	thôrn

veranda (de)	เฉลียงหน้าบ้าน	chà-lĭang nâa bâan
terras (het)	ระเบียง	rá-biang
bordes (het)	บันไดทางเข้าบ้าน	ban-dai thaang khâo bâan
schommel (de)	ชิงช้า	ching cháa

91. Villa. Herenhuis

landhuisje (het)	บ้านสไตล์คันทรี่	bâan sà-dtai khan trêe
villa (de)	คฤหาสน์	khá-réu-hàat
vleugel (de)	สวน	sùan

tuin (de)	สวน	sŭan
park (het)	สวน	sŭan
oranjerie (de)	เรือนกระจกเขตร้อน	reuan grà-jòk khàyt rórn
onderhouden (tuin, enz.)	ดูแล	doo lae

85

zwembad (het)	สระว่ายน้ำ	sà wâai náam
gym (het)	โรงยิม	rohng-yim
tennisveld (het)	สนามเทนนิส	sà-nǎam then-nít
bioscoopkamer (de)	ห้องฉายหนัง	hôrng chǎai nǎng
garage (de)	โรงรถ	rohng rót

privé-eigendom (het)	ทรัพย์สินส่วนบุคคล	sáp sǐn sùan bùk-khon
eigen terrein (het)	ที่ดินส่วนบุคคล	thêe din sùan bùk-khon

waarschuwing (de)	คำเตือน	kham dteuan
waarschuwingsbord (het)	ป้ายเตือน	bpâai dteuan

bewaking (de)	ผู้รักษา	phôo rák-sǎa
	ความปลอดภัย	khwaam bplòrt phai
bewaker (de)	ยาม	yaam
inbraakalarm (het)	สัญญาณกันขโมย	sǎn-yaan gan khà-moi

92. Kasteel. Paleis

kasteel (het)	ปราสาท	bpraa-sàat
paleis (het)	วัง	wang
vesting (de)	ป้อม	bpôrm

ringmuur (de)	กำแพง	gam-phaeng
toren (de)	หอ	hǒr
donjon (de)	หอกลาง	hǒr klaang

valhek (het)	ประตูชักรอก	bprà-dtoo chák rôrk
onderaardse gang (de)	ทางใต้ดิน	taang dtâi din
slotgracht (de)	คูเมือง	khoo meuang
ketting (de)	โซ่	sôh
schietgat (het)	ช่องยิงธนู	chôrng ying thá-noo

prachtig (bn)	ภัทร	phát
majestueus (bn)	โอ่โถง	òh thǒhng
onneembaar (bn)	ที่ไม่สามารถ	thêe mâi sǎa-mâat
	เจาะเขาไปถึง	jòr khâo bpai thěung
middeleeuws (bn)	ยุคกลาง	yúk glaang

93. Appartement

appartement (het)	อพาร์ตเมนต์	a-phâat-mayn
kamer (de)	ห้อง	hôrng
slaapkamer (de)	ห้องนอน	hôrng norn
eetkamer (de)	ห้องรับประทาน	hôrng ráp bprà-thaan
	อาหาร	aa-hǎan
salon (de)	ห้องนั่งเล่น	hôrng nâng lên
studeerkamer (de)	ห้องทำงาน	hôrng tham ngaan

gang (de)	ห้องเข้า	hôrng khâo
badkamer (de)	ห้องน้ำ	hôrng náam
toilet (het)	ห้องส้วม	hôrng sûam

plafond (het)	เพดาน	phay-daan
vloer (de)	พื้น	phéun
hoek (de)	มุม	mum

94. Appartement. Schoonmaken

| schoonmaken (ww) | ทำความสะอาด | tham khwaam sà-àat |
| opbergen (in de kast, enz.) | เก็บ | gèp |

stof (het)	ฝุ่น	fùn
stoffig (bn)	มีฝุ่นเยอะ	mee fùn yúh
stoffen (ww)	ปัดกวาด	bpàt gwàat
stofzuiger (de)	เครื่องดูดฝุ่น	khrêuang dòot fùn
stofzuigen (ww)	ดูดฝุ่น	dòot fùn

vegen (de vloer ~)	กวาด	gwàat
veegsel (het)	ฝุ่นกวาด	fùn gwàat
orde (de)	ความสะอาด	khwaam sà-àat
wanorde (de)	ความไม่เป็นระเบียบ	khwaam mâi bpen rá-bìap

zwabber (de)	ไม้ถูพื้น	mái thǒo phéun
poetsdoek (de)	ผ้าเช็ดพื้น	phâa chét phéun
veger (de)	ไม้กวาดสั้น	máai gwàat sân
stofblik (het)	ที่ตักผง	têe dtàk phǒng

95. Meubels. Interieur

meubels (mv.)	เครื่องเรือน	khrêuang reuan
tafel (de)	โต๊ะ	dtó
stoel (de)	เก้าอี้	gâo-êe
bed (het)	เตียง	dtiang
bankstel (het)	โซฟา	soh-faa
fauteuil (de)	เก้าอี้เท้าแขน	gâo-êe tháo khǎen

| boekenkast (de) | ตู้หนังสือ | dtôo nǎng-sěu |
| boekenrek (het) | ชั้นวาง | chán waang |

kledingkast (de)	ตู้เสื้อผ้า	dtôo sêua phâa
kapstok (de)	ที่แขวนเสื้อ	thêe khwǎen sêua
staande kapstok (de)	ไม้แขวนเสื้อ	mái khwǎen sêua

| commode (de) | ตู้ลิ้นชัก | dtôo lín chák |
| salontafeltje (het) | โต๊ะกาแฟ | dtó gaa-fae |

spiegel (de)	กระจก	grà-jòk
tapijt (het)	พรม	phrom
tapijtje (het)	พรมเช็ดเท้า	phrom chét tháo

haard (de)	เตาผิง	dtao phǐng
kaars (de)	เทียน	thian
kandelaar (de)	เชิงเทียน	cherng thian
gordijnen (mv.)	ผ้าแขวน	phâa khwǎen

| behang (het) | วอลเปเปอร์ | worn-bpay-bper |
| jaloezie (de) | บานเกล็ดหน้าต่าง | baan glèt nâa dtàang |

bureaulamp (de)	โคมไฟตั้งโต๊ะ	khohm fai dtâng dtó
wandlamp (de)	ไฟติดผนัง	fai dtìt phà-năng
staande lamp (de)	โคมไฟตั้งพื้น	khohm fai dtâng phéun
luchter (de)	โคมระย้า	khohm rá-yáa

poot (ov. een tafel, enz.)	ขา	khăa
armleuning (de)	ที่พักแขน	thêe phák khăen
rugleuning (de)	พนักพิง	phá-nák phing
la (de)	ลิ้นชัก	lín chák

96. Beddengoed

beddengoed (het)	ชุดผ้าปูที่นอน	chút phâa bpoo thêe norn
kussen (het)	หมอน	mŏrn
kussenovertrek (de)	ปลอกหมอน	bplòk mŏrn
deken (de)	ผ้าผวย	phâa phŭay
laken (het)	ผ้าปู	phâa bpoo
sprei (de)	ผ้าคลุมเตียง	phâa khlum dtiang

97. Keuken

keuken (de)	ห้องครัว	hôrng khrua
gas (het)	แก๊ส	gáet
gasfornuis (het)	เตาแก๊ส	dtao gàet
elektrisch fornuis (het)	เตาไฟฟ้า	dtao fai-fáa
oven (de)	เตาอบ	dtao òp
magnetronoven (de)	เตาอบไมโครเวฟ	dtao òp mai-khroh-we p

koelkast (de)	ตู้เย็น	dtôo yen
diepvriezer (de)	ตู้แช่แข็ง	dtôo châe khăeng
vaatwasmachine (de)	เครื่องล้างจาน	khrêuang láang jaan

vleesmolen (de)	เครื่องบดเนื้อ	khrêuang bòt néua
vruchtenpers (de)	เครื่องคั้น น้ำผลไม้	khrêuang khán náam phŏn-lá-mái
toaster (de)	เครื่องปิ้ง ขนมปัง	khrêuang bpîng khà-nŏm bpang
mixer (de)	เครื่องปั่น	khrêuang bpàn

koffiemachine (de)	เครื่องชงกาแฟ	khrêuang chong gaa-fae
koffiepot (de)	หม้อกาแฟ	môr gaa-fae
koffiemolen (de)	เครื่องบดกาแฟ	khrêuang bòt gaa-fae

fluitketel (de)	กาน้ำ	gaa náam
theepot (de)	กาน้ำชา	gaa náam chaa
deksel (de/het)	ฝา	făa
theezeefje (het)	ที่กรองชา	thêe grorng chaa
lepel (de)	ช้อน	chórn
theelepeltje (het)	ช้อนชา	chórn chaa

eetlepel (de)	ช้อนซุป	chórn súp
vork (de)	ส้อม	sôrm
mes (het)	มีด	mêet

vaatwerk (het)	ถ้วยชาม	thûay chaam
bord (het)	จาน	jaan
schoteltje (het)	จานรอง	jaan rorng

likeurglas (het)	แก้วช็อต	gâew chórt
glas (het)	แก้ว	gâew
kopje (het)	ถ้วย	thûay

suikerpot (de)	โถน้ำตาล	thŏh náam dtaan
zoutvat (het)	กระปุกเกลือ	grà-bpùk gleua
pepervat (het)	กระปุกพริกไท	grà-bpùk phrík thai
boterschaaltje (het)	ที่ใส่เนย	thêe sài noie

pan (de)	หม้อต้ม	môr dtôm
bakpan (de)	กระทะ	grà-thá
pollepel (de)	กระบวย	grà-buay
vergiet (de/het)	กระชอน	grà chorn
dienblad (het)	ถาด	thàat

fles (de)	ขวด	khùat
glazen pot (de)	ขวดโหล	khùat lŏh
blik (conserven~)	กระป๋อง	grà-bpŏrng

flesopener (de)	ที่เปิดขวด	thêe bpèrt khùat
blikopener (de)	ที่เปิดกระป๋อง	thêe bpèrt grà-bpŏrng
kurkentrekker (de)	ที่เปิดจุก	thêe bpèrt jùk
filter (de/het)	ที่กรอง	thêe grorng
filteren (ww)	กรอง	grorng

huisvuil (het)	ขยะ	khà-yà
vuilnisemmer (de)	ถังขยะ	thăng khà-yà

98. Badkamer

badkamer (de)	ห้องน้ำ	hôrng náam
water (het)	น้ำ	nám
kraan (de)	ก๊อกน้ำ	gòk náam
warm water (het)	น้ำร้อน	nám rórn
koud water (het)	น้ำเย็น	nám yen

tandpasta (de)	ยาสีฟัน	yaa sĕe fan
tanden poetsen (ww)	แปรงฟัน	bpraeng fan
tandenborstel (de)	แปรงสีฟัน	bpraeng sĕe fan

zich scheren (ww)	โกน	gohn
scheercrème (de)	โฟมโกนหนวด	fohm gohn nùat
scheermes (het)	มีดโกน	mêet gohn

wassen (ww)	ล้าง	láang
een bad nemen	อาบ	àap

| douche (de) | ฝักบัว | fàk bua |
| een douche nemen | อาบน้ำฝักบัว | àap náam fàk bua |

bad (het)	อ่างอาบน้ำ	àang àap náam
toiletpot (de)	โถชักโครก	thŏh chák khrôhk
wastafel (de)	อางลางหนา	àang láang-nâa

| zeep (de) | สบู่ | sà-bòo |
| zeepbakje (het) | ที่ใสสบู่ | thêe sài sà-bòo |

spons (de)	ฟองน้ำ	forng náam
shampoo (de)	แชมพู	chaem-phoo
handdoek (de)	ผาเช็ดตัว	phâa chét dtua
badjas (de)	เสื้อคลุมอาบน้ำ	sêua khlum àap náam

was (bijv. handwas)	การซักผ้า	gaan sák phâa
wasmachine (de)	เครื่องซักผ้า	khrêuang sák phâa
de was doen	ซักผา	sák phâa
waspoeder (de)	ผงซักฟอก	phŏng sák-fôrk

99. Huishoudelijke apparaten

televisie (de)	ทีวี	thee-wee
cassettespeler (de)	เครื่องบันทึกเทป	khrêuang ban-théuk thâyp
videorecorder (de)	เครื่องบันทึกวิดีโอ	khrêuang ban-théuk wí-dee-oh
radio (de)	วิทยุ	wít-thá-yú
speler (de)	เครื่องเลน	khrêuang lên

videoprojector (de)	โปรเจ็คเตอร์	bproh-jèk-dtêr
home theater systeem (het)	เครื่องฉายภาพยนตรที่บาน	khhrêuang chăai phâap-phá yon thêe bâan
DVD-speler (de)	เครื่องเลน DVD	khrêuang lên dee-wee-dee
versterker (de)	เครื่องขยายเสียง	khrêuang khà-yǎai sǐang
spelconsole (de)	เครื่องเกมคอนโซล	khrêuang gaym khorn sohn

videocamera (de)	กล้องถ่ายวิดีโอ	glôrng thàai wí-dee-oh
fotocamera (de)	กลองถายรูป	glôrng thàai rôop
digitale camera (de)	กลองดิจิตอล	glôrng dì-jì-dton
stofzuiger (de)	เครื่องดูดฝุ่น	khrêuang dòot fùn
strijkijzer (het)	เตารีด	dtao rêet
strijkplank (de)	กระดานรองรีด	grà-daan rorng rêet

telefoon (de)	โทรศัพท์	thoh-rá-sàp
mobieltje (het)	มือถือ	meu thěu
schrijfmachine (de)	เครื่องพิมพ์ดีด	khrêuang phim dèet
naaimachine (de)	จักรเย็บผา	jàk yép phâa

microfoon (de)	ไมโครโฟน	mai-khroh-fohn
koptelefoon (de)	หูฟัง	hŏo fang
afstandsbediening (de)	รีโมตทีวี	ree môht thee wee
CD (de)	CD	see-dee
cassette (de)	เทป	thâyp
vinylplaat (de)	จานเสียง	jaan sǐang

100. Reparaties. Renovatie

renovatie (de)	การซ่อมแซม	gaan sôrm saem
renoveren (ww)	ซ่อมแซม	sôrm saem
repareren (ww)	ซ่อมแซม	sôrm saem
op orde brengen	สะสาง	sà-săang
overdoen (ww)	ทำใหม่	tham mài

verf (de)	สี	sĕe
verven (muur ~)	ทาสี	thaa sĕe
schilder (de)	ช่างทาสีบ้าน	châang thaa sĕe bâan
kwast (de)	แปรงทาสี	bpraeng thaa sĕe

kalk (de)	สารฟอกขาว	săan fôrk khăao
kalken (ww)	ฟอกขาว	fôrk khăao

behang (het)	วอลเปเปอร์	worn-bpay-bper
behangen (ww)	ติดวอลเปเปอร์	dtìt wor lá-bpay-bper
lak (de/het)	น้ำมันชักเงา	náam man chák ngao
lakken (ww)	เคลือบ	khlêuap

101. Loodgieterswerk

water (het)	น้ำ	nám
warm water (het)	น้ำร้อน	nám rórn
koud water (het)	น้ำเย็น	nám yen
kraan (de)	ก๊อกน้ำ	gòk náam

druppel (de)	หยด	yòt
druppelen (ww)	ตุก	dtòk
lekken (een lek hebben)	รั่ว	rûa
lekkage (de)	การรั่ว	gaan rûa
plasje (het)	หลมน้ำ	lòm nám

buis, leiding (de)	ท่อ	thôr
stopkraan (de)	วาล์ว	waao
verstopt raken (ww)	อุดตัน	ùt dtan
gereedschap (het)	เครื่องมือ	khrêuang meu
Engelse sleutel (de)	ประแจคอม้า	bprà-jae kor máa
losschroeven (ww)	คลายเกลียวออก	khlaai glieow òrk
aanschroeven (ww)	ขันให้แน่น	khăn hâi nâen

ontstoppen (riool, enz.)	แก้การอุดตัน	gâe gaan ùt dtan
loodgieter (de)	ช่างประปา	châang bprà-bpaa
kelder (de)	ชั้นใต้ดิน	chán dtâi din
riolering (de)	ระบบท่อน้ำทิ้ง	rá-bòp thôr náam thíng

102. Brand. Vuurzee

brand (de)	ไฟไหม้	fai mâi
vlam (de)	เปลวไฟ	bpleo fai

vonk (de)	ประกายไฟ	bprà-gaai fai
rook (de)	ควัน	khwan
fakkel (de)	คบเพลิง	khóp phlerng
kampvuur (het)	กองไฟ	gorng fai

benzine (de)	น้ำมันเชื้อเพลิง	nám man chéua phlerng
kerosine (de)	น้ำมันก๊าด	nám man gáat
brandbaar (bn)	ติดไฟได้	dtìt fai dâai
ontplofbaar (bn)	ที่ระเบิดได้	thêe rá-bèrt dâai
VERBODEN TE ROKEN!	ห้ามสูบบุหรี่	hâam sòop bù rèe

veiligheid (de)	ความปลอดภัย	khwaam bplòrt phai
gevaar (het)	อันตราย	an-dtà-raai
gevaarlijk (bn)	อันตราย	an-dtà-raai

in brand vliegen (ww)	ติดไฟ	dtìt fai
explosie (de)	การระเบิด	gaan rá-bèrt
in brand steken (ww)	เผา	phǎo
brandstichter (de)	ผู้ลอบวางเพลิง	phôo lôp waang phlerng
brandstichting (de)	การลอบวางเพลิง	gaan lôp waang phlerng

vlammen (ww)	ไฟลุกโชน	fai lúk-chohn
branden (ww)	ไหม้	mâi
afbranden (ww)	เผาให้ราบ	phǎo hâi râap

de brandweer bellen	เรียกนักดับเพลิง	rîak nák dàp phlerng
brandweerman (de)	นักดับเพลิง	nák dàp phlerng
brandweerwagen (de)	รถดับเพลิง	rót dàp phlerng
brandweer (de)	สถานีดับเพลิง	sà-thǎa-nee dàp phlerng
uitschuifbare ladder (de)	บันไดรถดับเพลิง	ban-dai rót dàp phlerng

brandslang (de)	ท่อดับเพลิง	thôr dàp phlerng
brandblusser (de)	ที่ดับเพลิง	thêe dàp phlerng
helm (de)	หมวกนิรภัย	mùak ní-rá-phai
sirene (de)	สัญญาณเตือนภัย	sǎn-yaan dteuan phai

roepen (ww)	ร้อง,	rórng
hulp roepen	ขอช่วย	khǒr chûay
redder (de)	นักกู้ภัย	nák gôo phai
redden (ww)	ช่วยชีวิต	chûay chee-wít

aankomen (per auto, enz.)	มา	maa
blussen (ww)	ดับเพลิง	dàp phlerng
water (het)	น้ำ	nám
zand (het)	ทราย	saai

ruïnes (mv.)	ซาก	sâak
instorten (gebouw, enz.)	ถล่ม	thà-lòm
ineenstorten (ww)	ถล่มทลาย	thà-lòm thá-laai
inzakken (ww)	ถลม	thà-lòm

brokstuk (het)	ส่วนสะเก็ด	sùan sà-gèt
as (de)	ขี้เถา	khêe thâo

verstikken (ww)	ขาดอากาศตาย	khàat aa-gàat dtaai
omkomen (ww)	เสียชีวิต	sǐa chee-wít

MENSELIJKE ACTIVITEITEN

Baan. Business. Deel 1

103. Kantoor. Op kantoor werken

kantoor (het)	สำนักงาน	săm-nák ngaan
kamer (de)	หองทำงาน	hôrng tham ngaan
receptie (de)	แผนกตอนรับ	phà-nàek dtôrn ráp
secretaris (de)	เลขา	lay-khăa
secretaresse (de)	เลขา	lay-khăa
directeur (de)	ผูอำนวยการ	phôo am-nuay gaan
manager (de)	ผูจัดการ	phôo jàt gaan
boekhouder (de)	คนทำบัญชี	khon tham ban-chee
werknemer (de)	พนักงาน	phá-nák ngaan
meubilair (het)	เครื่องเรือน	khrêuang reuan
tafel (de)	โตะ	dtó
bureaustoel (de)	เกาอี้สำนักงาน	gâo-êe săm-nák ngaan
ladeblok (het)	ตูมีลิ้นชัก	dtôo mee lín chák
kapstok (de)	ไมแขวนเสื้อ	mái khwăen sêua
computer (de)	คอมพิวเตอร	khorm-phiw-dtêr
printer (de)	เครื่องพิมพ	khrêuang phim
fax (de)	เครื่องโทรสาร	khrêuang thoh-rá-săan
kopieerapparaat (het)	เครื่องอัดสำเนา	khrêuang àt săm-nao
papier (het)	กระดาษ	grà-dàat
kantoorartikelen (mv.)	เครื่องใช สำนักงาน	khrêuang chái săm-nák ngaan
muismat (de)	แผนรองเมาส	phàen rorng mao
blad (het)	ใบ	bai
ordner (de)	แฟม	fáem
catalogus (de)	บัญชีรายชื่อ	ban-chee raai chêu
telefoongids (de)	สมุดโทรศัพท	sà-mùt thoh-rá-sàp
documentatie (de)	เอกสาร	àyk săan
brochure (de)	โบรชัวร	broh-chua
flyer (de)	ใบปลิว	bai bpliw
monster (het), staal (de)	ตัวอยาง	dtua yàang
training (de)	การประชุมฝึกอบรม	gaan bprà-chum fèuk òp-rom
vergadering (de)	การประชุม	gaan bprà-chum
lunchpauze (de)	การพักเที่ยง	gaan phák thîang
een kopie maken	ทำสำเนา	tham săm-nao
de kopieën maken	ทำสำเนาหลายฉบับ	tham săm-nao lăai chà-bàp
een fax ontvangen	รับโทรสาร	ráp thoh-rá-săan

een fax versturen	ส่งโทรสาร	sòng thoh-rá-săan
opbellen (ww)	โทรศัพท์	thoh-rá-sàp
antwoorden (ww)	รับสาย	ráp săai
doorverbinden (ww)	โอนสาย	ohn săai

afspreken (ww)	นัด	nát
demonstreren (ww)	สาธิต	săa-thít
absent zijn (ww)	ขาด	khàat
afwezigheid (de)	การขาด	gaan khàat

104. Bedrijfsprocessen. Deel 1

| bedrijf (business) | ธุรกิจ | thú-rá gìt |
| zaak (de), beroep (het) | อาชีพ | aa-chêep |

firma (de)	บริษัท	bor-rí-sàt
bedrijf (maatschap)	บริษัท	bor-rí-sàt
corporatie (de)	บริษัท	bor-rí-sàt
onderneming (de)	บริษัท	bor-rí-sàt
agentschap (het)	สำนักงาน	săm-nák ngaan

overeenkomst (de)	ข้อตกลง	khôr dtòk long
contract (het)	สัญญา	săn-yaa
transactie (de)	ขอตกลง	khôr dtòk long
bestelling (de)	การสั่ง	gaan sàng
voorwaarde (de)	เงื่อนไข	ngêuan khăi

in het groot (bw)	ขายสูง	khăai sòng
groothandels- (abn)	ขายสง	khăai sòng
groothandel (de)	การขายสง	gaan khăai sòng
kleinhandels- (abn)	ขายปลีก	khăai bplèek
kleinhandel (de)	การขายปลีก	gaan khăai bplèek

concurrent (de)	คู่แข่ง	khôo khàeng
concurrentie (de)	การแข่งขัน	gaan khàeng khăn
concurreren (ww)	แข่งขัน	khàeng khăn

| partner (de) | พันธมิตร | phan-thá-mít |
| partnerschap (het) | หางหุนสวน | hâang hûn sùan |

crisis (de)	วิกฤติ	wí-grìt
bankroet (het)	การล้มละลาย	gaan lóm lá-laai
bankroet gaan (ww)	ล้มละลาย	lóm lá-laai
moeilijkheid (de)	ความยากลำบาก	khwaam yâak lam-bàak
probleem (het)	ปัญหา	bpan-hăa
catastrofe (de)	ความหายนะ	khwaam hăa-yá-ná

economie (de)	เศรษฐกิจ	sàyt-thà-gìt
economisch (bn)	ทางเศรษฐกิจ	thaang sàyt-thà-gìt
economische recessie (de)	เศรษฐกิจถดถอย	sàyt-thà-gìt thòt thŏi

doel (het)	เป้าหมาย	bpâo măai
taak (de)	งาน	ngaan
handelen (handel drijven)	แลกเปลี่ยน	lâek bplìan

netwerk (het)	เครือข่าย	khreua khàai
voorraad (de)	คลังสินค้า	khlang sĭn kháa
assortiment (het)	ประเภทสินค้า ตางๆ	bprà-phâyt sĭn kháa dtàang dtàang

leider (de)	ผู้นำ	phôo nam
groot (bn)	ขนาดใหญ่	khà-nàat yài
monopolie (het)	การผูกขาด	gaan phòok khàat

theorie (de)	ทฤษฎี	thrít-sà-dee
praktijk (de)	การดำเนินการ	gaan dam-nern gaan
ervaring (de)	ประสบการณ์	bprà-sòp gaan
tendentie (de)	แนวโน้ม	naew nóhm
ontwikkeling (de)	การพัฒนา	gaan phát-thá-naa

105. Bedrijfsprocessen. Deel 2

| voordeel (het) | กำไร | gam-rai |
| voordelig (bn) | กำไร | gam-rai |

delegatie (de)	คณะผู้แทน	khá-ná phôo thaen
salaris (het)	เงินเดือน	ngern deuan
corrigeren (fouten ~)	แก้ไข	gâe khăi
zakenreis (de)	การเดินทางไปทำธุรกิจ	gaan dern taang bpai tham thú-rá gìt
commissie (de)	คณะ	khá-ná

controleren (ww)	ควบคุม	khûap khum
conferentie (de)	งานประชุม	ngaan bprà-chum
licentie (de)	ใบอนุญาต	bai a-nú-yâat
betrouwbaar (partner, enz.)	พึ่งพาได้	phêung phaa dâai

aanzet (de)	การริเริ่ม	gaan rí-rêrm
norm (bijv. ~ stellen)	มาตรฐาน	mâat-dtrà-thăan
omstandigheid (de)	ภาวะ	phaa-wá
taak, plicht (de)	หน้าที่	nâa thêe

organisatie (bedrijf, zaak)	องค์การ	ong gaan
organisatie (proces)	การจัด	gaan jàt
georganiseerd (bn)	ที่ถูกจัด	thêe thòok jàt
afzegging (de)	การยกเลิก	gaan yók lêrk
afzeggen (ww)	ยกเลิก	yók lêrk
verslag (het)	รายงาน	raai ngaan

patent (het)	สิทธิบัตร	sìt-thí bàt
patenteren (ww)	จดสิทธิบัตร	jòt sìt-thí bàt
plannen (ww)	วางแผน	waang phăen

premie (de)	โบนัส	boh-nát
professioneel (bn)	ทางวิชาชีพ	thaang wí-chaa chêep
procedure (de)	กระบวนการ	grà-buan gaan

| onderzoeken (contract, enz.) | ปรึกษาหารือ | bprèuk-săa hăa-reu |
| berekening (de) | การนับ | gaan náp |

reputatie (de)	ความมีหน้ามีตา	khwaam mee nâa mee dtaa
risico (het)	ความเสี่ยง	khwaam sìang
beheren (managen)	บริหาร	bor-rí-hǎan
informatie (de)	ขอมูล	khôr moon
eigendom (bezit)	ทรัพย์สิน	sáp sǐn
unie (de)	สหภาพ	sà-hà phâap
levensverzekering (de)	การประกันชีวิต	gaan bprà-gan chee-wít
verzekeren (ww)	ประกันภัย	bprà-gan phai
verzekering (de)	การประกันภัย	gaan bprà-gan phai
veiling (de)	กูรขายเลหลัง	gaan khǎai lay-lǎng
verwittigen (ww)	แจง	jâeng
beheer (het)	การบริหาร	gaan bor-rí-hǎan
dienst (de)	บริการ	bor-rí-gaan
forum (het)	การประชุมฟอรั่ม	gaan bprà-chum for-râm
functioneren (ww)	ดำเนินการ	dam-nern gaan
stap, etappe (de)	ขั้น	khân
juridisch (bn)	ทางกฎหมาย	thaang gòt mǎai
jurist (de)	ทนายความ	thá-naai khwaam

106. Productie. Werken

industriële installatie (fabriek)	โรงงาน	rohng ngaan
fabriek (de)	โรงงาน	rohng ngaan
werkplaatsruimte (de)	หองทำงาน	hôrng tham ngaan
productielocatie (de)	ที่ผลิต	thêe phà-lìt
industrie (de)	อุตสาหกรรม	út-saa há-gam
industrieel (bn)	ทางอุตสาหกรรม	thaang ùt-sǎa-hà-gam
zware industrie (de)	อุตสาหกรรมหนัก	ùt-sǎa-hà-gam nàk
lichte industrie (de)	อุตสาหกรรมเบา	ùt-sǎa-hà-gam bao
productie (de)	ผลิตภัณฑ์	phà-lìt-dtà-phan
produceren (ww)	ผลิต	phà-lìt
grondstof (de)	วัตถุดิบ	wát-thù dìp
voorman, ploegbaas (de)	คนคุมงาน	khon khum ngaan
ploeg (de)	ทีมคนงาน	theem khon ngaan
arbeider (de)	คนงาน	khon ngaan
werkdag (de)	วันทำงาน	wan tham ngaan
pauze (de)	หยุดพัก	yùt phák
samenkomst (de)	การประชุม	gaan bprà-chum
bespreken (spreken over)	หารือ	hǎa-reu
plan (het)	แผน	phǎen
het plan uitvoeren	ทำตามแผน	tham dtaam pǎen
productienorm (de)	อัตราผลลัพธ์	àt-dtraa phǒn láp
kwaliteit (de)	คุณภาพ	khun-ná-phâap
controle (de)	การควบคุม	gaan khûap khum
kwaliteitscontrole (de)	การควบคุม คุณภาพ	gaan khûap khum khun-ná-phâap

arbeidsveiligheid (de)	ความปลอดภัย ในที่ทำงาน	khwaam bplòrt phai nai thêe tham ngaan
discipline (de)	วินัย	wí-nai
overtreding (de)	การละเมิด	gaan lá-mêrt
overtreden (ww)	ละเมิด	lá-mêrt

staking (de)	การประท้วงหยุดงาน	gaan bprà-thúang yùt ngaan
staker (de)	ผู้ประท้วงหยุดงาน	phôo bprà-thúang yùt ngaan
staken (ww)	ประท้วงหยุดงาน	bprà-thúang yùt ngaan
vakbond (de)	สหภาพแรงงาน	sà-hà-phâap raeng ngaan

uitvinden (machine, enz.)	ประดิษฐ์	bprà-dìt
uitvinding (de)	สิ่งประดิษฐ์	sìng bprà-dìt
onderzoek (het)	การวิจัย	gaan wí-jai
verbeteren (beter maken)	ทำให้ดีขึ้น	tham hâi dee khêun
technologie (de)	เทคโนโลยี	thék-noh-loh-yee
technische tekening (de)	ภาพรางทางเทคนิค	phâap-râang thaang thék-nìk

vracht (de)	ของบรรทุก	khǒrng ban-thúk
lader (de)	คนงานยกของ	khon ngaan yók khǒrng
laden (vrachtwagen)	บรรทุก	ban-thúk
laden (het)	การบรรทุก	gaan ban-thúk
lossen (ww)	ขนออก	khǒn òrk
lossen (het)	การขนออก	gaan khǒn òrk

transport (het)	การขนส่ง	gaan khǒn sòng
transportbedrijf (de)	บริษัทขนส่ง	bor-rí-sàt khǒn sòng
transporteren (ww)	ขนส่ง	khǒn sòng

goederenwagon (de)	ตู้รถไฟรถ	dtôo rót fai
tank (bijv. ketelwagen)	ถัง	thǎng
vrachtwagen (de)	รถบรรทุก	rót ban-thúk

machine (de)	เครื่องมือกล	khrêuang meu gon
mechanisme (het)	กลไก	gon-gai

industrieel afval (het)	ของเสียจากโรงงาน	khǒrng sǐa jàak rohng ngaan
verpakking (de)	การทำหีบห่อ	gaan tham hèep hòr
verpakken (ww)	แพ็คหีบห่อ	pháek hèep hòr

107. Contract. Overeenstemming

contract (het)	สัญญา	sǎn-yaa
overeenkomst (de)	ข้อตกลง	khôr dtòk long
bijlage (de)	ภาคผนวก	phâak phà-nùak

een contract sluiten	ลงนามในสัญญา	long naam nai sǎn-yaa
handtekening (de)	ลายมือชื่อ	laai meu chêu
ondertekenen (ww)	ลงนาม	long naam
stempel (de)	ตราประทับ	dtraa bprà-tháp

voorwerp (het) van de overeenkomst	หัวข้อของสัญญา	hǔa khôr khǒrng sǎn-yaa
clausule (de)	ข้อ	khôr

partijen (mv.)	ฝ่าย	fàai
vestigingsadres (het)	ที่อยู่ตามกฎหมาย	thêe yòo dtaam gòt măai

het contract verbreken (overtreden)	การละเมิดสัญญา	gaan lá-mêrt săn-yaa
verplichting (de)	พันธสัญญา	phan-thá-săn-yaa
verantwoordelijkheid (de)	ความรับผิดชอบ	khwaam ráp phìt chôp
overmacht (de)	เหตุสุดวิสัย	hàyt sùt wí-săi
geschil (het)	ความขัดแย้ง	khwaam khàt yáeng
sancties (mv.)	บทลงโทษ	bòt long thôht

108. Import & Export

import (de)	การนำเข้า	gaan nam khâo
importeur (de)	ผู้นำเข้า	phôo nam khâo
importeren (ww)	นำเข้า	nam khâo
import- (abn)	นำเข้า	nam khâo

uitvoer (export)	การส่งออก	gaan sòng òrk
exporteur (de)	ผู้สงออก	phôo sòng òrk
exporteren (ww)	สงออก	sòng òrk
uitvoer- (bijv., ~goederen)	สงออก	sòng òrk

goederen (mv.)	สินค้า	sĭn kháa
partij (de)	สินค้าที่ส่งไป	sĭn kháa thêe sòng bpai

gewicht (het)	น้ำหนัก	nám nàk
volume (het)	ปริมาณ	bpà-rí-maan
kubieke meter (de)	ลูกบาศก์เมตร	lôok bàat máyt

producent (de)	ผู้ผลิต	phôo phà-lìt
transportbedrijf (de)	บริษัทขนส่ง	bor-rí-sàt khŏn sòng
container (de)	ตู้คอนเทนเนอร์	dtôo khorn thay ná-ner

grens (de)	ชายแดน	chaai daen
douane (de)	ด่านศุลกากร	dàan sŭn-lá-gaa-gon
douanerecht (het)	ภาษีศุลกากร	phaa-sĕe sŭn-lá-gaa-gon
douanier (de)	เจ้าหน้าที่ศุลกากร	jâo nâa-thêe sŭn-lá-gaa-gon
smokkelen (het)	การลักลอบ	gaan lák-lôrp
smokkelwaar (de)	สินค้าที่ผิดกฎหมาย	sĭn kháa thêe phìt gòt măai

109. Financiën

aandeel (het)	หุ้น	hûn
obligatie (de)	ตราสารหนี้	dtraa săan nêe
wissel (de)	ตั๋วสัญญาใช้เงิน	dtŭa săn-yaa chái ngern

beurs (de)	ตลาดหลักทรัพย์	dtà-làat làk sáp
aandelenkoers (de)	ราคาหุ้น	raa-khaa hûn

dalen (ww)	ถูกลง	thòok long
stijgen (ww)	แพงขึ้น	phaeng khêun

| deel (het) | ปันผล | bpan phŏn |
| meerderheidsbelang (het) | ส่วนได้เสียที่
มีอำนาจควบคุม | sùan dâai sĭa têe
mee am-nâat khûap khum |

investeringen (mv.)	การลงทุน	gaan long thun
investeren (ww)	ลงทุน	long thun
procent (het)	เปอร์เซ็นต์	bper-sen
rente (de)	ดอกเบี้ย	dòrk bîa

winst (de)	กำไร	gam-rai
winstgevend (bn)	ได้กำไร	dâai gam-rai
belasting (de)	ภาษี	phaa-sĕe

valuta (vreemde ~)	สกุลเงิน	sà-gun ngern
nationaal (bn)	แห่งชาติ	hàeng châat
ruil (de)	การแลกเปลี่ยน	gaan lâek bplìan

| boekhouder (de) | นักบัญชี | nák ban-chee |
| boekhouding (de) | การทำบัญชี | gaan tham ban-chee |

bankroet (het)	การล้มละลาย	gaan lóm lá-laai
ondergang (de)	การพังพินาศ	gaan phang phí-nâat
faillissement (het)	ความพินาศ	khwaam phí-nâat
geruïneerd zijn (ww)	ล้มละลาย	lóm lá-laai
inflatie (de)	เงินเฟ้อ	ngern fér
devaluatie (de)	การลดค่าเงิน	gaan lót khâa ngern

kapitaal (het)	เงินทุน	ngern thun
inkomen (het)	รายได้	raai dâai
omzet (de)	การหมุนเวียน	gaan mŭn wian
middelen (mv.)	ทรัพยากร	sáp-pá-yaa-gon
financiële middelen (mv.)	แหล่งเงินทุน	làeng ngern thun

| operationele kosten (mv.) | ค่าใช้จ่าย | khâa chái jàai |
| reduceren (kosten ~) | ลด | lót |

110. Marketing

marketing (de)	การตลาด	gaan dtà-làat
markt (de)	ตลาด	dtà-làat
marktsegment (het)	ส่วนตลาด	sùan dtà-làat
product (het)	ผลิตภัณฑ์	phà-lìt-dtà-phan
goederen (mv.)	สินค้า	sĭn kháa

merk (het)	ยี่ห้อ	yêe hôr
handelsmerk (het)	เครื่องหมายการค้า	khrêuang măai gaan kháa
beeldmerk (het)	โลโก้	loh-gôh
logo (het)	โลโก้	loh-gôh

vraag (de)	อุปสงค์	u-bpà-sŏng
aanbod (het)	อุปทาน	u-bpà-thaan
behoefte (de)	ความต้องการ	khwaam dtôrng gaan
consument (de)	ผู้บริโภค	phôo bor-rí-phôhk
analyse (de)	การวิเคราะห์	gaan wí-khrór

analyseren (ww)	วิเคราะห์	wí-khrór
positionering (de)	การวางตำแหน่ง ผลิตภัณฑ	gaan waang dtam-nàeng phà-lìt-dtà-phan
positioneren (ww)	วางตำแหน่ง ผลิตภัณฑ	waang dtam-nàeng phà-lìt-dtà-phan
prijs (de)	ราคา	raa-khaa
prijspolitiek (de)	นโยบาย การตั้งราคา	ná-yoh-baai gaan dtâng raa-khaa
prijsvorming (de)	การตั้งราคา	gaan dtâng raa-khaa

111. Reclame

reclame (de)	การโฆษณา	gaan khôht-sà-naa
adverteren (ww)	โฆษณา	khôht-sà-naa
budget (het)	งบประมาณ	ngóp bprà-maan
advertentie, reclame (de)	การโฆษณา	gaan khôht-sà-naa
TV-reclame (de)	การโฆษณา ทางทีวี	gaan khôht-sà-naa thaang thee wee
radioreclame (de)	การโฆษณา ทางวิทยุ	gaan khôht-sà-naa thaang wít-thá-yú
buitenreclame (de)	การโฆษณา แบบกลางแจง	gaan khôht-sà-naa bàep glaang jâeng
massamedia (de)	สื่อสารมวลชน	sèu sǎan muan chon
periodiek (de)	หนังสือรายคาบ	nǎng-sěu raai khâap
imago (het)	ภาพลักษณ์	phâap-lák
slagzin (de)	คำขวัญ	kham khwǎn
motto (het)	คติพจน์	khá-dtì phót
campagne (de)	การรณรงค์	gaan ron-ná-rorng
reclamecampagne (de)	การรณรงค์ โฆษณา	gaan ron-ná-rorng khôht-sà-naa
doelpubliek (het)	กลุ่มเป้าหมาย	glùm bpâo-mǎai
visitekaartje (het)	นามบัตร	naam bàt
flyer (de)	ใบปลิว	bai bpliw
brochure (de)	โบรชัวร์	broh-chua
folder (de)	แผ่นพับ	phàon pháp
nieuwsbrief (de)	จดหมายข่าว	jòt mǎai khàao
gevelreclame (de)	ป้ายร้าน	bpâai ráan
poster (de)	โปสเตอร์	bpòht-dtêr
aanplakbord (het)	กระดานปิดประกาศ โฆษณา	grà-daan bpìt bprà-gàat khôht-sà-naa

112. Bankieren

bank (de)	ธนาคาร	thá-naa-khaan
bankfiliaal (het)	สาขา	sǎa-khǎa

bankbediende (de)	พนักงาน	phá-nák ngaan
	ธนาคาร	thá-naa-khaan
manager (de)	ผู้จัดการ	phôo jàt gaan

bankrekening (de)	บัญชีธนาคาร	ban-chee thá-naa-kaan
rekeningnummer (het)	หมายเลขบัญชี	mǎai lâyk ban-chee
lopende rekening (de)	กระแสรายวัน	grà-sǎe raai wan
spaarrekening (de)	บัญชีออมทรัพย์	ban-chee orm sáp

een rekening openen	เปิดบัญชี	bpèrt ban-chee
de rekening sluiten	ปิดบัญชี	bpìt ban-chee
op rekening storten	ฝากเงินเข้าบัญชี	fàak ngern khâo ban-chee
opnemen (ww)	ถอน	thǒrn

storting (de)	การฝาก	gaan fàak
een storting maken	ฝาก	fàak
overschrijving (de)	การโอนเงิน	gaan ohn ngern
een overschrijving maken	โอนเงิน	ohn ngern

| som (de) | จำนวนเงินรวม | jam-nuan ngern ruam |
| Hoeveel? | เท่าไหร่? | thâo rài |

| handtekening (de) | ลายมือชื่อ | laai meu chêu |
| ondertekenen (ww) | ลงนาม | long naam |

kredietkaart (de)	บัตรเครดิต	bàt khray-dìt
code (de)	รหัส	rá-hàt
kredietkaartnummer (het)	หมายเลขบัตรเครดิต	mǎai lâyk bàt khray-dìt
geldautomaat (de)	เอทีเอ็ม	ay-thee-em

cheque (de)	เช็ค	chék
een cheque uitschrijven	เขียนเช็ค	khǐan chék
chequeboekje (het)	สมุดเช็ค	sà-mùt chék

lening, krediet (de)	เงินกู้	ngern gôo
een lening aanvragen	ขอสินเชื่อ	khǒr sǐn chêua
een lening nemen	กู้เงิน	gôo ngern
een lening verlenen	ให้กู้เงิน	hâi gôo ngern
garantie (de)	การรับประกัน	gaan ráp bprà-gan

113. Telefoon. Telefoongesprek

telefoon (de)	โทรศัพท์	thoh-rá-sàp
mobieltje (het)	มือถือ	meu thěu
antwoordapparaat (het)	เครื่องพูดตอบ	khrêuang phôot dtòp

| bellen (ww) | โทรศัพท์ | thoh-rá-sàp |
| belletje (telefoontje) | การโทรศัพท์ | gaan thoh-rá-sàp |

een nummer draaien	หมุนหมายเลขโทรศัพท์	mǔn mǎai lâyk thoh-rá-sàp
Hallo!	สวัสดี!	sà-wàt-dee
vragen (ww)	ถาม	thǎam
antwoorden (ww)	รับสาย	ráp sǎai
horen (ww)	ได้ยิน	dâai yin

goed (bw)	ดี	dee
slecht (bw)	ไม่ดี	mâi dee
storingen (mv.)	เสียงรบกวน	sĭang róp guan

hoorn (de)	ตัวรับสัญญาณ	dtua ráp sǎn-yaan
opnemen (ww)	รับสาย	ráp sǎai
ophangen (ww)	วางสาย	waang sǎai

bezet (bn)	ไม่ว่าง	mâi wâang
overgaan (ww)	ดัง	dang
telefoonboek (het)	สมุดโทรศัพท์	sà-mùt thoh-rá-sàp

lokaal (bn)	ในประเทศ	nai bprà-thâyt
lokaal gesprek (het)	โทรในประเทศ	thoh nai bprà-thâyt
interlokaal (bn)	ระยะไกล	rá-yá glai
interlokaal gesprek (het)	โทรระยะไกล	thoh-rá-yá glai
buitenlands (bn)	ต่างประเทศ	dtàang bprà-thâyt
buitenlands gesprek (het)	โทรต่างประเทศ	thoh dtàang bprà-thâyt

114. Mobiele telefoon

mobieltje (het)	มือถือ	meu thěu
scherm (het)	หน้าจอ	nâa jor
toets, knop (de)	ปุ่ม	bpùm
simkaart (de)	ซิมการ์ด	sím gàat

batterij (de)	แบตเตอรี่	bàet-dter-rêe
leeg zijn (ww)	หมด	mòt
acculader (de)	ที่ชาร์จ	thêe châat

menu (het)	เมนู	may-noo
instellingen (mv.)	การตั้งค่า	gaan dtâng khâa
melodie (beltoon)	เสียงเพลง	sĭang phlayng
selecteren (ww)	เลือก	lêuak

rekenmachine (de)	เครื่องคิดเลข	khrêuang khít lâyk
voicemail (de)	ข้อความเสียง	khôr khwaam sĭang
wekker (de)	นาฬิกาปลุก	naa-lí-gaa bplùk
contacten (mv.)	รายชื่อผู้ติดต่อ	raai chêu phôo dtìt dtòr

| SMS-bericht (het) | ŞMS | es-e-mes |
| abonnee (de) | ผู้สมัครรับบริการ | phôo sà-màk ráp bor-rí-gaan |

115. Schrijfbehoeften

| balpen (de) | ปากกาลูกลื่น | bpàak gaa lôok lêun |
| vulpen (de) | ปากกาหมึกซึม | bpàak gaa mèuk seum |

potlood (het)	ดินสอ	din-sǒr
marker (de)	ปากกาเน้น	bpàak gaa náyn
viltstift (de)	ปากกาเมจิด	bpàak gaa may jìk
notitieboekje (het)	สมุดจด	sà-mùt jòt

agenda (boekje)	สมุดบันทึกรายวัน	sà-mùt ban-théuk raai wan
liniaal (de/het)	ไม้บรรทัด	máai ban-thát
rekenmachine (de)	เครื่องคิดเลข	khrêuang khít lâyk
gom (de)	ยางลบ	yaang lóp
punaise (de)	เป๊ก	bpáyk
paperclip (de)	ลวดหนีบกระดาษ	lûat nèep grà-dàat
lijm (de)	กาว	gaao
nietmachine (de)	ที่เย็บกระดาษ	thêe yép grà-dàat
perforator (de)	ที่เจาะรูกระดาษ	thêe jòr roo grà-dàat
potloodslijper (de)	ที่เหลาดินสอ	thêe lǎo din-sǒr

116. Verschillende soorten documenten

verslag (het)	รายการ	raai gaan
overeenkomst (de)	ข้อตกลง	khôr dtòk long
aanvraagformulier (het)	ใบสมัคร	bai sà-màk
origineel, authentiek (bn)	แท้	tháe
badge, kaart (de)	ป้ายชื่อ	bpâai chêu
visitekaartje (het)	นามบัตร	naam bàt
certificaat (het)	ใบรับรอง	bai ráp rorng
cheque (de)	เช็ค	chék
rekening (in restaurant)	คิดเงิน	khít ngern
grondwet (de)	รัฐธรรมนูญ	rát-thà-tham-má-noon
contract (het)	สัญญา	sǎn-yaa
kopie (de)	สำเนา	sǎm-nao
exemplaar (het)	ฉบับ	chà-bàp
douaneaangifte (de)	แบบฟอร์มการเสีย ภาษีศุลกากร	bàep form gaan sǐa phaa-sěe sǔn-lá-gaa-gon
document (het)	เอกสาร	àyk sǎan
rijbewijs (het)	ใบอนุญาตขับขี่	bai a-nú-yâat khàp khèe
bijlage (de)	ภาคผนวก	phâak phà-nùak
formulier (het)	แบบฟอร์ม	bàep form
identiteitskaart (de)	บัตรประจำตัว	bàt bprà-jam dtua
aanvraag (de)	คำร้องขอ	kham rórng khǒr
uitnodigingskaart (de)	บัตรเชิญ	bàt chern
factuur (de)	ใบกำกับสินค้า	bai gam-gàp sǐn kháa
wet (de)	กฎหมาย	gòt mǎai
brief (de)	จดหมาย	jòt mǎai
briefhoofd (het)	แบบฟอร์ม	bàep form
lijst (de)	รายชื่อ	raai chêu
manuscript (het)	ต้นฉบับ	dtôn chà-bàp
nieuwsbrief (de)	จดหมายข่าว	jòt mǎai khàao
briefje (het)	ขอความสั้นๆ	khôr khwaam sân sân
pasje (voor personeel, enz.)	บัตรผ่าน	bàt phàan
paspoort (het)	หนังสือเดินทาง	nǎng-sěu dern-thaang
vergunning (de)	ใบอนุญาต	bai a-nú-yâat
CV, curriculum vitae (het)	ประวัติย่อ	bprà-wàt yôr

schuldbekentenis (de)	รายการหนี้	raai gaan nêe
kwitantie (de)	ใบเสร็จ	bai sèt
bon (kassabon)	ใบเสร็จ	bai sèt
rapport (het)	รายงาน	raai ngaan

tonen (paspoort, enz.)	แสดง	sà-daeng
ondertekenen (ww)	ลงนาม	long naam
handtekening (de)	ลายมือชื่อ	laai meu chêu
stempel (de)	ตราประทับ	dtraa bprà-tháp
tekst (de)	ชุดความ	khôr khwaam
biljet (het)	ตั๋ว	dtǔa

doorhalen (doorstrepen)	ขีดฆ่า	khèet khâa
invullen (een formulier ~)	กรอก	gròrk

vrachtbrief (de)	รายการสินค้าขนส่ง	raai gaan sĭn kháa khŏn sòng
testament (het)	พินัยกรรม	phí-nai-gam

117. Soorten bedrijven

uitzendbureau (het)	สำนักงาน จัดหางาน	sǎm-nák ngaan jàt hǎa ngaan
bewakingsfirma (de)	บริษัทรักษา ความปลอดภัย	bor-rí-sàt rák-sǎa khwaam bplòrt phai
persbureau (het)	สำนักข่าว	sǎm-nák khàao
reclamebureau (het)	บริษัทโฆษณา	bor-rí-sàt khôht-sà-naa

antiek (het)	ของเก่า	khŏrng gào
verzekering (de)	การประกัน	gaan bprà-gan
naaiatelier (het)	รานตัดเสื้อ	ráan dtàt sêua

banken (mv.)	การธนาคาร	gaan thá-naa-khaan
bar (de)	บาร์	baa
bouwbedrijven (mv.)	การก่อสร้าง	gaan gòr sâang
juwelen (mv.)	เครื่องเพชรพลอย	khrêuang phét phloi
juwelier (de)	ชางทำเครื่อง เพชรพลอย	châang tham khrêuang phét phloi

wasserette (de)	โรงซักรีดผ้า	rohng sák rêet phâa
alcoholische dranken (mv.)	เครื่องดื่มแอลกอฮอล์	khrêuang dèum aen-gor-hor
nachtclub (de)	ไนทคลับ	nai-khláp
handelsbeurs (de)	ตลาดหลักทรัพย์	dtà-làat làk sáp
bierbrouwerij (de)	โรงงานตมเหลา	rohng ngaan dtôm lǎu
uitvaartcentrum (het)	บริษัทรับจัดงานศพ	bor-rí-sàt ráp jàt ngaan sòp

casino (het)	คาสิโน	khaa-sì-noh
zakencentrum (het)	ศูนย์ธุรกิจ	sǒon thú-rá gìt
bioscoop (de)	โรงภาพยนตร์	rohng phâap-phá-yon
airconditioning (de)	เครื่องปรับอากาศ	khrêuang bpràp-aa-gàat

handel (de)	การค้าขาย	gaan kháa kǎai
luchtvaartmaatschappij (de)	สายการบิน	sǎai gaan bin
adviesbureau (het)	การปรึกษา	gaan bprèuk-sǎa
koerierdienst (de)	บริการจัดสง	bor-rí-gaan jàt sòng

tandheelkunde (de)	คลินิกทันตกรรม	khlí-nìk than-ta-gam
design (het)	การออกแบบ	gaan òrk bàep
business school (de)	โรงเรียนธุรกิจ	rohng rian thú-rá gìt
magazijn (het)	โกดังเก็บสินค้า	goh-dang gèp sĭn kháa
kunstgalerie (de)	หอศิลป์	hŏr sĭn
ijsje (het)	ไอศกรีม	ai-sà-greem
hotel (het)	โรงแรม	rohng raem
vastgoed (het)	อสังหาริมทรัพย์	a-săng-hăa-rim-má-sáp
drukkerij (de)	สิ่งพิมพ์	sìng phim
industrie (de)	อุตสาหกรรม	út-saa há-gam
Internet (het)	อินเทอร์เน็ต	in-thêr-nét
investeringen (mv.)	การลงทุน	gaan long thun
krant (de)	หนังสือพิมพ์	năng-sĕu phim
boekhandel (de)	ร้านขายหนังสือ	ráan khăai năng-sĕu
lichte industrie (de)	อุตสาหกรรมเบา	ùt-săa-hà-gam bao
winkel (de)	ร้านค้า	ráan kháa
uitgeverij (de)	สำนักพิมพ์	săm-nák phim
medicijnen (mv.)	การแพทย์	gaan phâet
meubilair (het)	เครื่องเรือน	khrêuang reuan
museum (het)	พิพิธภัณฑ์	phí-phítha phan
olie (aardolie)	น้ำมัน	nám man
apotheek (de)	ร้านขายยา	ráan khăai yaa
farmacie (de)	เภสัชกรรม	phay-sàt-cha -gam
zwembad (het)	สระว่ายน้ำ	sà wâai náam
stomerij (de)	ร้านซักแห้ง	ráan sák hâeng
voedingswaren (mv.)	ผลิตภัณฑ์อาหาร	phà-lìt-dtà-phan aa hăan
reclame (de)	การโฆษณา	gaan khôht-sà-naa
radio (de)	วิทยุ	wít-thá-yú
afvalinzameling (de)	การเก็บขยะ	gaan gèp khà-yà
restaurant (het)	ร้านอาหาร	ráan aa-hăan
tijdschrift (het)	นิตยสาร	nít-dtà-yá-săan
schoonheidssalon (de/het)	ช่างเสริมสวย	châang sĕrm sŭay
financiële diensten (mv.)	บริการด้านการเงิน	bor-rí-gaan dâan gaan ngern
juridische diensten (mv.)	คนที่ปรึกษา ทางกฎหมาย	khon thêe bprèuk-săa thaang gòt măai
boekhouddiensten (mv.)	บริการทำบัญชี	bor-rí-gaan tham ban-chee
audit diensten (mv.)	บริการตรวจสอบบัญชี	bor-rí-gaan dtrùat sòrp ban-chee
sport (de)	กีฬา	gee-laa
supermarkt (de)	ซูเปอร์มาร์เก็ต	soo-bper-maa-gèt
televisie (de)	โทรทัศน์	thoh-rá-thát
theater (het)	โรงละคร	rohng lá-khon
toerisme (het)	การท่องเที่ยว	gaan thôrng thîeow
transport (het)	การขนส่ง	gaan khŏn sòng
postorderbedrijven (mv.)	การขายสินค้า ทางไปรษณีย์	gaan khăai sĭn kháa thaang bprai-sà-nee
kleding (de)	เสื้อผ้า	sêua phâa
dierenarts (de)	สัตวแพทย์	sàt phâet

105

Baan. Business. Deel 2

118. Show. Tentoonstelling

beurs (de)	งานแสดง	ngaan sà-daeng
vakbeurs, handelsbeurs (de)	งานแสดงสินค้า	ngaan sà-daeng sĭn kháa
deelneming (de)	การเข้าร่วม	gaan khâo rûam
deelnemen (ww)	เขาร่วมใน	khâo rûam nai
deelnemer (de)	ผู้เขารวม	phôo khâo rûam
directeur (de)	ผู้อำนวยการ	phôo am-nuay gaan
organisatiecomité (het)	สำนักงานผู้จัด	săm-nák ngaan phôo jàt
organisator (de)	ผู้จัด	phôo jàt
organiseren (ww)	จัด	jàt
deelnemingsaanvraag (de)	แบบฟอร์มลงทะเบียน	bàep form long thá-bian
invullen (een formulier ~)	กรอก	gròrk
details (mv.)	รายละเอียด	raai lá-ìat
informatie (de)	ขอมูล	khôr moon
prijs (de)	ราคา	raa-khaa
inclusief (bijv. ~ BTW)	รวมถึง	ruam thĕung
inbegrepen (alles ~)	รวม	ruam
betalen (ww)	จ่าย	jàai
registratietarief (het)	ค่าลงทะเบียน	khâa long thá-bian
ingang (de)	ทางเข้า	thaang khâo
paviljoen (het), hal (de)	ศาลา	săa-laa
registreren (ww)	ลงทะเบียน	long thá-bian
badge, kaart (de)	ป้ายชื่อ	bpâai chêu
beursstand (de)	บูธแสดงสินค้า	bòot sà-daeng sĭn kháa
reserveren (een stand ~)	จอง	jorng
vitrine (de)	ตู้โชว์สินค้า	dtôo choh sĭn kháa
licht (het)	ไฟรวมแสงบนเวที	fai ruam săeng bon way-thee
design (het)	การออกแบบ	gaan òrk bàep
plaatsen (ww)	วาง	waang
geplaatst zijn (ww)	ถูกตั้ง	thòok dtâng
distributeur (de)	ผู้จัดจำหน่าย	phôo jàt jam-nàai
leverancier (de)	ผู้จัดหา	phôo jàt hăa
leveren (ww)	จัดหา	jàt hăa
land (het)	ประเทศ	bprà-thâyt
buitenlands (bn)	ตางชาติ	dtàang châat
product (het)	ผลิตภัณฑ์	phà-lìt-dtà-phan
associatie (de)	สุมาคม	sà-maa khom
conferentiezaal (de)	ห้องประชุม	hôrng bprà-chum

| congres (het) | การประชุม | gaan bprà-chum |
| wedstrijd (de) | การแข่งขัน | gaan khàeng khǎn |

bezoeker (de)	ผู้เข้าร่วม	phôo khâo rûam
bezoeken (ww)	เข้าร่วม	khâo rûam
afnemer (de)	ลูกค้า	lôok kháa

119. Massamedia

krant (de)	หนังสือพิมพ์	nǎng-sěu phim
tijdschrift (het)	นิตยสาร	nít-dtà-yá-sǎan
pers (gedrukte media)	สื่อสิ่งพิมพ์	sèu sìng phim
radio (de)	วิทยุ	wít-thá-yú
radiostation (het)	สถานีวิทยุ	sà-thǎa-nee wít-thá-yú
televisie (de)	โทรทัศน์	thoh-rá-thát

presentator (de)	ผู้ประกาศข่าว	phôo bprà-gàat khàao
nieuwslezer (de)	ผู้ประกาศข่าว	phôo bprà-gàat khàao
commentator (de)	ผู้อธิบาย	phôo à-thí-baai

journalist (de)	นักข่าว	nák khàao
correspondent (de)	ผู้รายงานข่าว	phôo raai ngaan khàao
fotocorrespondent (de)	ช่างภาพ หนังสือพิมพ์	châang phâap nǎng-sěu phim
reporter (de)	ผู้รายงาน	phôo raai ngaan

| redacteur (de) | บรรณาธิการ | ban-naa-thí-gaan |
| chef-redacteur (de) | หัวหน้าบรรณาธิการ | hǔa nâa ban-naa-thí-gaan |

zich abonneren op	รับ	ráp
abonnement (het)	การรับ	gaan ráp
abonnee (de)	ผู้รับ	phôo ráp
lezen (ww)	อ่าน	àan
lezer (de)	ผู้อ่าน	phôo àan

oplage (de)	การเผยแพร่	gaan phǒie-phrâe
maand-, maandelijks (bn)	รายเดือน	raai deuan
wekelijks (bn)	รายสัปดาห์	raai sàp-daa
nummer (het)	ฉบับ	chà-bàp
vers (~ van de pers)	ใหม่	mài

kop (de)	ข่าวพาดหัว	khàao phâat hǔa
korte artikel (het)	บทความสั้นๆ	bòt khwaam sân sân
rubriek (de)	คอลัมน์	khor lam
artikel (het)	บทความ	bòt khwaam
pagina (de)	หน้า	nâa

reportage (de)	การรายงานข่าว	gaan raai ngaan khàao
gebeurtenis (de)	เหตุการณ์	hàyt gaan
sensatie (de)	ข่าวดัง	khàao dang
schandaal (het)	เรื่องอื้อฉาว	rêuang êu chǎao
schandalig (bn)	อื้อฉาว	êu chǎao
groot (~ schandaal, enz.)	ใหญ่	yài
programma (het)	รายการ	raai gaan

interview (het)	การสัมภาษณ์	gaan săm-phâat
live uitzending (de)	ถ่ายทอดสด	thàai thôrt sòt
kanaal (het)	ช่อง	chôrng

120. Landbouw

landbouw (de)	เกษตรกรรม	gà-sàyt-dtra -gam
boer (de)	ชาวนาผู้ชาย	chaao naa phôo chaai
boerin (de)	ชาวนาผู้หญิง	chaao naa phôo yǐng
landbouwer (de)	ชาวนา	chaao naa

| tractor (de) | รถแทร็คเตอร์ | rót tráek-dtêr |
| maaidorser (de) | เครื่องเก็บเกี่ยว | khrêuang gèp gìeow |

ploeg (de)	คันไถ	khan thǎi
ploegen (ww)	ไถ	thǎi
akkerland (het)	ที่ดินที่ไถพรวน	thêe din thêe thǎi phruan
voor (de)	ร่องดิน	rôrng din

zaaien (ww)	หว่าน	wàan
zaaimachine (de)	เครื่องหว่านเมล็ด	khrêuang wàan má-lét
zaaien (het)	การหว่าน	gaan wàan

| zeis (de) | เคียว | khieow |
| maaien (ww) | ถาง | thǎang |

| schop (de) | พลั่ว | phlûa |
| spitten (ww) | ขุด | khùt |

schoffel (de)	จอบ	jòrp
wieden (ww)	ถาก	thàak
onkruid (het)	วัชพืช	wát-chá-phêut

gieter (de)	กระป๋องรดน้ำ	grà-bpǒrng rót náam
begieten (water geven)	รดน้ำ	rót náam
bewatering (de)	การรดน้ำ	gaan rót nám

| riek, hooivork (de) | ส้อมเสียบ | sôrm sìap |
| hark (de) | คราด | khrâat |

kunstmest (de)	ปุ๋ย	bpǔi
bemesten (ww)	ใส่ปุ๋ย	sài bpǔi
mest (de)	ปุ๋ยคอก	bpǔi khôrk

veld (het)	ทุ่งนา	thûng naa
wei (de)	ทุ่งหญ้า	thûng yâa
moestuin (de)	สวนผัก	sǔan phàk
boomgaard (de)	สวนผลไม้	sǔan phǒn-lá-máai

weiden (ww)	เล็มหญ้า	lem yâa
herder (de)	คนเลี้ยงสัตว์	khon líang sàt
weiland (de)	ทุ่งเลี้ยงสัตว์	thûng líang sàt
veehouderij (de)	การขยายพันธุ์สัตว์	gaan khà-yǎai phan sàt
schapenteelt (de)	การขยายพันธุ์แกะ	gaan khà-yǎai phan gàe

plantage (de)	ที่เพาะปลูก	thêe phór bplòok
rijtje (het)	แถว	thăe
broeikas (de)	เรือนกระจกร้อน	reuan grà-jòk rón

| droogte (de) | ภัยแล้ง | phai láeng |
| droog (bn) | แล้ง | láeng |

graan (het)	ธัญพืช	than-yá-phêut
graangewassen (mv.)	ผลผลิตธัญพืช	phŏn phà-lìt than-yá-phêut
oogsten (ww)	เก็บเกี่ยว	gèp gìeow

molenaar (de)	เจ้าของโรงโม่	jâo khŏrng rohng môh
molen (de)	โรงสี	rohng sĕe
malen (graan ~)	โม่	môh
bloem (bijv. tarwebloem)	แป้ง	bpâeng
stro (het)	ฟาง	faang

121. Gebouw. Bouwproces

bouwplaats (de)	สถานที่ก่อสร้าง	sà-thăan thêe gòr sâang
bouwen (ww)	สร้าง	sâang
bouwvakker (de)	คนงานก่อสร้าง	khon ngaan gòr sâang

project (het)	โครงการ	khrohng gaan
architect (de)	สถาปนิก	sà-thăa-bpà-ník
arbeider (de)	คนงาน	khon ngaan

fundering (de)	รากฐาน	râak thăan
dak (het)	หลังคา	lăng khaa
heipaal (de)	เสาเข็ม	săo khĕm
muur (de)	กำแพง	gam-phaeng

| betonstaal (het) | เหล็กเส้นเสริมแรง | lèk sên sĕrm raeng |
| steigers (mv.) | นั่งราน | nâng ráan |

beton (het)	คอนกรีต	khorn-grèet
graniet (het)	หินแกรนิต	hĭn grae-nít
steen (de)	หิน	hĭn
baksteen (de)	อิฐ	ìt

zand (het)	ทราย	saai
cement (de/het)	ปูนซีเมนต์	bpoon see-mayn
pleister (het)	พลาสเตอร์	phláat-dtêr
pleisteren (ww)	ฉาบ	chàap

verf (de)	สี	sĕe
verven (muur ~)	ทาสี	thaa sĕe
ton (de)	ถัง	thăng

kraan (de)	ปั้นจั่น	bpân jàn
heffen, hijsen (ww)	ยก	yók
neerlaten (ww)	ลด	lót
bulldozer (de)	รถดันดิน	rót dan din
graafmachine (de)	รถขุด	rót khùt

graafbak (de)	ช้อนขุด	chórn khùt
graven (tunnel, enz.)	ขุด	khùt
helm (de)	หมวกนิรภัย	mùak ní-rá-phai

122. Wetenschap. Onderzoek. Wetenschappers

wetenschap (de)	วิทยาศาสตร์	wít-thá-yaa sàat
wetenschappelijk (bn)	ทางวิทยาศาสตร์	thaang wít-thá-yaa sàat
wetenschapper (de)	นักวิทยาศาสตร	nák wít-thá-yaa sàat
theorie (de)	ทฤษฎี	thrít-sà-dee

axioma (het)	สัจพจน์	sàt-jà-phót
analyse (de)	การวิเคราะห์	gaan wí-khrór
analyseren (ww)	วิเคราะห์	wí-khrór
argument (het)	ขอโต้แย้ง	khôr dtôh yáeng
substantie (de)	สาร	săan

hypothese (de)	สมมติฐาน	sŏm-mút thăan
dilemma (het)	โจทย์	jòht
dissertatie (de)	ปริญญานิพนธ์	bpà-rin-yaa ní-phon
dogma (het)	หลัก	làk

doctrine (de)	หลักคำสอน	làk kham sŏrn
onderzoek (het)	การวิจัย	gaan wí-jai
onderzoeken (ww)	วิจัย	wí-jai
toetsing (de)	การควบคุม	gaan khûap khum
laboratorium (het)	หองทดลอง	hông thót lorng

methode (de)	วิธี	wí-thee
molecule (de/het)	โมเลกูล	moh-lay-gun
monitoring (de)	การเฝ้าสังเกต	gaan fâo săng-gàyt
ontdekking (de)	การคนพบ	gaan khón phóp

postulaat (het)	สัจพจน์	sàt-jà-phót
principe (het)	หลักการ	làk gaan
voorspelling (de)	การคาดกวรณ์	gaan khâat gaan
een prognose maken	คาดการณ	khâat gaan

synthese (de)	การสังเคราะห์	gaan săng-khrór
tendentie (de)	แนวโน้ม	naew nóhm
theorema (het)	ทฤษฎีบท	thrít-sà-dee bòt

| leerstellingen (mv.) | คำสอน | kham sŏrn |
| feit (het) | ขอเท็จจริง | khôr thét jing |

| expeditie (de) | การสำรวจ | gaan săm-rùat |
| experiment (het) | การทดลอง | gaan thót lorng |

academicus (de)	นักวิชาการ	nák wí-chaa gaan
bachelor (bijv. BA, LLB)	บัณฑิต	ban-dìt
doctor (de)	ดุษฎีบัณฑิต	dùt-sà-dee ban-dìt
universitair docent (de)	รองศาสตราจารย์	rorng sàat-sà-dtraa-jaan
master, magister (de)	มหาบัณฑิต	má-hăa ban-dìt
professor (de)	ศาสตราจารย์	sàat-sà-dtraa-jaan

Beroepen en ambachten

123. Zoeken naar werk. Ontslag

baan (de)	งาน	ngaan
werknemers (mv.)	พนักงาน	phá-nák ngaan
personeel (het)	พนักงาน	phá-nák ngaan
carrière (de)	อาชีพ	aa-chêep
vooruitzichten (mv.)	โอกาส	oh-gàat
meesterschap (het)	ทักษะ	thák-sà
keuze (de)	การคัดเลือก	gaan khát lêuak
uitzendbureau (het)	สำนักงาน	sǎm-nák ngaan
	จัดหางาน	jàt hǎa ngaan
CV, curriculum vitae (het)	ประวัติย่อ	bprà-wàt yôr
sollicitatiegesprek (het)	สัมภาษณ์งาน	sǎm-phâat ngaan
vacature (de)	ตำแหน่งว่าง	dtam-nàeng wâang
salaris (het)	เงินเดือน	ngern deuan
vaste salaris (het)	เงินเดือน	ngern deuan
loon (het)	ค่าแรง	khâa raeng
betrekking (de)	ตำแหน่ง	dtam-nàeng
taak, plicht (de)	หน้าที่	nâa thêe
takenpakket (het)	หน้าที่	nâa thêe
bezig (~ zijn)	ไม่ว่าง	mâi wâang
ontslagen (ww)	ไล่ออก	lâi òrk
ontslag (het)	การไล่ออก	gaan lâi òrk
werkloosheid (de)	การว่างงาน	gaan wâang ngaan
werkloze (de)	คนว่างงาน	khon wâang ngaan
pensioen (het)	การเกษียณอายุ	gaan gà-sǐan aa-yú
met pensioen gaan	เกษียณ	gà-sǐan

124. Zakenmensen

directeur (de)	ผู้อำนวยการ	phôo am-nuay gaan
beheerder (de)	ผู้จัดการ	phôo jàt gaan
hoofd (het)	หัวหน้า	hǔa-nâa
baas (de)	ผู้บังคับบัญชา	phôo bang-kháp ban-chaa
superieuren (mv.)	คณะผู้บังคับ	khá-ná phôo bang-kháp
	บัญชา	ban-chaa
president (de)	ประธานาธิปดี	bprà-thaa-naa-thí-bor-dee
voorzitter (de)	ประธาน	bprà-thaan
adjunct (de)	รอง	rorng

assistent (de)	ผู้ช่วย	phôo chûay
secretaris (de)	เลขา	lay-khǎa
persoonlijke assistent (de)	ผู้ช่วยส่วนบุคคล	phôo chûay sùan bùk-khon
zakenman (de)	นักธุรกิจ	nák thú-rá-gìt
ondernemer (de)	ผู้ประกอบการ	phôo bprà-gòp gaan
oprichter (de)	ผู้ก่อตั้ง	phôo gòr dtâng
oprichten	ก่อตั้ง	gòr dtâng
(een nieuw bedrijf ~)		
stichter (de)	ผู้ก่อตั้ง	phôo gòr dtâng
partner (de)	หุ้นส่วน	hûn sùan
aandeelhouder (de)	ผู้ถือหุ้น	phôo thěu hûn
miljonair (de)	เศรษฐีเงินล้าน	sàyt-thěe ngern láan
miljardair (de)	มหาเศรษฐี	má-hǎa sàyt-thěe
eigenaar (de)	เจ้าของ	jâo khǒrng
landeigenaar (de)	เจ้าของที่ดิน	jâo khǒrng thêe din
klant (de)	ลูกค้า	lôok kháa
vaste klant (de)	ลูกค้าประจำ	lôok kháa bprà-jam
koper (de)	ลูกค้า	lôok kháa
bezoeker (de)	ผู้เข้าร่วม	phôo khâo rûam
professioneel (de)	ผู้เป็นมืออาชีพ	phôo bpen meu aa-chêep
expert (de)	ผู้เชี่ยวชาญ	phôo chîeow-chaan
specialist (de)	ผู้ชำนาญ	phôo cham-naan
	เฉพาะทาง	chà-phó thaang
bankier (de)	พนักงาน	phá-nák ngaan
	ธนาคาร	thá-naa-khaan
makelaar (de)	นายหน้า	naai nâa
kassier (de)	แคชเชียร์	khâet chia
boekhouder (de)	นักบัญชี	nák ban-chee
bewaker (de)	ยาม	yaam
investeerder (de)	ผู้ลงทุน	phôo long thun
schuldenaar (de)	ลูกหนี้	lôok nêe
crediteur (de)	เจ้าหนี้	jâo nêe
lener (de)	ผู้ยืม	phôo yeum
importeur (de)	ผู้นำเข้า	phôo nam khâo
exporteur (de)	ผู้ส่งออก	phôo sòng òrk
producent (de)	ผู้ผลิต	phôo phà-lìt
distributeur (de)	ผู้จัดจำหน่าย	phôo jàt jam-nàai
bemiddelaar (de)	คนกลาง	khon glaang
adviseur, consulent (de)	ที่ปรึกษา	thêe bprèuk-sǎa
vertegenwoordiger (de)	พนักงานขาย	phá-nák ngaan khǎai
agent (de)	ตัวแทน	dtua thaen
verzekeringsagent (de)	ตัวแทนประกัน	dtua thaen bprà-gan

125. Dienstverlenende beroepen

kok (de)	ดูแครัว	khon khrua
chef-kok (de)	กุก	gúk
bakker (de)	ช่างอบขนมปัง	châang òp khà-nŏm bpang
barman (de)	บาร์เทนเดอร์	baa-thayn-dêr
kelner, ober (de)	พนักงานเสิร์ฟชาย	phá-nák ngaan sèrf chaai
serveerster (de)	พนักงานเสิร์ฟหญิง	phá-nák ngaan sèrf yĭng
advocaat (de)	ทนายความ	thá-naai khwaam
jurist (de)	นักกฎหมาย	nák gòt măai
notaris (de)	พนักงานจดทะเบียน	phá-nák ngaan jòt thá-bian
elektricien (de)	ช่างไฟฟ้า	châang fai-fáa
loodgieter (de)	ช่างประปา	châang bprà-bpaa
timmerman (de)	ช่างไม้	châang máai
masseur (de)	หมอนวดชาย	mŏr nûat chaai
masseuse (de)	หมอนวดหญิง	mŏr nûat yĭng
dokter, arts (de)	แพทย์	phâet
taxichauffeur (de)	คนขับแท็กซี่	khon khàp tháek-sêe
chauffeur (de)	คนขับ	khon khàp
koerier (de)	คนสงของ	khon sòng khŏrng
kamermeisje (het)	แม่บ้าน	mâe bâan
bewaker (de)	ยาม	yaam
stewardess (de)	พนักงานต้อนรับ บนเครื่องบิน	phá-nák ngaan dtôrn ráp bon khrêuang bin
meester (de)	อาจารย์	aa-jaan
bibliothecaris (de)	บรรณารักษ์	ban-naa-rák
vertaler (de)	นักแปล	nák bplae
tolk (de)	ล่าม	lâam
gids (de)	มัคคุเทศก์	mák-khú-thâyt
kapper (de)	ช่างทำผม	châang tham phŏm
postbode (de)	บุรุษไปรษณีย์	bù-rùt bprai-sà-nee
verkoper (de)	คนขายของ	khon khăai khŏrng
tuinman (de)	ชาวสวน	chaao sŭan
huisbediende (de)	คนใช้	khon chái
dienstmeisje (het)	สาวใช้	săao chái
schoonmaakster (de)	คนทำความสะอาด	khon tham khwaam sà-àat

126. Militaire beroepen en rangen

soldaat (rang)	พลทหาร	phon-thá-hăan
sergeant (de)	สิบเอก	sìp àyk
luitenant (de)	ร้อยโท	rói thoh
kapitein (de)	ร้อยเอก	rói àyk
majoor (de)	พลตรี	phon-dtree

kolonel (de)	พันเอก	phan àyk
generaal (de)	นายพล	naai phon
maarschalk (de)	จอมพล	jorm phon
admiraal (de)	พลเรือเอก	phon reua àyk

militair (de)	ทางทหาร	thaang thá-hǎan
soldaat (de)	ทหาร	thá-hǎan
officier (de)	นายทหาร	naai thá-hǎan
commandant (de)	ผู้บัญชาการ	phôo ban-chaa gaan

grenswachter (de)	ยามเฝ้าชายแดน	yaam fâo chaai daen
marconist (de)	พลวิทยุ	phon wít-thá-yú
verkenner (de)	ทหารพราน	thá-hǎan phraan
sappeur (de)	ทหารช่าง	thá-hǎan châang
schutter (de)	พูลแมนปืน	phon mâen bpeun
stuurman (de)	ตนหน	dtôn hǒn

127. Ambtenaren. Priesters

| koning (de) | กษัตริย์ | gà-sàt |
| koningin (de) | ราชินี | raa-chí-nee |

| prins (de) | เจ้าชาย | jâo chaai |
| prinses (de) | เจาหญิง | jâo yǐng |

| tsaar (de) | ซาร์ | saa |
| tsarina (de) | ซารีนา | saa-ree-naa |

president (de)	ประธานาธิบดี	bprà-thaa-naa-thí-bor-dee
minister (de)	รัฐมนตรี	rát-thà-mon-dtree
eerste minister (de)	นายกรัฐมนตรี	naa-yók rát-thà-mon-dtree
senator (de)	สมาชิกวุฒิสภา	sà-maa-chík wút-thí sà-phaa

diplomaat (de)	นักการทูต	nák gaan thôot
consul (de)	กงสุล	gong-sǔn
ambassadeur (de)	เอกอัครราชทูต	àyk-gà-àk-krá-râat-chá-tôot
adviseur (de)	เจาหน้าที่การทูต	jâo nâa-thêe gaan thôot

ambtenaar (de)	ข้าราชการ	khâa râat-chá-gaan
prefect (de)	เจาหน้าที่	jâo nâa-thêe
burgemeester (de)	นายกเทศมนตรี	naa yók thâyt sà-mon-dtree

| rechter (de) | ผู้พิพากษา | phôo phí-phâak-sǎa |
| aanklager (de) | อัยการ | ai-yá-gaan |

| missionaris (de) | ผู้สอนศาสนา | phôo sǒrn sàat-sà-nǎa |
| monnik (de) | พระ | phrá |

| abt (de) | เจ้าอาวาส | jâo aa-wâat |
| rabbi, rabbijn (de) | พระในศาสนายิว | phrá nai sàat-sà-nǎa yiw |

vizier (de)	วีซีร์	wee see
sjah (de)	กษัตริย์อิหร่าน	gà-sàt i-ràan
sjeik (de)	หัวหน้าเผาอาหรับ	hǔa nâa phào aa-ràp

128. Agrarische beroepen

imker (de)	คนเลี้ยงผึ้ง	khon líang phêung
herder (de)	คนเลี้ยงปศุสัตว์	khon líang bpà-sù-sàt
landbouwkundige (de)	นักปฐพีวิทยา	nák bpà-tà-phee wít-thá-yaa
veehouder (de)	ผู้ขยายพันธุ์สัตว์	phôo khà-yǎai phan sàt
dierenarts (de)	สัตวแพทย์	sàt phâet
landbouwer (de)	ชาวนา	chaao naa
wijnmaker (de)	ผู้ผลิตไวน์	phôo phà-lìt wai
zoöloog (de)	นักสัตววิทยา	nák sàt wít-thá-yaa
cowboy (de)	โคบาล	khoh-baan

129. Kunst beroepen

acteur (de)	นักแสดงชาย	nák sà-daeng chaai
actrice (de)	นักแสดงหญิง	nák sà-daeng yǐng
zanger (de)	นักร้องชาย	nák rórng chaai
zangeres (de)	นักร้องหญิง	nák rórng yǐng
danser (de)	นักเต้นชาย	nák dtên chaai
danseres (de)	นักเต้นหญิง	nák dtên yǐng
artiest (mann.)	นักแสดงชาย	nák sà-daeng chaai
artiest (vrouw.)	นักแสดงหญิง	nák sà-daeng yǐng
muzikant (de)	นักดนตรี	nák don-dtree
pianist (de)	นักเปียโน	nák bpia noh
gitarist (de)	ผู้เล่นกีตาร์	phôo lên gee-dtâa
orkestdirigent (de)	ผู้ควบคุม	phôo khûap khum
	วงดนตรี	wong don-dtree
componist (de)	นักแต่งเพลง	nák dtàeng phlayng
impresario (de)	ผู้ควบคุม	phôo khûap khum
	การแสดง	gaan sà-daeng
filmregisseur (de)	ผู้กำกับ	phôo gam-gàp
	ภาพยนตร์	phâap-phá-yon
filmproducent (de)	ผู้อำนวยการสร้าง	phôo am-nuay gaan sâang
scenarioschrijver (de)	คนเขียนบท	khon khǐan bòt
	ภาพยนตร์	phâap-phá-yon
criticus (de)	นักวิจารณ์	nák wí-jaan
schrijver (de)	นักเขียน	nák khǐan
dichter (de)	นักกวี	nák gà-wee
beeldhouwer (de)	ช่างสลัก	châang sà-làk
kunstenaar (de)	ช่างวาดรูป	châang wâat rôop
jongleur (de)	นักมายากล	nák maa-yaa gon
	โยนของ	yohn khǒrng
clown (de)	ตัวตลก	dtua dtà-lòk
acrobaat (de)	นักกายกรรม	nák gaai-yá-gam
goochelaar (de)	นักเล่นกล	nák lên gon

130. Verschillende beroepen

dokter, arts (de)	แพทย์	phâet
ziekenzuster (de)	พยาบาล	phá-yaa-baan
psychiater (de)	จิตแพทย์	jìt-dtà-phâet
tandarts (de)	ทันตแพทย์	than-dtà phâet
chirurg (de)	ศัลยแพทย์	săn-yá-phâet
astronaut (de)	นักบินอวกาศ	nák bin a-wá-gàat
astronoom (de)	นักดาราศาสตร์	nák daa-raa sàat
piloot (de)	นักบิน	nák bin
chauffeur (de)	คนขับ	khon khàp
machinist (de)	คนขับรถไฟ	khon khàp rót fai
mecanicien (de)	ช่างเครื่อง	châang khrêuang
mijnwerker (de)	คนงานเหมือง	khon ngaan mĕuang
arbeider (de)	คนงาน	khon ngaan
bankwerker (de)	ช่างโลหะ	châang loh-hà
houtbewerker (de)	ช่างไม้	châang máai
draaier (de)	ช่างกลึง	châang gleung
bouwvakker (de)	คนงานก่อสร้าง	khon ngaan gòr sâang
lasser (de)	ช่างเชื่อม	châang chêuam
professor (de)	ศาสตราจารย์	sàat-sà-dtraa-jaan
architect (de)	สถาปนิก	sà-thăa-bpà-ník
historicus (de)	นักประวัติศาสตร์	nák bprà-wàt sàat
wetenschapper (de)	นักวิทยาศาสตร์	nák wít-thá-yaa sàat
fysicus (de)	นักฟิสิกส์	nák fí-sìk
scheikundige (de)	นักเคมี	nák khay-mee
archeoloog (de)	นักโบราณคดี	nák boh-raan-ná-khá-dee
geoloog (de)	นักธรณีวิทยา	nák thor-rá-nee wít-thá-yaa
onderzoeker (de)	ผู้วิจัย	phôo wí-jai
babysitter (de)	พี่เลี้ยงเด็ก	phêe líang dèk
leraar, pedagoog (de)	อาจารย์	aa-jaan
redacteur (de)	บรรณาธิการ	ban-naa-thí-gaan
chef-redacteur (de)	หัวหน้าบรรณาธิการ	hŭa nâa ban-naa-thí-gaan
correspondent (de)	ผู้สื่อข่าว	phôo sèu khàao
typiste (de)	พนักงานพิมพ์ดีด	phá-nák ngaan phim dèet
designer (de)	นักออกแบบ	nák òrk bàep
computerexpert (de)	ผู้เชียวชาญด้านคอมพิวเตอร์	pôo chîeow-chaan dâan khorm-piw-dtêr
programmeur (de)	นักเขียนโปรแกรม	nák khĭan bproh-graem
ingenieur (de)	วิศวกร	wít-sà-wá-gon
matroos (de)	กะลาสี	gà-laa-sĕe
zeeman (de)	คนเรือ	khon reua
redder (de)	นักกู้ภัย	nák gôo phai
brandweerman (de)	เจ้าหน้าที่ดับเพลิง	jâo nâa-thêe dàp phlerng
politieagent (de)	เจ้าหน้าที่ตำรวจ	jâo nâa-thêe dtam-rùat

| nachtwaker (de) | คนยาม | khon yaam |
| detective (de) | นักสืบ | nák sèup |

douanier (de)	เจ้าหน้าที่ศุลกากร	jâo nâa-thêe sŭn-lá-gaa-gon
lijfwacht (de)	ยูคุมกัน	phôo khúm gan
gevangenisbewaker (de)	ยูคุม	phôo khum
inspecteur (de)	ยูตรวจการ	phôo dtrùat gaan

sportman (de)	นักกีฬา	nák gee-laa
trainer (de)	โค้ช	khóht
slager, beenhouwer (de)	คนขายเนื้อ	khon khăai néua
schoenlapper (de)	คนซ่อมรองเท้า	khon sôrm rorng tháo
handelaar (de)	คนคา	khon kháa
lader (de)	คนงานยกของ	khon ngaan yók khŏrng

| kledingstilist (de) | นักออกแบบแฟชั่น | nák òrk bàep fae-chân |
| model (het) | นางแบบ | naang bàep |

131. Beroepen. Sociale status

| scholier (de) | นักเรียน | nák rian |
| student (de) | นักศึกษา | nák sèuk-săa |

filosoof (de)	นักปราชญ์	nák bpràat
econoom (de)	นักเศรษฐศาสตร์	nák sàyt-thà-sàat
uitvinder (de)	นักประดิษฐ์	nák bprà-dìt

werkloze (de)	ดูว่างงาน	khon wâang ngaan
gepensioneerde (de)	ผูเกษียณอายุ	phôo gà-sĭan aa-yú
spion (de)	สายลับ	săai láp

gedetineerde (de)	นักโทษ	nák thôht
staker (de)	คนนัดหยุดงาน	kon nát yùt ngaan
bureaucraat (de)	อำมาตย์	am-màat
reiziger (de)	นักเดินทาง	nák dern-thaang

homoseksueel (de)	ผู้รักเพศเดียวกัน	phôo rák phâyt dieow gan
hacker (computerkraker)	แฮ็กเกอร์	háek-gêr
hippie (de)	ฮิปปี้	híp-bpêe

bandiet (de)	โจร	john
huurmoordenaar (de)	นักฆ่า	nák khâa
drugsverslaafde (de)	ผูติดยาเสพติด	phôo dtìt yaa-sàyp-dtìt
drugshandelaar (de)	ผูคายาเสพติด	phôo kháa yaa-sàyp-dtìt

| prostituee (de) | โสเภณี | sŏh-phay-nee |
| pooier (de) | แมงดา | maeng-daa |

tovenaar (de)	พ่อมด	phôr mót
tovenares (de)	แมมด	mâe mót
piraat (de)	โจรสลัด	john sà-làt
slaaf (de)	ทาส	thâat
samoerai (de)	ซามูไร	saa-moo-rai
wilde (de)	คนป่าเถื่อน	khon bpàa thèuan

Sport

132. Soorten sporten. Sporters

sportman (de)	นักกีฬา	nák gee-laa
soort sport (de/het)	ประเภทกีฬา	bprà-phâyt gee-laa
basketbal (het)	บาสเก็ตบอล	bàat-gèt-bon
basketbalspeler (de)	ผู้เล่นบาสเก็ตบอล	phôo lâyn bàat-gèt-bon
baseball (het)	เบสบอล	bàyt-bon
baseballspeler (de)	ผู้เล่นเบสบอล	phôo lâyn bàyt bon
voetbal (het)	ฟุตบอล	fút bon
voetballer (de)	นักฟุตบอล	nák fút-bon
doelman (de)	ผู้รักษาประตู	phôo rák-săa bprà-dtoo
hockey (het)	ฮอกกี้	hôk-gêe
hockeyspeler (de)	ผู้เล่นฮอกกี้	phôo lâyn hôk-gêe
volleybal (het)	วอลเลย์บอล	won-lây-bon
volleybalspeler (de)	ผู้เล่นวอลเลย์บอล	phôo lâyn won-lây-bon
boksen (het)	การชกมวย	gaan chók muay
bokser (de)	นักมวย	nák muay
worstelen (het)	การมวยปล้ำ	gaan muay bplâm
worstelaar (de)	นักมวยปล้ำ	nák muay bplâm
karate (de)	คาราเต้	khaa-raa-dtây
karateka (de)	นักคาราเต้	nák khaa-raa-dtây
judo (de)	ยูโด	yoo-doh
judoka (de)	นักยูโด	nák yoo-doh
tennis (het)	เทนนิส	then-nít
tennisspeler (de)	นักเทนนิส	nák then-nít
zwemmen (het)	กีฬาว่ายน้ำ	gee-laa wâai náam
zwemmer (de)	นักว่ายน้ำ	nák wâai náam
schermen (het)	กีฬาฟันดาบ	gee-laa fan dàap
schermer (de)	นักฟันดาบ	nák fan dàap
schaak (het)	หมากรุก	màak rúk
schaker (de)	ผู้เล่นหมากรุก	phôo lên màak rúk
alpinisme (het)	การปีนเขา	gaan bpeen khăo
alpinist (de)	นักปีนเขา	nák bpeen khăo
hardlopen (het)	การวิ่ง	gaan wîng

renner (de)	นักวิ่ง	nák wîng
atletiek (de)	กรีฑา	gree thaa
atleet (de)	นักกรีฑา	nák gree thaa

| paardensport (de) | กีฬาขี่ม้า | gee-laa khèe máa |
| ruiter (de) | นักขี่ม้า | nák khèe máa |

kunstschaatsen (het)	สเก็ตลีลา	sà-gèt lee-laa
kunstschaatser (de)	นักแสดงสเก็ตลีลา	nák sà-daeng sà-gèt lee-laa
kunstschaatsster (de)	นักแสดงสเก็ตลีลา	nák sà-daeng sà-gèt lee-laa

| gewichtheffen (het) | กีฬายกน้ำหนัก | gee-laa yók náam nàk |
| gewichtheffer (de) | นักยกน้ำหนัก | nák yók nám nàk |

| autoraces (mv.) | การแข่งรถ | gaan khàeng rót |
| coureur (de) | นักแขงรถ | nák khàeng rót |

| wielersport (de) | การแข่งจักรยาน | gaan khàeng jàk-grà-yaan |
| wielrenner (de) | นักแขงจักรยาน | nák khàeng jàk-grà-yaan |

verspringen (het)	กีฬากระโดดไกล	gee-laa grà-dòht glai
polsstokspringen (het)	กีฬากระโดดค้ำถอ	gee-laa grà dòht khám thòr
verspringer (de)	นักกระโดด	nák grà dòht

133. Soorten sporten. Diversen

Amerikaans voetbal (het)	อเมริกันฟุตบอล	a-may-rí-gan fút bon
badminton (het)	แบดมินตัน	bàet-min-dtân
biatlon (het)	ไบแอธลอน	bpai-oht-lon
biljart (het)	บิลเลียด	bin-lîat
bobsleeën (het)	กีารขับเลื่อน	gaan khàp lêuan
	นำแข่ง	náam khǎeng
bodybuilding (de)	การเพาะกาย	gaan phór gaai
waterpolo (het)	กีฬาโปโลน้ำ	gee-laa bpoh loh nám
handbal (de)	แฮนด์บอล	haen-bon
golf (het)	กอลฟ	góf

roeisport (de)	การพายเรือ	gaan phaai reua
duiken (het)	การดำน้ำ	gaan dam náam
langlaufen (het)	การแขงสกี	gaan khàeng sà-gee
	ตามเสนทาง	dtaam sên thaang
tafeltennis (het)	กีฬาปิงปอง	gee-laa bping-bpong
zeilen (het)	การแลนเรือใบ	gaan lâen reua bai
rally (de)	การแขงแรลลี่	gaan khàeng rae lá-lêe
rugby (het)	รักบี้	rák-bêe
snowboarden (het)	สโนว์บอร์ด	sà-nõh bòt
boogschieten (het)	การยิงธนู	gaan ying thá-noo

134. Fitnessruimte

| lange halter (de) | บาร์เบลล์ | baa bayn |
| halters (mv.) | ที่ยกน้ำหนัก | thêe yók nám nàk |

training machine (de)	เครื่องออกกำลังกาย	khrêuang òk gam-lang gaai
hometrainer (de)	จักรยานออก	jàk-grà-yaan òk
	กำลังกาย	gam-lang gaai
loopband (de)	ลู่วิ่งออกกำลังกาย	lôo wîng òk gam-lang gaai

rekstok (de)	บาร์เดี่ยว	baa dìeow
brug (de) gelijke leggers	บาร์คู่	baa khôo
paardsprong (de)	ม้าขวาง	máa khwǎang
mat (de)	เสื่อออกกำลังกาย	sèua òrk gam-lang gaai

springtouw (het)	กระโดดเชือก	grà dòht chêuak
aerobics (de)	แอโรบิก	ae-roh-bìk
yoga (de)	โยคะ	yoh-khá

135. Hockey

hockey (het)	ฮอกกี้	hôk-gêe
hockeyspeler (de)	ผู้เล่นฮอกกี้	phôo lâyn hôk-gêe
hockey spelen	เล่นฮอกกี้	lên hók-gêe
ijs (het)	น้ำแข็ง	nám khǎeng

puck (de)	ลูกฮอกกี้	lôok hók-gêe
hockeystick (de)	ไม้ฮอกกี้	máai hók-gêe
schaatsen (mv.)	รองเท้าสเก็ต	rorng tháo sà-gèt
	น้ำแข็ง	nám khǎeng

| boarding (de) | ลานสเก็ตน้ำแข็ง | laan sà-gèt nám khǎeng |
| schot (het) | การยิง | gaan ying |

doelman (de)	ผู้รักษาประตู	phôo rák-sǎa bprà-dtoo
goal (de)	ประตู	bprà-dtoo
een goal scoren	ทำประตู	tham bprà-dtoo

periode (de)	ช่วง	chûang
tweede periode (de)	ช่วงที่สอง	chûang thêe sǒrng
reservebank (de)	ซุ่มม้านั่ง	súm máa nâng
	ตัวสำรอง	dtua sǎm-rorng

136. Voetbal

voetbal (het)	ฟุตบอล	fút bon
voetballer (de)	นักฟุตบอล	nák fút-bon
voetbal spelen	เล่นฟุตบอล	lên fút bon

eredivisie (de)	เมเจอร์ลีก	may-jer-lêek
voetbalclub (de)	สโมสรฟุตบอล	sà-moh-sǒn fút-bon
trainer (de)	โค้ช	khóht
eigenaar (de)	เจ้าของ	jâo khǒrng

team (het)	ทีม	theem
aanvoerder (de)	หัวหน้าทีม	hǔa nâa theem
speler (de)	ผู้เล่น	phôo lên

reservespeler (de)	ผู้เล่นสำรอง	phôo lên săm-rorng
aanvaller (de)	กองหน้า	gorng nâa
centrale aanvaller (de)	กองหน้าตัวเป้า	gorng nâa dtua bpâo
doelpuntmaker (de)	ผู้ทำประตู	phôo tham bprà-dtoo
verdediger (de)	กองหลัง	gorng lăng
middenvelder (de)	กองกลาง	gorng glaang

match, wedstrijd (de)	เกมการแข่ง	gaym gaan khàeng
elkaar ontmoeten (ww)	พบ	phóp
finale (de)	รอบสุดท้าย	rôrp sùt tháai
halve finale (de)	รอบรองชนะเลิศ	rôrp rorng chá-ná lêrt
kampioenschap (het)	ชิงแชมป์	ching chaem

helft (de)	ครึ่ง	khrêung
eerste helft (de)	ครึ่งแรก	khrêung râek
pauze (de)	ช่วงพักครึ่ง	chûang phák khrêung

doel (het)	ประตู	bprà-dtoo
doelman (de)	ผู้รักษาประตู	phôo rák-săa bprà-dtoo
doelpaal (de)	เสาประตู	săo bprà-dtoo
lat (de)	คานประตู	khaan bprà-dtoo
doelnet (het)	ตาข่าย	dtaa khàai
een goal incasseren	เสียประตู	sïa bprà-dtoo

bal (de)	บอล	bon
pass (de)	การสง	gaan sòng
schot (het), schop (de)	การเตะ	gaan dtè
schieten (de bal ~)	เตะ	dtè
vrije schop (directe ~)	ฟรีคิก	free khík
hoekschop, corner (de)	การเตะมุม	gaan dtè mum

aanval (de)	การบุก	gaan bùk
tegenaanval (de)	การบุกสวนกลับ	gaan bùk sŭan glàp
combinatie (de)	การผสมผสาน	gaan phà-sŏm phà-săan

scheidsrechter (de)	ผู้ตัดสิน	phôo dtàt sĭn
fluiten (ww)	เป่านกหวีด	bpào nók wèet
fluitsignaal (het)	เสียงนกหวีด	sïang nók wèet
overtreding (de)	ฟาวล์	faao
een overtreding maken	ทำฟาวล์	tham faao
uit het veld te sturen	ไล่ออก	lâi òrk

gele kaart (de)	ใบเหลือง	bai lĕuang
rode kaart (de)	ใบแดง	bai daeng
diskwalificatie (de)	การตัดสิทธิ์	gaan dtàt sìt
diskwalificeren (ww)	ตัดสิทธิ์	dtàt sìt

strafschop, penalty (de)	ลูกโทษ	lôok thôht
muur (de)	กำแพง	gam-phaeng
scoren (ww)	ทำประตู	tham bprà-dtoo
goal (de), doelpunt (het)	ประตู	bprà-dtoo
een goal scoren	ทำประตู	tham bprà-dtoo

vervanging (de)	ตัวสำรอง	dtua săm-rorng
vervangen (ov.ww.)	เปลี่ยนตัว	bplìan dtua
regels (mv.)	กติกา	gà-dtì-gaa

121

tactiek (de)	ยุทธวิธี	yút-thá-wí-thee
stadion (het)	สนาม	sà-nǎam
tribune (de)	อัฒจันทร์	àt-tá-jan
fan, supporter (de)	แฟน	faen
schreeuwen (ww)	ตะโกน	dtà-gohn

scorebord (het)	ป้ายคะแนน	bpâai khá-naen
stand (~ is 3-1)	คะแนน	khá-naen

nederlaag (de)	ความพ่ายแพ้	khwaam phâai pháe
verliezen (ww)	แพ้	pháe
gelijkspel (het)	เสมอ	sà-měr
in gelijk spel eindigen	เสมอ	sà-měr

overwinning (de)	ชัยชนะ	chai chá-ná
overwinnen (ww)	ชนะ	chá-ná
kampioen (de)	แชมเปี้ยน	chaem-bpîan
best (bn)	ดีที่สุด	dee têe sùt
feliciteren (ww)	แสดงความยินดี	sà-daeng khwaam yin dee

commentator (de)	ผู้อธิบาย	phôo à-thí-baai
becommentariëren (ww)	อธิบาย	à-thí-baai
uitzending (de)	การออกอากาศ	gaan òrk aa-gàat

137. Alpine skiën

ski's (mv.)	สกี	sà-gee
skiën (ww)	เล่นสกี	lên sà-gee
skigebied (het)	รีสอร์ทสำหรับ	ree sòt sǎm-ràp
	เล่นสกีบนภูเขา	lên sà-gee bon phoo khǎo
skilift (de)	ลิฟต์สกี	líf sà-gee

skistokken (mv.)	ไม้ค้ำสกี	máai khám sà-gee
helling (de)	ทางลาด	thaang lâat
slalom (de)	การเล่นสกี	gaan lên sà-gee

138. Tennis. Golf

golf (het)	กอล์ฟ	góf
golfclub (de)	กอล์ฟคลับ	góf khláp
golfer (de)	นักกอล์ฟ	nák góf
hole (de)	หลุม	lǔm
golfclub (de)	ไม้ตีกอล์ฟ	mái dtee góf
trolley (de)	รถลากถุงกอล์ฟ	rót lâak thǔng góf

tennis (het)	เทนนิส	then-nít
tennisveld (het)	สนามเทนนิส	sà-nǎam then-nít
opslag (de)	การเสิร์ฟ	gaan sèrf
serveren, opslaan (ww)	เสิร์ฟ	sèrf
racket (het)	ไม้ตีเทนนิส	mái dtee then-nít
net (het)	ตาข่าย	dtaa khàai
bal (de)	ลูกเทนนิส	lôok then-nít

139. Schaken

schaak (het)	หมากรุก	màak rúk
schaakstukken (mv.)	ตัวหมากรุก	dtua màak rúk
schaker (de)	นักกีฬาหมากรุก	nák gee-laa màak rúk
schaakbord (het)	กระดานหมากรุก	grà-daan măak-grùk
schaakstuk (het)	ตัวหมากรุก	dtua màak rúk

witte stukken (mv.)	ขาว	khăao
zwarte stukken (mv.)	ดำ	dam

pion (de)	เบี้ย	bîa
loper (de)	บิชอป	bì-chôrp
paard (het)	ม้า	máa
toren (de)	เรือ	reua
dame, koningin (de)	ควีน	khween
koning (de)	ขุน	khŭn

zet (de)	การเดิน	gaan dern
zetten (ww)	เดิน	dern
opofferen (ww)	สละ	sà-là
rokade (de)	การเข้าป้อม	gaan khâo bpôrm
schaak (het)	รุก	rúk
schaakmat (het)	รุกฆาต	rúk khâat

schaakwedstrijd (de)	การแข่งขันหมากรุก	gaan khàeng khăn màak rúk
grootmeester (de)	แกรนด์มาสเตอร์	graen maa-sà-dtêr
combinatie (de)	การเดินหมาก	gaan dern màak
partij (de)	เกม	gaym
dammen (de)	หมากฮอส	màak-hórt

140. Boksen

boksen (het)	การชกมวย	gaan chók muay
boksgevecht (het)	ชกมวย	chók muay
bokswedstrijd (de)	เกมการชกมวย	gaym gaan chók muay
ronde (de)	ยก	yók

ring (de)	เวที	way-thee
gong (de)	ฆ้อง	khórng

stoot (de)	การต่อย	gaan dtòi
knock-down (de)	การน็อค	gaan nórk

knock-out (de)	การน็อคเอาท์	gaan nórk ao
knock-out slaan (ww)	น็อคเอาท์	nórk ao

bokshandschoen (de)	นวมชกมวย	nuam chók muay
referee (de)	กรรมการ	gam-má-gaan

lichtgewicht (het)	ไลท์เวท	lai-wâyt
middengewicht (het)	มิดเดิลเวท	mít dern wâyt
zwaargewicht (het)	เฮฟวีเวท	hay fá-wêe wâyt

141. Sporten. Diversen

Olympische Spelen (mv.)	กีฬาโอลิมปิก	gee-laa oh-lim-bpìk
winnaar (de)	ผู้ชนะ	phôo chá-ná
overwinnen (ww)	ชนะ	chá-ná
winnen (ww)	ชนะ	chá-ná
leider (de)	ผู้นำ	phôo nam
leiden (ww)	นำ	nam
eerste plaats (de)	อันดับที่หนึ่ง	an-dàp thêe nèung
tweede plaats (de)	อันดับที่สอง	an-dàp thêe sŏrng
derde plaats (de)	อันดับที่สาม	an-dàp thêe săam
medaille (de)	เหรียญรางวัล	rĭan raang-wan
trofee (de)	ถ้วยรางวัล	thûay raang-wan
beker (de)	เวท	wâyt
prijs (de)	รางวัล	raang-wan
hoofdprijs (de)	รางวัลหลัก	raang-wan làk
record (het)	สถิติ	sà-thì-dtì
een record breken	ทำสถิติ	tham sà-thì-dtì
finale (de)	รอบสุดท้าย	rôrp sùt tháai
finale (bn)	สุดท้าย	sùt tháai
kampioen (de)	แชมเปี้ยน	chaem-bpîan
kampioenschap (het)	ชิงแชมป์	ching chaem
stadion (het)	สนาม	sà-năam
tribune (de)	อัฒจันทร์	àt-tá-jan
fan, supporter (de)	แฟน	faen
tegenstander (de)	คู่ต่อสู้	khôo dtòr sôo
start (de)	เส้นเริ่ม	sên rêrm
finish (de)	เส้นชัย	sên chai
nederlaag (de)	ความพ่ายแพ้	khwaam phâai pháe
verliezen (ww)	แพ้	pháe
rechter (de)	กรรมภาร	gam-má-gaan
jury (de)	คณะผู้ตัดสิน	khá-ná phôo dtàt sĭn
stand (~ is 3-1)	คะแนน	khá-naen
gelijkspel (het)	เสมอ	sà-mĕr
in gelijk spel eindigen	ได้คะแนนเท่ากัน	dâai khá-naen thâo gan
punt (het)	แต้ม	dtâem
uitslag (de)	ผลลัพธ์	phŏn láp
periode (de)	ช่วง	chûang
pauze (de)	ช่วงพักครึ่ง	chûang phák khrêung
doping (de)	การใช้สารต้องห้ามทางการกีฬา	gaan chái săan dtôrng hâam thaang gaan gee-laa
straffen (ww)	ทำโทษ	tham thôht
diskwalificeren (ww)	ตัดสิทธิ์	dtàt sìt

toestel (het)	อุปกรณ์	ù-bpà-gon
speer (de)	แหลน	lǎen
kogel (de)	ลูกเหล็ก	lôok lèk
bal (de)	ลูก	lôok

doel (het)	เส้งเป้า	leng bpâo
schietkaart (de)	เป้านิ่ง	bpâo nîng
schieten (ww)	ยิง	ying
precies (bijv. precieze schot)	แมนยำ	mâen yam

trainer, coach (de)	โค้ช	khóht
trainen (ww)	ฝึก	fèuk
zich trainen (ww)	ฝึกหัด	fèuk hàt
training (de)	การฝึกหัด	gaan fèuk hàt

gymnastiekzaal (de)	โรงยิม	rohng-yim
oefening (de)	การออกกำลัง	gaan òrk gam-lang
opwarming (de)	การอบอุ่นรางกาย	gaan òp ùn râang gaai

Onderwijs

142. School

school (de)	โรงเรียน	rohng rian
schooldirecteur (de)	อาจารย์ใหญ่	aa-jaan yài
leerling (de)	นักเรียน	nák rian
leerlinge (de)	นักเรียน	nák rian
scholier (de)	เด็กนักเรียนชาย	dèk nák rian chaai
scholiere (de)	เด็กนักเรียนหญิง	dèk nák rian yĭng
leren (lesgeven)	สอน	sŏrn
studeren (bijv. een taal ~)	เรียน	rian
van buiten leren	ทองจำ	thôrng jam
leren (bijv. ~ tellen)	เรียน	rian
in school zijn	ไปโรงเรียน	bpai rohng rian
(schooljongen zijn)		
naar school gaan	ไปโรงเรียน	bpai rohng rian
alfabet (het)	ตัวอักษร	dtua àk-sŏn
vak (schoolvak)	วิชา	wí-chaa
klaslokaal (het)	ห้องเรียน	hôrng rian
les (de)	ชั่วโมงเรียน	chûa mohng rian
pauze (de)	ช่วงพัก	chûang phák
bel (de)	สัญญาณหมดเรียน	săn-yaan mòt rian
schooltafel (de)	โต๊ะนักเรียน	dtó nák rian
schoolbord (het)	กระดานดำ	grà-daan dam
cijfer (het)	เกรด	gràyt
goed cijfer (het)	เกรดดี	gràyt dee
slecht cijfer (het)	เกรดแย่	gràyt yâe
een cijfer geven	ให้เกรด	hâi gràyt
fout (de)	ข้อผิดพลาด	khôr phìt phlâat
fouten maken	ทำผิดพลาด	tham phìt phlâat
corrigeren (fouten ~)	แก้ไข	gâe khăi
spiekbriefje (het)	โพย	phoi
huiswerk (het)	การบ้าน	gaan bâan
oefening (de)	แบบฝึกหัด	bàep fèuk hàt
aanwezig zijn (ww)	มาเรียน	maa rian
absent zijn (ww)	ขาด	khàat
school verzuimen	ขาดเรียน	khàat rian
bestraffen (een stout kind ~)	ลงโทษ	long thôht
bestraffing (de)	การลงโทษ	gaan long thôht

gedrag (het)	ความประพฤติ	khwaam bprà-préut
cijferlijst (de)	สมุดพก	sà-mùt phók
potlood (het)	ดินสอ	din-sŏr
gom (de)	ยางลบ	yaang lóp
krijt (het)	ชอล์ค	chôrk
pennendoos (de)	กล่องดินสอ	glòrng din-sŏr

boekentas (de)	กระเป๋า	grà-bpǎo
pen (de)	ปากกา	bpàak gaa
schrift (de)	สมุดจด	sà-mùt jòt
leerboek (het)	หนังสือเรียน	nǎng-sěu rian
passer (de)	วงเวียน	wong wian

| technisch tekenen (ww) | ร่างภาพทางเทคนิค | râang phâap thaang thék-nìk |
| technische tekening (de) | ภาพร่างทางเทคนิค | phâap-râang thaang thék-nìk |

gedicht (het)	กลอน	glorn
van buiten (bw)	โดยท่องจำ	doi thôrng jam
van buiten leren	ท่องจำ	thôrng jam

vakantie (de)	เวลาปิดเทอม	way-laa bpìt therm
met vakantie zijn	หยุดปิดเทอม	yùt bpìt therm
vakantie doorbrengen	ใช้เวลาหยุดปิดเทอม	chái way-laa yùt bpìt therm

toets (schriftelijke ~)	การทดสอบ	gaan thót sòrp
opstel (het)	ความเรียง	khwaam riang
dictee (het)	การเขียนตามคำบอก	gaan khǐan dtaam kam bòrk
examen (het)	การสอบ	gaan sòrp
examen afleggen	สอบไล่	sòrp lâi
experiment (het)	การทดลอง	gaan thót lorng

143. Hogeschool. Universiteit

academie (de)	โรงเรียน	rohng rian
universiteit (de)	มหาวิทยาลัย	má-hǎa wít-thá-yaa-lai
faculteit (de)	คณะ	khá-ná

student (de)	นักศึกษา	nák sèuk-sǎa
studente (de)	นักศึกษา	nák sèuk-sǎa
leraar (de)	อาจารย์	aa-jaan

| collegezaal (de) | ห้องบรรยาย | hôrng ban-yaai |
| afgestudeerde (de) | บัณฑิต | ban-dìt |

| diploma (het) | อนุปริญญา | a-nú bpà-rin-yaa |
| dissertatie (de) | ปริญญานิพนธ์ | bpà-rin-yaa ní-phon |

| onderzoek (het) | การวิจัย | gaan wí-jai |
| laboratorium (het) | ห้องปฏิบัติการ | hôrng bpà-dtì-bàt gaan |

college (het)	การบรรยาย	gaan ban-yaai
medestudent (de)	เพื่อนร่วมชั้น	phêuan rûam chán
studiebeurs (de)	ทุน	thun
academische graad (de)	วุฒิการศึกษา	wút-thí gaan sèuk-sǎa

144. Wetenschappen. Disciplines

wiskunde (de)	คณิตศาสตร์	khá-nít sàat
algebra (de)	พีชคณิต	phee-chá-khá-nít
meetkunde (de)	เรขาคณิต	ray-khǎa khá-nít
astronomie (de)	ดาราศาสตร์	daa-raa sàat
biologie (de)	ชีววิทยา	chee-wá-wít-thá-yaa
geografie (de)	ภูมิศาสตร์	phoo-mí-sàat
geologie (de)	ธรณีวิทยา	thor-rá-nee wít-thá-yaa
geschiedenis (de)	ประวัติศาสตร์	bprà-wàt sàat
geneeskunde (de)	แพทยศาสตร์	phâet-tha-ya-sàat
pedagogiek (de)	ครุศาสตร์	khrú sàat
rechten (mv.)	ธรรมศาสตร์	tham-ma -sàat
fysica, natuurkunde (de)	ฟิสิกส์	fí-sìk
scheikunde (de)	เคมี	khay-mee
filosofie (de)	ปรัชญา	bpràt-yaa
psychologie (de)	จิตวิทยา	jìt-wít-thá-yaa

145. Schrift. Spelling

grammatica (de)	ไวยากรณ์	wai-yaa-gon
vocabulaire (het)	คำศัพท์	kham sàp
fonetiek (de)	การออกเสียง	gaan òrk sǐang
zelfstandig naamwoord (het)	นาม	naam
bijvoeglijk naamwoord (het)	คำคุณศัพท์	kham khun-ná-sàp
werkwoord (het)	กริยา	grì-yaa
bijwoord (het)	คำวิเศษณ์	kham wí-sàyt
voornaamwoord (het)	คำสรรพนาม	kham sàp-phá-naam
tussenwerpsel (het)	คำอุทาน	kham u-thaan
voorzetsel (het)	คำบุพบท	kham bùp-phá-bòt
stam (de)	รากศัพท์	râak sàp
achtervoegsel (het)	คำลงท้าย	kham long tháai
voorvoegsel (het)	คำนำหน้า	kham nam nâa
lettergreep (de)	พยางค์	phá-yaang
achtervoegsel (het)	คำเสริมท้าย	kham sěrm tháai
nadruk (de)	เครื่องหมายเน้น	khrêuang mǎai náyn
afkappingsteken (het)	อะพอสทรอฟี	à-phor-sòt-ror-fee
punt (de)	จุด	jùt
komma (de/het)	จุลภาค	jun-lá-phâak
puntkomma (de)	อัฒภาค	àt-thá-phâak
dubbelpunt (de)	ทวิภาค	thá-wí phâak
beletselteken (het)	การละไว้	gaan lá wái
vraagteken (het)	เครื่องหมายปรัศนี	khrêuang mǎai bpràt-nee
uitroepteken (het)	เครื่องหมายอัศเจรีย์	khrêuang mǎai àt-sà-jay-ree

aanhalingstekens (mv.)	อัญประกาศ	an-yá-bprà-gàat
tussen aanhalingstekens (bw)	ในอัญประกาศ	nai an-yá-bprà-gàat
haakjes (mv.)	วงเล็บ	wong lép
tussen haakjes (bw)	ในวงเล็บ	nai wong lép

streepje (het)	ยัติภังค์	yát-dtì-phang
gedachtestreepje (het)	ขีดคั่น	khèet khân
spatie	ช่องไฟ	chôrng fai
(~ tussen twee woorden)		

letter (de)	ตัวอักษร	dtua àk-sŏn
hoofdletter (de)	อักษรตัวใหญ่	àk-sŏn dtua yài

klinker (de)	สระ	sà-ra
medeklinker (de)	พยัญชนะ	phá-yan-chá-ná

zin (de)	ประโยค	bprà-yòhk
onderwerp (het)	ภาคประธาน	phâak bprà-thaan
gezegde (het)	ภาคแสดง	phâak sà-daeng

regel (in een tekst)	บรรทัด	ban-thát
op een nieuwe regel (bw)	ที่บรรทัดใหม่	têe ban-thát mài
alinea (de)	วรรค	wák

woord (het)	คำ	kham
woordgroep (de)	กลุ่มคำ	glùm kham
uitdrukking (de)	วลี	wá-lee
synoniem (het)	คำพ้องความหมาย	kham phóng khwaam măai
antoniem (het)	คำตรงกันข้าม	kham dtrorng gan khâam

regel (de)	กฎ	gòt
uitzondering (de)	ข้อยกเว้น	khôr yok-wâyn
correct (bijv. ~e spelling)	ถูก	thòok

vervoeging, conjugatie (de)	คอนจูเกชัน	khorn joo gay chan
verbuiging, declinatie (de)	การกระจายคำ	gaan grà-jaai kham
naamval (de)	การก	gaa-rók
vraag (de)	คำถาม	kham thăam
onderstrepen (ww)	ขีดเส้นใต้	khèet sên dtâi
stippellijn (de)	เส้นประ	sên bprà

146. Vreemde talen

taal (de)	ภาษา	phaa-săa
vreemd (bn)	ต่างชาติ	dtàang châat
vreemde taal (de)	ภาษาต่างชาติ	phaa-săa dtàang châat
leren (bijv. van buiten ~)	เรียน	rian
studeren (Nederlands ~)	เรียน	rian

lezen (ww)	อ่าน	àan
spreken (ww)	พูด	phôot
begrijpen (ww)	เข้าใจ	khâo jai
schrijven (ww)	เขียน	khĭan
snel (bw)	รวดเร็ว	rûat reo

| langzaam (bw) | อย่างช้า | yàang cháa |
| vloeiend (bw) | อยางคลอง | yàang khlôrng |

regels (mv.)	กฎ	gòt
grammatica (de)	ไวยากรณ์	wai-yaa-gon
vocabulaire (het)	คำศัพท	kham sàp
fonetiek (de)	การออกเสียง	gaan òrk sĭang

leerboek (het)	หนังสือเรียน	năng-sĕu rian
woordenboek (het)	พจนานุกรม	phót-jà-naa-nú-grom
leerboek (het) voor zelfstudie	หนังสือแบบเรียนด้วยตนเอง	năng-sĕu bàep rian dûay dton ayng
taalgids (de)	เฟรสบุก	frayt bùk

cassette (de)	เทปคาสเซ็ตต์	thâyp khaas-sét
videocassette (de)	วิดีโอ	wí-dee-oh
CD (de)	CD	see-dee
DVD (de)	DVD	dee-wee-dee

alfabet (het)	ตัวอักษร	dtua àk-sŏn
spellen (ww)	สะกด	sà-gòt
uitspraak (de)	การออกเสียง	gaan òrk sĭang

accent (het)	สำเนียง	săm-niang
met een accent (bw)	มีสำเนียง	mee săm-niang
zonder accent (bw)	ไม่มีสำเนียง	mâi mee săm-niang

| woord (het) | คำ | kham |
| betekenis (de) | ความหมาย | khwaam măai |

cursus (de)	หลักสูตร	làk sòot
zich inschrijven (ww)	สมัคร	sà-màk
leraar (de)	อาจารย์	aa-jaan

vertaling (een ~ maken)	การแปล	gaan bplae
vertaling (tekst)	คำแปล	kham bplae
vertaler (de)	นักแปล	nák bplae
tolk (de)	ลาม	lâam

| polyglot (de) | ผู้รู้หลายภาษา | phôo róo lăai paa-săa |
| geheugen (het) | ความทรงจำ | khwaam song jam |

147. Sprookjesfiguren

Sinterklaas (de)	ซานตาคลอส	saan-dtaa-khlôrt
Assepoester (de)	ซินเดอเรลลา	sín-day-rayn-lâa
zeemeermin (de)	เงือก	ngêuak
Neptunus (de)	เนปจูน	nâyp-joon

magiër, tovenaar (de)	พ่อมด	phôr mót
goede heks (de)	แมมด	mâe mót
magisch (bn)	วิเศษ	wí-sàyt
toverstokje (het)	ไม้กายสิทธิ์	mái gaai-yá-sìt
sprookje (het)	เทพนิยาย	thâyp ní-yaai

wonder (het)	ปาฏิหาริย์	bpaa dtì-hăan
dwerg (de)	คนแคระ	khon khráe
veranderen in ... (anders worden)	กลายเป็น...	glaai bpen...

geest (de)	ผี	phĕe
spook (het)	ภูตผีปีศาจ	phôot phĕe bpee-sàat
monster (het)	สัตว์ประหลาด	sàt bprà-làat
draak (de)	มังกร	mang-gon
reus (de)	ยักษ์	yák

148. Dierenriem

Ram (de)	ราศีเมษ	raa-sĕe mâyt
Stier (de)	ราศีพฤษภ	raa-sĕe phréut-sòp
Tweelingen (mv.)	ราศีมิถุน	raa-sĕe me-thŭn
Kreeft (de)	ราศีกรกฎ	raa-sĕe gor-rá-gòt
Leeuw (de)	ราศีสิงห์	raa-sĕe-sĭng
Maagd (de)	ราศีกันย์	raa-sĕe gan

Weegschaal (de)	ราศีตุล	raa-sĕe dtun
Schorpioen (de)	ราศีพฤศจิก	raa-sĕe phréut-sà-jìk
Boogschutter (de)	ราศีธนู	raa-sĕe than
Steenbok (de)	ราศีมังกร	raa-sĕe mang-gon
Waterman (de)	ราศีกุมภ์	raa-sĕe gum
Vissen (mv.)	ราศีมีน	raa-sĕe meen

karakter (het)	บุคลิก	bùk-khá-lík
karaktertrekken (mv.)	ลักษณะบุคลิก	lák-sà-nà bùk-khá-lík
gedrag (het)	พฤติกรรม	phréut-dtì-gam
waarzeggen (ww)	ทำนายชะตา	tham naai chá-dtaa
waarzegster (de)	หมอดู	mŏr doo
horoscoop (de)	ดวงชะตา	duang chá-dtaa

Kunst

149. Theater

theater (het)	โรงละคร	rohng lá-khon
opera (de)	โอเปรา	oh-bprào
operette (de)	ละครเพลง	lá-khon phlayng
ballet (het)	บัลเลต์	ban lây
affiche (de/het)	โปสเตอร์ละคร	bpòht-dtêr lá-khon
theatergezelschap (het)	คณะผู้แสดง	khá-ná phôo sà-daeng
tournee (de)	การออกแสดง	gaan òrk sà-daeng
op tournee zijn	ออกแสดง	òrk sà-daeng
repeteren (ww)	ซ้อม	sórm
repetitie (de)	การซ้อม	gaan sórm
repertoire (het)	รายการละคร	raai gaan lá-khon
voorstelling (de)	การแสดง	gaan sà-daeng
spektakel (het)	การแสดง	gaan sà-daeng
	มหรสพ	má-hŏr-rá-sòp
toneelstuk (het)	ละคร	lá-khon
biljet (het)	ตั๋ว	dtŭa
kassa (de)	ช่องจำหน่ายตั๋ว	chôrng jam-nàai dtŭa
foyer (de)	ล็อบบี้	lórp-bêe
garderobe (de)	ที่รับฝากเสื้อโค้ท	thêe ráp fàak sêua khóht
garderobe nummer (het)	ป้ายรับเสื้อ	bpâai ráp sêua
verrekijker (de)	กล้องส่องสองตา	glôrng sòrng sŏrng dtaa
plaatsaanwijzer (de)	พนักงานที่นำ	phá-nák ngaan thêe nam
	ไปยังที่นั่ง	bpai yang thêe nâng
parterre (de)	ที่นั่งชั้นล่าง	thêe nâng chán lâang
balkon (het)	ที่นั่งชั้นสอง	thêe nâng chán sŏrng
gouden rang (de)	ที่นั่งชั้นบน	thêe nâng chán bon
loge (de)	ที่นั่งพิเศษ	thêe nâng phí-sàyt
rij (de)	แถว	thăe
plaats (de)	ที่นั่ง	thêe nâng
publiek (het)	ผู้ชม	phôo chom
kijker (de)	ผู้เขาชม	phôo khâo chom
klappen (ww)	ปรบมือ	bpròp meu
applaus (het)	การปรบมือ	gaan bpròp meu
ovatie (de)	การปรบมือให้เกียรติ	gaan bpròp meu hâi gìat
toneel (op het ~ staan)	เวที	way-thee
gordijn, doek (het)	ฉาก	chàak
toneeldecor (het)	ฉาก	chàak
backstage (de)	หลังเวที	lăng way-thee
scène (de)	ตอน	dtorn
bedrijf (het)	องค์	ong
pauze (de)	ช่วงหยุดพัก	chûang yùt phák

150. Bioscoop

acteur (de)	นักแสดงชาย	nák sà-daeng chaai
actrice (de)	นักแสดงหญิง	nák sà-daeng yǐng
bioscoop (de)	ภาพยนตร์	phâap-phá-yon
speelfilm (de)	หนัง	nǎng
aflevering (de)	ตอน	dtorn
detectivefilm (de)	หนังประโลมโลกสืบสวน	nǎng sèup sǔan
actiefilm (de)	หนังแอ็คชั่น	nǎng áek-chân
avonturenfilm (de)	หนังผจญภัย	nǎng phà-jon phai
sciencefictionfilm (de)	หนังนิยายวิทยาศาสตร์	nǎng ní-yaai wít-thá-yaa sàat
griezelfilm (de)	หนังสยองขวัญ	nǎng sà-yǒrng khwǎn
komedie (de)	หนังตลก	nǎng dtà-lòk
melodrama (het)	หนังประโลมโลก	nǎng bprà-lohm lôhk
drama (het)	หนังดรามา	nǎng dràa maa
speelfilm (de)	หนังเรื่องแต่ง	nǎng rêuang dtàeng
documentaire (de)	หนังสารคดี	nǎng sǎa-rá-khá-dee
tekenfilm (de)	การ์ตูน	gaa-dtoon
stomme film (de)	หนังเงียบ	nǎng ngîap
rol (de)	บทบาท	bòt bàat
hoofdrol (de)	บทบาทนำ	bòt bàat nam
spelen (ww)	แสดง	sà-daeng
filmster (de)	ดาราภาพยนตร์	daa-raa phâap-phá-yon
bekend (bn)	เป็นที่รู้จักดี	bpen thêe róo jàk dee
beroemd (bn)	ชื่อดัง	chêu dang
populair (bn)	ที่นิยม	thêe ní-yom
scenario (het)	บท	bòt
scenarioschrijver (de)	คนเขียนบท	khon khǐan bòt
regisseur (de)	ผู้กำกับ ภาพยนตร์	phôo gam-gàp phâap-phá-yon
filmproducent (de)	ผู้อำนวยการสร้าง	phôo am-nuay gaan sâang
assistent (de)	ผู้ช่วย	phôo chûay
cameraman (de)	ช่างกล้อง	châang glôrng
stuntman (de)	นักแสดงแทน	nák sà-daeng thaen
stuntdubbel (de)	นักแสดงแทน	nák sà-daeng thaen
een film maken	ถ่ายทำภาพยนตร์	thàai tham phâap-phá-yon
auditie (de)	การคัดนักแสดง	gaan khát nák sà-daeng
opnamen (mv.)	การถ่ายทำ	gaan thàai tham
filmploeg (de)	กลุ่มคนถ่าย ภาพยนต	glùm khon thàai phâa-pha-yon
filmset (de)	สถานที่ ถ่ายทำภาพยนตร์	sà-thǎan thêe thàai tham phâap-phá-yon
filmcamera (de)	กล้อง	glôrng
bioscoop (de)	โรงภาพยนตร์	rohng phâap-phá-yon
scherm (het)	หน้าจอ	nâa jor
een film vertonen	ฉายภาพยนตร์	chǎai phâap-phá-yon

geluidsspoor (de)	เสียงซาวด์แทร็ก	sĭang saao tráek
speciale effecten (mv.)	เอฟเฟ็กต์พิเศษ	àyf-fék phí-sàyt
ondertiteling (de)	ซับ	sáp
voortiteling, aftiteling (de)	เครดิต	khray-dìt
vertaling (de)	การแปล	gaan bplae

151. Schilderij

kunst (de)	ศิลปะ	sĭn-lá-bpà
schone kunsten (mv.)	วิจิตรศิลป์	wí-jìt sĭn
kunstgalerie (de)	หอศิลป์	hŏr sĭn
kunsttentoonstelling (de)	การจัดแสดงศิลปะ	gaan jàt sà-daeng sĭn-lá-bpà

schilderkunst (de)	จิตรกรรม	jìt-dtrà-gam
grafiek (de)	เลขนศิลป์	lâyk-ná-sĭn
abstracte kunst (de)	ศิลปะนามธรรม	sĭn-lá-bpà naam-má-tham
impressionisme (het)	ลัทธิประทับใจ	lát-thí bprà-tháp jai

schilderij (het)	ภาพ	phâap
tekening (de)	ภาพวาด	phâap-wâat
poster (de)	โปสเตอร์	bpòht-dtêr

illustratie (de)	ภาพประกอบ	phâap bprà-gòrp
miniatuur (de)	รูปปั้นขนาดยอ	rôop bpân khà-nàat yôr
kopie (de)	สำเนา	săm-nao
reproductie (de)	การทำซ้ำ	gaan tham sám

mozaïek (het)	โมเสก	moh-sàyk
gebrandschilderd glas (het)	หน้าต่างกระจกสี	nâa dtàang grà-jòk sĕe
fresco (het)	ภาพผนัง	phâap phà-năng
gravure (de)	การแกะลาย	gaan gàe laai

buste (de)	รูปปั้นครึ่งตัว	rôop bpân khrêung dtua
beeldhouwwerk (het)	รูปปั้นแกะสลัก	rôop bpân gàe sà-làk
beeld (bronzen ~)	รูปปั้น	rôop bpân
gips (het)	ปูนปลาสเตอร์	bpoon bpláat-dtêr
gipsen (bn)	ปูนปลาสเตอร์	bpoon bpláat-dtêr

portret (het)	ภาพเหมือน	phâap mĕuan
zelfportret (het)	ภาพเหมือนของ ตนเอง	phâap mĕuan khŏrng dton ayng
landschap (het)	ภาพภูมิทัศน์	phâap phoom-mi -thát
stilleven (het)	ภาพหุ่นนิ่ง	phâap hùn nîng
karikatuur (de)	ภาพลอ	phâap-lór
schets (de)	ภาพสเก็ตช์	phâap sà-gèt

verf (de)	สี	sĕe
aquarel (de)	สีน้ำ	sĕe náam
olieverf (de)	สีน้ำมัน	sĕe náam man
potlood (het)	ดินสอ	din-sŏr
Oost-Indische inkt (de)	หมึกสีดำ	mèuk sĕe dam
houtskool (de)	ถาน	thàan
tekenen (met krijt)	วาด	wâat
schilderen (ww)	ระบายสี	rá-baai sĕe

poseren (ww)	จัดท่า	jàt thâa
naaktmodel (man)	แบบภาพวาด	bàep phâap-wâat
naaktmodel (vrouw)	แบบภาพวาด	bàep phâap-wâat

kunstenaar (de)	ช่างวาดรูป	châang wâat rôop
kunstwerk (het)	งานศิลปะ	ngaan sǐn-lá-bpà
meesterwerk (het)	งานชิ้นเอก	ngaan chín àyk
studio, werkruimte (de)	สตูดิโอ	sà-dtoo dì oh

schildersdoek (het)	ผ้าใบ	phâa bai
schildersezel (de)	ขาตั้งกระดาน	khǎa dtâng grà daan
	วาดรูป	wâat rôop
palet (het)	จานสี	jaan sěe

lijst (een vergulde ~)	กรอบ	gròrp
restauratie (de)	การฟื้นฟู	gaan féun foo
restaureren (ww)	ฟื้นฟู	féun foo

152. Literatuur & Poëzie

literatuur (de)	วรรณคดี	wan-ná-khá-dee
auteur (de)	ผู้แต่ง	phôo dtàeng
pseudoniem (het)	นามปากกา	naam bpàak gaa

boek (het)	หนังสือ	nǎng-sěu
boekdeel (het)	เล่ม	lêm
inhoudsopgave (de)	สารบัญ	sǎa-rá-ban
pagina (de)	หน้า	nâa
hoofdpersoon (de)	ตัวละครหลัก	dtua lá-khon làk
handtekening (de)	ลายเซ็น	laai sen

verhaal (het)	เรื่องสั้น	rêuang sân
novelle (de)	เรื่องราว	rêuang raao
roman (de)	นิยาย	ní-yaai
werk (literatuur)	งานเขียน	ngaan khǐan
fabel (de)	นิทาน	ní-thaan
detectiveroman (de)	นิยายสืบสวน	ní-yaai sèup sǔan
gedicht (het)	กลอน	glorn
poëzie (de)	บทกลอน	bòt glorn
epos (het)	บทกวี	bòt gà-wee
dichter (de)	นักกวี	nák gà-wee

fictie (de)	เรื่องแต่ง	rêuang dtàeng
sciencefiction (de)	นิยายวิทยาศาสตร์	ní-yaai wít-thá-yaa sàat
avonturenroman (de)	นิยายผจญภัย	ní-yaai phà-jon phai
opvoedkundige literatuur (de)	วรรณกรรมการศึกษา	wan-ná-gam gaan sèuk-sǎa
kinderliteratuur (de)	วรรณกรรมสำหรับเด็ก	wan-ná-gam sǎm-ràp dèk

153. Circus

| circus (de/het) | ละครสัตว์ | lá-khon sàt |
| chapiteau circus (de/het) | ละครสัตว์เลรอน | lá-khon sàt lây rôrn |

| programma (het) | รายการการแสดง | raai gaan gaan sà-daeng |
| voorstelling (de) | การแสดง | gaan sà-daeng |

| nummer (circus ~) | การแสดง | gaan sà-daeng |
| arena (de) | เวทีละครสัตว์ | way-thee lá-kon sàt |

| pantomime (de) | ละครใบ้ | lá-khon bâi |
| clown (de) | ตัวตลก | dtua dtà-lòk |

acrobaat (de)	นักกายกรรม	nák gaai-yá-gam
acrobatiek (de)	กายกรรม	gaai-yá-gam
gymnast (de)	นักกายกรรม	nák gaai-yá-gam
gymnastiek (de)	กายกรรม	gaai-yá-gam
salto (de)	การตีลังกา	gaan dtee lang-gaa

sterke man (de)	นักกีฬา	nák gee-laa
temmer (de)	ผู้ฝึกสัตว์	phôo fèuk sàt
ruiter (de)	นักขี่	nák khèe
assistent (de)	ผู้ช่วย	phôo chûay

stunt (de)	ผาดโผน	phàat phŏhn
goocheltruc (de)	มายากล	maa-yaa gon
goochelaar (de)	นักมายากล	nák maa-yaa gon

jongleur (de)	นักมายากล	nák maa-yaa gon
	โยนของ	yohn khŏrng
jongleren (ww)	โยนของ	yohn khŏrng
dierentrainer (de)	ผู้ฝึกสัตว์	phôo fèuk sàt
dressuur (de)	การฝึกสัตว์	gaan fèuk sàt
dresseren (ww)	ฝึก	fèuk

154. Muziek. Popmuziek

muziek (de)	ดนตรี	don-dtree
muzikant (de)	นักดนตรี	nák don-dtree
muziekinstrument (het)	เครื่องดนตรี	khrêuang don-dtree
spelen (bijv. gitaar ~)	เล่น	lên

gitaar (de)	กีตาร์	gee-dtâa
viool (de)	ไวโอลิน	wai-oh-lin
cello (de)	เชลโล	ohayn lôh
contrabas (de)	ดับเบิลเบส	dàp-bern bàyt
harp (de)	พิณ	phin

piano (de)	เปียโน	bpia noh
vleugel (de)	แกรนด์เปียโน	graen bpia-noh
orgel (het)	ออร์แกน	or-gaen

blaasinstrumenten (mv.)	เครื่องเป่า	khrêuang bpào
hobo (de)	โอโบ	oh-boh
saxofoon (de)	แซ็กโซโฟน	sáek-soh-fohn
klarinet (de)	แคลริเน็ต	khlae-rí-nét
fluit (de)	ฟลูต	flút
trompet (de)	ทรัมเป็ต	thram-bpèt

| accordeon (de/het) | หีบเพลงชัก | hèep phlayng chák |
| trommel (de) | กลอง | glorng |

duet (het)	คู่	khôo
trio (het)	วงทริโอ	wong thrí-oh
kwartet (het)	กลุ่มที่มีสี่คน	glùm thêe mee sèe khon
koor (het)	คณะประสานเสียง	khá-ná bprà-săan sĭang
orkest (het)	วงดุริยางค์	wong dù-rí-yaang

popmuziek (de)	เพลงป๊อป	phlayng bpòp
rockmuziek (de)	เพลงร็อค	phlayng rók
rockgroep (de)	วงร็อค	wong rórk
jazz (de)	แจซ	jáet

| idool (het) | ไอดอล | ai-dorn |
| bewonderaar (de) | แฟน | faen |

concert (het)	คอนเสิร์ต	khon-sèrt
symfonie (de)	ซิมโฟนี	sím-foh-nee
compositie (de)	การแต่งเพลง	gaan dtàeng phlayng
componeren (muziek ~)	แต่ง	dtàeng

zang (de)	การร้องเพลง	gaan róng playng
lied (het)	เพลง	phlayng
melodie (de)	เสียงเพลง	sĭang phlayng
ritme (het)	จังหวะ	jang wà
blues (de)	บลูส์	bloo

bladmuziek (de)	โน้ตเพลง	nóht phlayng
dirigeerstok (baton)	ไม้สั่นของ วาทยากร	máai sân khŏrng wâa-tha-yaa gon
strijkstok (de)	คันซอ	khan sor
snaar (de)	สาย	săai
koffer (de)	กลอง	glòrng

Rusten. Entertainment. Reizen

155. Trip. Reizen

toerisme (het)	การท่องเที่ยว	gaan thôrng thîeow
toerist (de)	นักท่องเที่ยว	nák thôrng thîeow
reis (de)	การเดินทาง	gaan dern thaang
avontuur (het)	การผจญภัย	gaan phà-jon phai
tocht (de)	การเดินทาง	gaan dern thaang
vakantie (de)	วันหยุดพักผ่อน	wan yùt phák phòrn
met vakantie zijn	หยุดพักผอน	yùt phák phòrn
rust (de)	การพัก	gaan phák
trein (de)	รถไฟ	rót fai
met de trein	โดยรถไฟ	doi rót fai
vliegtuig (het)	เครื่องบิน	khrêuang bin
met het vliegtuig	โดยเครื่องบิน	doi khrêuang bin
met de auto	โดยรถยนต์	doi rót-yon
per schip (bw)	โดยเรือ	doi reua
bagage (de)	สัมภาระ	sǎm-phaa-rá
valies (de)	กระเป๋าเดินทาง	grà-bpǎo dern-thaang
bagagekarretje (het)	รถขนสัมภาระ	rót khǒn sǎm-phaa-rá
paspoort (het)	หนังสือเดินทาง	nǎng-sěu dern-thaang
visum (het)	วีซ่า	wee-sâa
kaartje (het)	ตั๋ว	dtǔa
vliegticket (het)	ตั๋วเครื่องบิน	dtǔa khrêuang bin
reisgids (de)	หนังสือแนะนำ	nǎng-sěu náe nam
kaart (de)	แผนที่	phǎen thêe
gebied (landelijk ~)	เขต	khàyt
plaats (de)	สถานที่	sà-thǎan thêe
exotische bestemming (de)	สิ่งแปลกใหม่	sìng bplàek mài
exotisch (bn)	ต่างแดน	dtàang daen
verwonderlijk (bn)	นาประหลาดใจ	nâa bprà-làat jai
groep (de)	กลุ่ม	glùm
rondleiding (de)	การเดินทาง	gaan dern taang
	ท่องเที่ยว	thôrng thîeow
gids (de)	มัคคุเทศก์	mák-khú-thâyt

156. Hotel

motel (het)	โรงแรม	rohng raem
3-sterren	สามดาว	sǎam daao

| 5-sterren | ห้าดาว | hâa daao |
| overnachten (ww) | พัก | phák |

kamer (de)	ห้อง	hôrng
eenpersoonskamer (de)	ห้องเดี่ยว	hôrng dìeow
tweepersoonskamer (de)	ห้องคู่	hôrng khôo
een kamer reserveren	จองห้อง	jorng hôrng

| halfpension (het) | พักครึ่งวัน | phák khrêung wan |
| volpension (het) | พักเต็มวัน | phák dtem wan |

met badkamer	มีห้องอาบน้ำ	mee hôrng àap náam
met douche	มีฝักบัว	mee fàk bua
satelliet-tv (de)	โทรทัศน์ดาวเทียม	thoh-rá-thát daao thiam
airconditioner (de)	เครื่องปรับอากาศ	khrêuang bpràp-aa-gàat
handdoek (de)	ผ้าเช็ดตัว	phâa chét dtua
sleutel (de)	กุญแจ	gun-jae

administrateur (de)	นักบริหาร	nák bor-rí-hǎan
kamermeisje (het)	แม่บ้าน	mâe bâan
piccolo (de)	พนักงาน,	phá-nák ngaan
	ขนกระเป๋า	khǒn grà-bpǎo
portier (de)	พนักงาน	phá-nák ngaan
	เปิดประตู	bpèrt bprà-dtoo

restaurant (het)	ร้านอาหาร	ráan aa-hǎan
bar (de)	บาร์	baa
ontbijt (het)	อาหารเช้า	aa-hǎan cháo
avondeten (het)	อาหารเย็น	aa-hǎan yen
buffet (het)	บุฟเฟต์	bùf-fây

| hal (de) | ล็อบบี้ | lórp-bêe |
| lift (de) | ลิฟต์ | líf |

| NIET STOREN | ห้ามรบกวน | hâam róp guan |
| VERBODEN TE ROKEN! | หามสูบบุหรี่ | hâam sòop bù rèe |

157. Boeken. Lezen

boek (het)	หนังสือ	nǎng-sěu
auteur (de)	ผู้แต่ง	phôo dtàeng
schrijver (de)	นักเขียน	nák khǐan
schrijven (een boek)	เขียน	khǐan

lezer (de)	ผู้อ่าน	phôo àan
lezen (ww)	อ่าน,	àan
lezen (het)	การอ่าน	gaan àan

| stil (~ lezen) | อย่างเงียบๆ | yàang ngîap ngîap |
| hardop (~ lezen) | ออกเสียงดัง | òrk sǐang dang |

uitgeven (boek ~)	ตีพิมพ์	dtee phim
uitgeven (het)	การตีพิมพ์	gaan dtee phim
uitgever (de)	ผู้พิมพ์	phôo phim

uitgeverij (de)	สำนักพิมพ์	săm-nák phim
verschijnen (bijv. boek)	ออก	òrk
verschijnen (het)	การออก	gaan òrk
oplage (de)	จำนวน	jam-nuan
boekhandel (de)	ร้านหนังสือ	ráan năng-sĕu
bibliotheek (de)	ห้องสมุด	hôrng sà-mùt
novelle (de)	เรื่องราว	rêuang raao
verhaal (het)	เรื่องสั้น	rêuang sân
roman (de)	นิยาย	ní-yaai
detectiveroman (de)	นิยายสืบสวน	ní-yaai sèup sŭan
memoires (mv.)	บันทึกความทรงจำ	ban-théuk khwaam song jam
legende (de)	ตำนาน	dtam naan
mythe (de)	นิทานปรัมปรา	ní-thaan bpram bpraa
gedichten (mv.)	บทกวี	bòt gà-wee
autobiografie (de)	อัตชีวประวัติ	àt-chee-wá-bprà-wàt
bloemlezing (de)	งานที่ผ่าน การคัดเลือก	ngaan thêe phàan gaan khát lêuak
sciencefiction (de)	นิยายวิทยาศาสตร์	ní-yaai wít-thá-yaa sàat
naam (de)	ชื่อเรื่อง	chêu rêuang
inleiding (de)	บทนำ	bòt nam
voorblad (het)	หน้าแรก	nâa râek
hoofdstuk (het)	บท	bòt
fragment (het)	ขอความที่ คัดออกมา	khôr khwaam thêe khát òk maa
episode (de)	ตอน	dtorn
intrige (de)	เค้าเรื่อง	kháo rêuang
inhoud (de)	เนื้อหา	néua hăa
inhoudsopgave (de)	สารบัญ	săa-rá-ban
hoofdpersonage (het)	ตัวละครหลัก	dtua lá-khon làk
boekdeel (het)	เล่ม	lêm
omslag (de/het)	ปก	bpòk
boekband (de)	สัน	săn
bladwijzer (de)	ที่คั่นหนังสือ	thêe khân năng-sĕu
pagina (de)	หน้า	nâa
bladeren (ww)	เปิดผ่านๆ	bpèrt phàan phàan
marges (mv.)	ระยะขอบ	rá-yá khòrp
annotatie (de)	ความเห็นประกอบ	khwaam hĕn bprà-gòp
opmerking (de)	เชิงอรรถ	cherng àt-tha
tekst (de)	บท	bòt
lettertype (het)	ตัวพิมพ์	dtua phim
drukfout (de)	ความพิมพ์ผิด	khwaam phim phìt
vertaling (de)	คำแปล	kham bplae
vertalen (ww)	แปล	bplae
origineel (het)	ต้นฉบับ	dtôn chà-bàp
beroemd (bn)	โด่งดัง	dòhng dang

onbekend (bn)	ไม่เป็นที่รู้จัก	mâi bpen thêe róo jàk
interessant (bn)	น่าสนใจ	nâa sŏn jai
bestseller (de)	ขายดี	khăai dee

woordenboek (het)	พจนานุกรม	phót-jà-naa-nú-grom
leerboek (het)	หนังสือเรียน	năng-sĕu rian
encyclopedie (de)	สารานุกรม	săa-raa-nú-grom

158. Jacht. Vissen

jacht (de)	การล่าสัตว์	gaan lâa sàt
jagen (ww)	ล่าสัตว์	lâa sàt
jager (de)	นักล่าสัตว์	nák lâa sàt

schieten (ww)	ยิง	ying
geweer (het)	ปืนไรเฟิล	bpeun rai-fern
patroon (de)	กระสุนปืน	grà-sŭn bpeun
hagel (de)	กระสุน	grà-sŭn

val (de)	กับดักเหล็ก	gàp dàk lèk
valstrik (de)	กับดัก	gàp dàk
in de val trappen	ติดกับดัก	dtìt gàp dàk
een val zetten	วางกับดัก	waang gàp dàk

stroper (de)	ผู้ลักลอบล่าสัตว์	phôo lák lôrp lâa sàt
wild (het)	สัตว์ที่ถูกล่า	sàt têe thòok lâa
jachthond (de)	หมาล่าเนื้อ	măa lâa néua
safari (de)	ซาฟารี	saa-faa-ree
opgezet dier (het)	สัตว์สตาฟ	sàt sà-dtàaf
visser (de)	คนประมง	khon bprà-mong
visvangst (de)	การจับปลา	gaan jàp bplaa
vissen (ww)	จับปลา	jàp bplaa

hengel (de)	คันเบ็ด	khan bèt
vislijn (de)	สายเบ็ด	săai bèt
haak (de)	ตะขอ	dtà-khŏr
dobber (de)	ทุ่น	thûn
aas (het)	เหยื่อ	yèua

de hengel uitwerpen	เหวี่ยงเบ็ด	wìang bèt
bijten (ov. de vissen)	งับเหยื่อ	ngáp yèua
vangst (de)	ปลาจับ	bpla jàp
wak (het)	ช่องน้ำแข็ง	chôrng nám khăeng

net (het)	แหจับปลา	hăe jàp bplaa
boot (de)	เรือ	reua
vissen met netten	จับปลาด้วยแห	jàp bplaa dûay hăe
het net uitwerpen	เหวี่ยงแห	wìang hăe
het net binnenhalen	ลากอวน	lâak uan
in het net vallen	ติดแห	dtìt hăe

walvisvangst (de)	นักล่าปลาวาฬ	nák lâa bplaa waan
walvisvaarder (de)	เรือล่าปลาวาฬ	reua lâa bplaa waan
harpoen (de)	ฉมวก	chà-mùak

159. Spellen. Biljart

biljart (het)	บิลเลียด	bin-lîat
biljartzaal (de)	ห้องบิลเลียด	hôrng bin-lîat
biljartbal (de)	ลูก	lôok
een bal in het gat jagen	แทงลูกลงหลุม	thaeng lôok long lŭm
keu (de)	ไม้คิว	máai khiw
gat (het)	หลุม	lŭm

160. Spellen. Speelkaarten

ruiten (mv.)	ข้าวหลามตัด	khâao lăam dtàt
schoppen (mv.)	โพดำ	phoh dam
klaveren (mv.)	โพแดง	phoh daeng
harten (mv.)	ดอกจิก	dòrk jìk
aas (de)	เอส	àyt
koning (de)	คิง	king
dame (de)	แหม่ม	màem
boer (de)	แจค	jáek
speelkaart (de)	ไพ่	phâi
kaarten (mv.)	ไพ่	phâi
troef (de)	ไต๋	dtăi
pak (het) kaarten	สำรับไพ่	săm-ráp phâi
punt (bijv. vijftig ~en)	แต้ม	dtâem
uitdelen (kaarten ~)	แจกไพ่	jàek phâi
schudden (de kaarten ~)	สับไพ่	sàp phâi
beurt (de)	ที	thee
valsspeler (de)	คนโกงไพ่	khon gohng phâi

161. Casino. Roulette

casino (het)	คาสิโน	khaa-sì-noh
roulette (de)	รูเล็ตต	roo-lèt
ınzet (de)	เดิมพัน	derm phan
een bod doen	วางเดิมพัน	waang derm phan
rood (de)	แดง	daeng
zwart (de)	ดำ	dam
inzetten op rood	เดิมพันสีแดง	derm phan sĕe daeng
inzetten op zwart	เดิมพันสีดำ	derm phan sĕe dam
croupier (de)	เจ้ามือ	jâo meu
de cilinder draaien	หมุนกงล้อ	mŭn gong lór
spelregels (mv.)	กติกา	gà-dtì-gaa
fiche (pokerfiche, etc.)	ชิป	chíp
winnen (ww)	ชนะ	chá-ná
winst (de)	รางวัล	raang-wan

verliezen (ww)	เสีย	sĭa
verlies (het)	เงินเสียพนัน	ngern sĭa phá-nan
speler (de)	ผู้เล่น	phôo lên
blackjack (kaartspel)	แบล็คแจ๊ค	blàek-jáek
dobbelspel (het)	เกมลูกเต๋า	gaym lôok dtăo
dobbelstenen (mv.)	เต๋า	dtăo
speelautomaat (de)	ตู้สล็อต	dtôo sà-lòrt

162. Rusten. Spellen. Diversen

wandelen (on.ww.)	เดินเล่น	dern lên
wandeling (de)	การเดินเลน	gaan dern lên
trip (per auto)	การนั่งรถ	gaan nâng rót
avontuur (het)	การผจญภัย	gaan phà-jon phai
picknick (de)	ปิคนิค	bpìk-ník
spel (het)	เกม	gaym
speler (de)	ผู้เล่น	phôo lên
partij (de)	เกม	gaym
collectioneur (de)	นักสะสม	nák sà-sŏm
collectioneren (ww)	สะสม	sà-sŏm
collectie (de)	การสะสม	gaan sà-sŏm
kruiswoordraadsel (het)	ปริศนาอักษรไขว้	bprìt-sà-năa àk-sŏn khwâi
hippodroom (de)	ลู่แข่ง	lôo khàeng
discotheek (de)	ดิสโก้	dít-gôh
sauna (de)	ซาวน่า	saao-nâa
loterij (de)	สลากกินแบ่ง	sà-làak gin bàeng
trektocht (kampeertocht)	การเดินทาง ตั้งแคมป์	gaan dern thaang dtâng-khaem
kamp (het)	แคมป์	khaem
tent (de)	เต็นท์	dtáyn
kompas (het)	เข็มทิศ	khĕm thít
rugzaktoerist (de)	ผู้เดินทาง ตั้งแคมป์	phôo dern thaang dtâng-khaem
bekijken (een film ~)	ดู	doo
kijker (televisie~)	ผู้ชมทีวี	phôo chom thee wee
televisie-uitzending (de)	รายการทีวี	raai gaan thee wee

163. Fotografie

fotocamera (de)	กล้อง	glôrng
foto (de)	ภาพถาย	phâap thàai
fotograaf (de)	ช่างถ่ายภาพ	châang thàai phâap
fotostudio (de)	ห้องถ่ายภาพ	hôrng thàai phâap
fotoalbum (het)	อัลบั้มภาพถาย	an-bâm phâap-thàai

lens (de), objectief (het)	เลนส์กล้อง	len glôrng
telelens (de)	เลนส์ถ่ายไกล	len thàai glai
filter (de/het)	ฟิลเตอร์	fin-dtêr
lens (de)	เลนส์	len

optiek (de)	ออปติก	orp-dtìk
diafragma (het)	รูรับแสง	roo ráp sǎeng
belichtingstijd (de)	เวลาในการถ่ายภาพ	way-laa nai gaan thàai phâap
zoeker (de)	เครื่องจับภาพ	khrêuang jàp phâap

digitale camera (de)	กล้องดิจิตอล	glôrng dì-jì-dton
statief (het)	ขาตั้งกล้อง	khǎa dtâng glông
flits (de)	แฟลช	flâet

fotograferen (ww)	ถ่ายภาพ	thàai phâap
foto's maken	ถ่ายภาพ	thàai phâap
zich laten fotograferen	ได้รับการ	dâai ráp gaan
	ถ่ายภาพให้	thàai phâap hâi

focus (de)	โฟกัส	foh-gát
scherpstellen (ww)	โฟกัส	foh-gát
scherp (bn)	คมชัด	khom chát
scherpte (de)	ความคมชัด	khwaam khom chát

contrast (het)	ความเปรียบต่าง	khwaam bprìap dtàang
contrastrijk (bn)	เปรียบตาง	bprìap dtàang

kiekje (het)	ภาพ	phâap
negatief (het)	ภาพเนกาทีฟ	phâap nay gaa thêef
filmpje (het)	ฟิลม	fim
beeld (frame)	เฟรม	fraym
afdrukken (foto's ~)	พิมพ์	phim

164. Strand. Zwemmen

strand (het)	ชายหาด	chaai hàat
zand (het)	ทูราย	saai
leeg (~ strand)	ราง	ráang

bruine kleur (de)	ผิวคล้ำแดด	phǐw khlám dàet
zonnebaden (ww)	ตากแดด	dtàak dàet
gebruind (bn)	มีผิวคล้ำแดด	mee phǐw khlám dàet
zonnecrème (de)	ครีมกันแดด	khreem gan dàet

bikini (de)	บิกินี่	bì-gì-nee
badpak (het)	ชุดว่ายน้ำ	chút wâai náam
zwembroek (de)	กางเกงว่ายน้ำ	gaang-gayng wâai náam

zwembad (het)	สระว่ายน้ำ	sà wâai náam
zwemmen (ww)	ว่ายน้ำ	wâai náam
douche (de)	ฝักบัว	fàk bua
zich omkleden (ww)	เปลี่ยนชุด	bplìan chút
handdoek (de)	ผ้าเช็ดตัว	phâa chét dtua
boot (de)	เรือ	reua

motorboot (de)	เรือยนต์	reua yon
waterski's (mv.)	สกีน้ำ	sà-gee nám
waterfiets (de)	เรือถีบ	reua thèep
surfen (het)	การโต้คลื่น	gaan dtôh khlêun
surfer (de)	นักโต้คลื่น	nák dtôh khlêun
scuba, aqualong (de)	อุปกรณ์ดำน้ำ	u-bpà-gon dam náam
zwemvliezen (mv.)	ตีนกบ	dteen gòp
duikmasker (het)	หน้ากากดำน้ำ	nâa gàak dam náam
duiker (de)	นักประดาน้ำ	nák bprà-daa náam
duiken (ww)	ดำน้ำ	dam náam
onder water (bw)	ใต้น้ำ	dtâi nám
parasol (de)	ร่มชายหาด	rôm chaai hàat
ligstoel (de)	เตียงอาบแดด	dtiang àap dàet
zonnebril (de)	แว่นกันแดด	wâen gan dàet
luchtmatras (de/het)	ที่นอนเป่าลม	thêe non bpào lom
spelen (ww)	เล่น	lên
gaan zwemmen (ww)	ไปว่ายน้ำ	bpai wâai náam
bal (de)	บอล	bon
opblazen (oppompen)	เติมลม	dterm lom
lucht-, opblaasbare (bn)	แบบเติมลม	bàep dterm lom
golf (hoge ~)	คลื่น	khlêun
boei (de)	ทุ่นลอย	thûn loi
verdrinken (ww)	จมน้ำ	jom náam
redden (ww)	ช่วยชีวิต	chûay chee-wít
reddingsvest (de)	เสื้อชูชีพ	sêua choo chêep
waarnemen (ww)	สังเกตการณ์	sǎng-gàyt gaan
redder (de)	ไลฟ์การ์ด	lai-gàat

TECHNISCHE APPARATUUR. VERVOER

Technische apparatuur

165. Computer

computer (de)	คอมพิวเตอร์	khorm-phiw-dtêr
laptop (de)	โนตบุค	nóht búk
aanzetten (ww)	เปิด	bpèrt
uitzetten (ww)	ปิด	bpìt
toetsenbord (het)	แป้นพิมพ์	bpâen phim
toets (enter~)	ปุ่ม	bpùm
muis (de)	เมาส์	mao
muismat (de)	แผ่นรองเมาส์	phàen rorng mao
knopje (het)	ปุ่ม	bpùm
cursor (de)	เคอรเซอร์	khêr-sêr
monitor (de)	จอมอนิเตอร์	jor mor-ní-dtêr
scherm (het)	หน้าจอ	nâa jor
harde schijf (de)	ฮาร์ดดิสก์	hâat-dìt
volume (het)	ความจุฮาร์ดดิสก์	kwaam jù hâat-dìt
van de harde schijf		
geheugen (het)	หน่วยความจำ	nùay khwaam jam
RAM-geheugen (het)	หน่วยความจำ	nùay khwaam jam
	เขาถึงโดยสุ่ม	khâo thěung doi sùm
bestand (het)	ไฟล์	fai
folder (de)	โฟลเดอร์	fohl-dêr
openen (ww)	เปิด	bpèrt
sluiten (ww)	ปิด	bpìt
opslaan (ww)	บันทึก	ban-théuk
verwijderen (wissen)	ลบ	lóp
kopiëren (ww)	คัดลอก	khát lôrk
sorteren (ww)	จัดเรียง	jàt riang
overplaatsen (ww)	ทำสำเนา	tham sǎm-nao
programma (het)	โปรแกรม	bproh-graem
software (de)	ซอฟต์แวร์	sôf-wae
programmeur (de)	นักเขียนโปรแกรม	nák khǐan bproh-graem
programmeren (ww)	เขียนโปรแกรม	khǐan bproh-graem
hacker (computerkraker)	แฮ็กเกอร์	háek-gêr
wachtwoord (het)	รหัสผ่าน	rá-hàt phàan
virus (het)	ไวรัส	wai-rát

ontdekken (virus ~)	ตรวจพบ	dtrùat phóp
byte (de)	ไบท์	bai
megabyte (de)	เมกะไบท์	may-gà-bai

| data (de) | ข้อมูล | khôr moon |
| databank (de) | ฐานข้อมูล | thăan khôr moon |

kabel (USB-~, enz.)	สายเคเบิล	săai khay-bêrn
afsluiten (ww)	ตัดการเชื่อมต่อ	dtàt gaan chêuam dtòr
aansluiten op (ww)	เชื่อมต่อ	chêuam dtòr

166. Internet. E-mail

internet (het)	อินเทอร์เน็ต	in-thêr-nét
browser (de)	เบราว์เซอร์	brao-sêr
zoekmachine (de)	โปรแกรมค้นหา	bproh-graem khón hăa
internetprovider (de)	ผู้ให้บริการ	phôo hâi bor-rí-gaan

webmaster (de)	เว็บมาสเตอร์	wép-mâat-dtêr
website (de)	เว็บไซต์	wép sai
webpagina (de)	เว็บเพจ	wép phâyt

| adres (het) | ที่อยู่ | thêe yòo |
| adresboek (het) | สมุดที่อยู่ | sà-mùt thêe yòo |

postvak (het)	กล่องจดหมายอีเมลล์	glòrng jòt măai ee-mayn
post (de)	จดหมาย	jòt măai
vol (~ postvak)	เต็ม	dtem

bericht (het)	ข้อความ	khôr khwaam
binnenkomende berichten (mv.)	ขอความขาเข้า	khôr khwaam khăa khâo
uitgaande berichten (mv.)	ข้อความขาออก	khôr khwaam khăa òrk

verzender (de)	ผู้ส่ง	phôo sòng
verzenden (ww)	ส่ง	sòng
verzending (de)	การส่ง	gaan sòng

| ontvanger (de) | ผู้รับ | phôo ráp |
| ontvangen (ww) | รับ | ráp |

| correspondentie (de) | การติดต่อกัน ทางจดหมาย | gaan dtìt dtòr gan thaang jòt măai |
| corresponderen (met ...) | ติดต่อกันทางจดหมาย | dtìt dtòr gan thaang jòt măai |

bestand (het)	ไฟล์	fai
downloaden (ww)	ดาวน์โหลด	daao lòht
creëren (ww)	สร้าง	sâang
verwijderen (een bestand ~)	ลบ	lóp
verwijderd (bn)	ถูกลบ	thòok lóp

verbinding (de)	การเชื่อมต่อ	gaan chêuam dtòr
snelheid (de)	ความเร็ว	khwaam reo
modem (de)	โมเด็ม	moh-dem

| toegang (de) | การเข้าถึง | gaan khâo thĕung |
| poort (de) | พอร์ท | phôt |

| aansluiting (de) | การเชื่อมต่อ | gaan chêuam dtòr |
| zich aansluiten (ww) | เชื่อมตอกับ... | chêuam dtòr gàp... |

| selecteren (ww) | เลือก | lêuak |
| zoeken (ww) | คนหา | khón hăa |

167. Elektriciteit

elektriciteit (de)	ไฟฟ้า	fai fáa
elektrisch (bn)	ทางไฟฟ้า	thaang fai-fáa
elektriciteitscentrale (de)	โรงไฟฟ้า	rohng fai-fáa
energie (de)	พลังงาน	phá-lang ngaan
elektrisch vermogen (het)	กำลังไฟฟ้า	gam-lang fai-fáa

lamp (de)	หลอดไฟฟ้า	lòrt fai fáa
zaklamp (de)	ไฟฉาย	fai chăai
straatlantaarn (de)	เสาไฟถนน	săo fai thà-nŏn

licht (elektriciteit)	ไฟ	fai
aandoen (ww)	เปิด	bpèrt
uitdoen (ww)	ปิด	bpìt
het licht uitdoen	ปิดไฟ	bpìt fai

doorbranden (gloeilamp)	ขาด	khàat
kortsluiting (de)	การลัดวงจร	gaan lát wong-jon
onderbreking (de)	สายขาด	săai khàat
contact (het)	สายตอกัน	săai dtòr gan

| schakelaar (de) | สวิตช์ไฟ | sà-wít fai |
| stopcontact (het) | เตาเสียบปลั๊กไฟ | dtâo sìap bplák fai |

| stekker (de) | ปลั๊กไฟ | bplák fai |
| verlengsnoer (de) | สายพวงไฟ | săai phûang fai |

zekering (de)	ฟิวส์	fiw
kabel (de)	สายไฟ	săai fai
bedrading (de)	การเดินสายไฟ	gaan dern săai fai

| ampère (de) | แอมแปร์ | aem-bpae |
| stroomsterkte (de) | กำลังไฟฟ้า | gam-lang fai-fáa |

| volt (de) | โวลต์ | wohn |
| spanning (de) | แรงดันไฟฟ้า | raeng dan fai fáa |

| elektrisch toestel (het) | เครื่องใช้ไฟฟ้า | khrêuang chái fai fáa |
| indicator (de) | ตัวระบุ | dtua rá-bù |

elektricien (de)	ช่างไฟฟ้า	châang fai-fáa
solderen (ww)	บัดกรี	bàt-gree
soldeerbout (de)	หัวแรงบัดกรี	hŭa ráeng bàt-gree
stroom (de)	กระแสไฟฟ้า	grà-săe fai fáa

168. Gereedschappen

werktuig (stuk gereedschap)	เครื่องมือ	khrêuang meu
gereedschap (het)	เครื่องมือ	khrêuang meu
uitrusting (de)	อุปกรณ์	ù-bpà-gon

hamer (de)	ค้อน	khórn
schroevendraaier (de)	ไขควง	khǎi khuang
bijl (de)	ขวาน	khwǎan

zaag (de)	เลื่อย	lêuay
zagen (ww)	เลื่อย	lêuay
schaaf (de)	กบไสไม้	gòp sǎi máai
schaven (ww)	ไสกบ	sǎi gòp
soldeerbout (de)	หัวแรงบัดกรี	hǔa ráeng bàt-gree
solderen (ww)	บัดกรี	bàt-gree

vijl (de)	ตะไบ	dtà-bai
nijptang (de)	คีม	kheem
combinatietang (de)	คีมปอกสายไฟ	kheem bpòk sǎai fai
beitel (de)	สิ่ว	sìw

boorkop (de)	หัวสว่าน	hǔa sà-wàan
boormachine (de)	สว่านไฟฟ้า	sà-wàan fai fáa
boren (ww)	เจาะ	jòr

mes (het)	มีด	mêet
zakmes (het)	มีดพก	mêet phók
lemmet (het)	ใบ	bai

scherp (bijv. ~ mes)	คม	khom
bot (bn)	ทื่อ	thêu
bot raken (ww)	ทำให้...ทื่อ	tham hâi...thêu
slijpen (een mes ~)	ลับคม	láp khom

bout (de)	สลักเกลียว	sà-làk glieow
moer (de)	แหวนสกรู	wǎen sà-groo
schroefdraad (de)	เกลียว	glieow
houtschroef (de)	สกรู	sà-groo

| spijker (de) | ตะปู | dtà-bpoo |
| kop (de) | หัวตะปู | hǔa dtà-bpoo |

liniaal (de/het)	ไม้บรรทัด	máai ban-thát
rolmeter (de)	เทปวัดระยะทาง	thâyp wát rá-yá taang
waterpas (de/het)	เครื่องวัดระดับน้ำ	khrêuang wát rá-dàp náam
loep (de)	แว่นขยาย	wâen khà-yǎai

meetinstrument (het)	เครื่องมือวัด	khrêuang meu wát
opmeten (ww)	วัด	wát
schaal (meetschaal)	อัตรา	àt-dtraa
gegevens (mv.)	คามิเตอร์	khâa mí-dtêr

| compressor (de) | เครื่องอัดอากาศ | khrêuang àt aa-gàat |
| microscoop (de) | กล้องจุลทัศน์ | glôrng jun-la -thát |

pomp (de)	ปั๊ม	bpám
robot (de)	หุ่นยนต์	hùn yon
laser (de)	เลเซอร์	lay-sêr

moersleutel (de)	ประแจ	bprà-jae
plakband (de)	เทปกาว	thâyp gaao
lijm (de)	กาว	gaao

schuurpapier (het)	กระดาษทราย	grà-dàat saai
veer (de)	สปริง	sà-bpring
magneet (de)	แม่เหล็ก	mâe lèk
handschoenen (mv.)	ถุงมือ	thŭng meu

touw (bijv. henneptouw)	เชือก	chêuak
snoer (het)	สาย	sǎai
draad (de)	สายไฟ	sǎai fai
kabel (de)	สายเคเบิล	sǎai khay-bêrn

moker (de)	ค้อนขนาดใหญ่	khón khà-nàat yài
breekijzer (het)	ชะแลง	chá-laeng
ladder (de)	บันได	ban-dai
trapje (inklapbaar ~)	กระได	grà-dai

aanschroeven (ww)	ขันเกลียวเข้า	khǎn glieow khâo
losschroeven (ww)	ขันเกลียวออก	khǎn glieow òk
dichtpersen (ww)	ขันให้แน่น	khǎn hâi náen
vastlijmen (ww)	ติดกาว	dtìt gaao
snijden (ww)	ตัด	dtàt

defect (het)	ความผิดพลาด	khwaam phìt phlâat
reparatie (de)	การซ่อมแซม	gaan sôrm saem
repareren (ww)	ซ่อม	sôrm
regelen (een machine ~)	ปรับ	bpràp

checken (ww)	ตรวจ	dtrùat
controle (de)	การตรวจ	gaan dtrùat
gegevens (mv.)	คามิเตอร์	khâa mí-dtêr

degelijk (bijv. ~ machine)	ไว้วงใจได้	wái waang jai dâai
ingewikkeld (bn)	ซับซ้อน	sáp són

roesten (ww)	ขึ้นสนิม	khêun sà-nǐm
roestig (bn)	เป็นสนิม	bpen sà-nǐm
roest (de/het)	สนิม	sà-nǐm

Vervoer

169. Vliegtuig

vliegtuig (het)	เครื่องบิน	khrêuang bin
vliegticket (het)	ตั๋วเครื่องบิน	dtŭa khrêuang bin
luchtvaartmaatschappij (de)	สายการบิน	săai gaan bin
luchthaven (de)	สนามบิน	sà-năam bin
supersonisch (bn)	ความเร็วเหนือเสียง	khwaam reo nĕua-sĭang
gezagvoerder (de)	กัปตัน	gàp dtan
bemanning (de)	ลูกเรือ	lôok reua
piloot (de)	นักบิน	nák bin
stewardess (de)	พนักงานต้อนรับ บนเครื่องบิน	phá-nák ngaan dtôrn ráp bon khrêuang bin
stuurman (de)	ต้นหน	dtôn hŏn
vleugels (mv.)	ปีก	bpèek
staart (de)	หาง	hăang
cabine (de)	ห้องนักบิน	hôrng nák bin
motor (de)	เครื่องยนต์	khrêuang yon
landingsgestel (het)	โครงส่วนล่าง ของเครื่องบิน	khrorng sùan lâang khŏrng khrêuang bin
turbine (de)	กังหัน	gang-hăn
propeller (de)	ใบพัด	bai phát
zwarte doos (de)	กล่องดำ	glòrng dam
stuur (het)	คันบังคับ	khan bang-kháp
brandstof (de)	เชื้อเพลิง	chéua phlerng
veiligheidskaart (de)	คู่มือความปลอดภัย	khôo meu khwaam bplòt phai
zuurstofmasker (het)	หน้ากากออกซิเจน	nâa gàak ók sí jayn
uniform (het)	เครื่องแบบ	khrêuang bàep
reddingsvest (de)	เสื้อชูชีพ	sêua choo chêep
parachute (de)	ร่มชูชีพ	rôm choo chêep
opstijgen (het)	การบินขึ้น	gaan bin khêun
opstijgen (ww)	บินขึ้น	bin khêun
startbaan (de)	ทางวิ่งเครื่องบิน	thaang wîng khrêuang bin
zicht (het)	ทัศนวิสัย	thát sá ná wí-săi
vlucht (de)	การบิน	gaan bin
hoogte (de)	ความสูง	khwaam sŏong
luchtzak (de)	หลุมอากาศ	lŭm aa-gàat
plaats (de)	ที่นั่ง	thêe nâng
koptelefoon (de)	หูฟัง	hŏo fang
tafeltje (het)	ถาดพับเก็บได้	thàat pháp gèp dâai
venster (het)	หน้าต่างเครื่องบิน	nâa dtàang khrêuang bin
gangpad (het)	ทางเดิน	thaang dern

170. Trein

trein (de)	รถไฟ	rót fai
elektrische trein (de)	รถไฟชานเมือง	rót fai chaan meuang
sneltrein (de)	รถไฟด่วน	rót fai dùan
diesellocomotief (de)	รถจักรดีเซล	rót jàk dee-sayn
stoomlocomotief (de)	รถจักรไอน้ำ	rót jàk ai náam
rijtuig (het)	ตู้โดยสาร	dtôo doi săan
restauratierijtuig (het)	ตู้เสบียง	dtôo sà-biang
rails (mv.)	รางรถไฟ	raang rót fai
spoorweg (de)	ทางรถไฟ	thaang rót fai
dwarsligger (de)	หมอนรองราง	mŏrn rorng raang
perron (het)	ชานชลา	chaan-chá-laa
spoor (het)	ราง	raang
semafoor (de)	ไฟสัญญาณรถไฟ	fai săn-yaan rót fai
halte (bijv. kleine treinhalte)	สถานี	sà-thăa-nee
machinist (de)	คนขับรถไฟ	khon khàp rót fai
kruier (de)	พนักงานยกกระเป๋า	phá-nák ngaan yók grà-bpăo
conducteur (de)	พนักงานรถไฟ	phá-nák ngaan rót fai
passagier (de)	ผู้โดยสาร	phôo doi săan
controleur (de)	พนักงานตรวจตั๋ว	phá-nák ngaan dtrùat dtŭa
gang (in een trein)	ทางเดิน	thaang dern
noodrem (de)	เบรคฉุกเฉิน	bràyk chùk-chěrn
coupé (de)	ตู้นอน	dtôo norn
bed (slaapplaats)	เตียง	dtiang
bovenste bed (het)	เตียงบน	dtiang bon
onderste bed (het)	เตียงล่าง	dtiang lâang
beddengoed (het)	ชุดเครื่องนอน	chút khrêuang norn
kaartje (het)	ตั๋ว	dtŭa
dienstregeling (de)	ตารางเวลา	dtaa-raang way-laa
informatiebord (het)	กระดานแสดงข้อมูล	grà daan sà-daeng khôr moon
vertrekken (De trein vertrekt …)	ออกเดินทาง	òrk dern thaang
vertrek (ov. een trein)	การออกเดินทาง	gaan òrk dern thaang
aankomen (ov. de treinen)	มาถึง	maa thěung
aankomst (de)	การมาถึง	gaan maa thěung
aankomen per trein	มาถึงโดยรถไฟ	maa thěung doi rót fai
in de trein stappen	ขึ้นรถไฟ	khêun rót fai
uit de trein stappen	ลงจากรถไฟ	long jàak rót fai
treinwrak (het)	รถไฟตกราง	rót fai dtòk raang
ontspoord zijn	ตกราง	dtòk raang
stoomlocomotief (de)	หัวรถจักรไอน้ำ	hŭa rót jàk ai náam
stoker (de)	คนควบคุมเตาไฟ	khon khûap khum dtao fai

| stookplaats (de) | เตาไฟ | dtao fai |
| steenkool (de) | ถ่านหิน | thàan hǐn |

171. Schip

| schip (het) | เรือ | reua |
| vaartuig (het) | เรือ | reua |

stoomboot (de)	เรือจักรไอน้ำ	reua jàk ai náam
motorschip (het)	เรือลองแม่น้ำ	reua lông mâe náam
lijnschip (het)	เรือเดินสมุทร	reua dern sà-mùt
kruiser (de)	เรือลาดตระเวน	reua lâat dtrà-wayn

jacht (het)	เรือยอชต์	reua yôt
sleepboot (de)	เรือลากจูง	reua lâak joong
duwbak (de)	เรือบรรทุก	reua ban-thúk
ferryboot (de)	เรือข้ามฟาก	reua khâam fâak

| zeilboot (de) | เรือใบ | reua bai |
| brigantijn (de) | เรือใบสองเสากระโดง | reua bai sǒrng sǎo grà-dohng |

| ijsbreker (de) | เรือตัดน้ำแข็ง | reua dtàt náam khǎeng |
| duikboot (de) | เรือดำน้ำ | reua dam náam |

boot (de)	เรือพาย	reua phaai
sloep (de)	เรือบดเล็ก	reua bòt lék
reddingssloep (de)	เรือชูชีพ	reua choo chêep
motorboot (de)	เรือยนต์	reua yon

kapitein (de)	กัปตัน	gàp dtan
zeeman (de)	นาวิน	naa-win
matroos (de)	คนเรือ	khon reua
bemanning (de)	กะลาสี	gà-laa-sěe

bootsman (de)	สรั่ง	sà-ràng
scheepsjongen (de)	ดูแลช่วยงานในเรือ	khon chûay ngaan nai reua
kok (de)	กุ๊ก	gúk
scheepsarts (de)	แพทย์เรือ	phâet reua

dek (het)	ดาดฟ้าเรือ	dàat-fáa reua
mast (de)	เสากระโดงเรือ	sǎo grà-dohng reua
zeil (het)	ใบเรือ	bai reua

ruim (het)	ท้องเรือ	thórng-reua
voorsteven (de)	หัวเรือ	hǔa-reua
achtersteven (de)	ท้ายเรือ	tháai reua
roeispaan (de)	ไม้พาย	máai phaai
schroef (de)	ใบจักร	bai jàk

kajuit (de)	ห้องพัก	hôrng phák
officierskamer (de)	ห้องอาหาร	hôrng aa-hǎan
machinekamer (de)	ห้องเครื่องยนต์	hôrng khrêuang yon
brug (de)	สะพานเดินเรือ	sà-phaan dern reua
radiokamer (de)	ห้องวิทยุ	hôrng wít-thá-yú

radiogolf (de)	คลื่นความถี่	khlêun khwaam thèe
logboek (het)	สมุดบันทึก	sà-mùt ban-théuk
verrekijker (de)	กล้องส่องทางไกล	glôrng sòrng thaang glai
klok (de)	ระฆัง	rá-khang
vlag (de)	ธง	thorng
kabel (de)	เชือก	chêuak
knoop (de)	ปม	bpom
leuning (de)	ราว	raao
trap (de)	ไม้พาดให้	mái phâat hâi
	ขึ้นลงเรือ	khêun long reua
anker (het)	สมอ	sà-mǒr
het anker lichten	ถอนสมอ	thǒrn sà-mǒr
het anker neerlaten	ทอดสมอ	thôrt sà-mǒr
ankerketting (de)	โซ่สมอเรือ	sôh sà-mǒr reua
haven (bijv. containerhaven)	ท่าเรือ	thâa reua
kaai (de)	ทา	thâa
aanleggen (ww)	จอดเทียบุท่า	jòt thîap tâa
wegvaren (ww)	ออกจากทา	òrk jàak tâa
reis (de)	การเดินทาง	gaan dern thaang
cruise (de)	การล่องเรือ	gaan lôrng reua
koers (de)	เส้นทาง	sên thaang
route (de)	เสนทาง	sên thaang
vaarwater (het)	ร่องเรือเดิน	rông reua dern
zandbank (de)	โขด	khòht
stranden (ww)	เกยตื้น	goie dtêun
storm (de)	พายุ	phaa-yú
signaal (het)	สัญญาณ	sǎn-yaan
zinken (ov. een boot)	ลม	lôm
Man overboord!	คนตกเรือ!	kon dtòk reua
SOS (noodsignaal)	SOS	es-o-es
reddingsboei (de)	หวงยาง	hùang yaang

172. Vliegveld

luchthaven (de)	สนามบิน	sà-nǎam bin
vliegtuig (het)	เครื่องบิน	khrêuang bin
luchtvaartmaatschappij (de)	สายการบิน	sǎai gaan bin
luchtverkeersleider (de)	เจ้าหน้าที่ควบคุม	jâo nâa-thêe khûap khum
	จราจรทางอากาศ	jà-raa-jon thaang aa-gàat
vertrek (het)	การออกเดินทาง	gaan òrk dern thaang
aankomst (de)	การมาถึง	gaan maa thěung
aankomen (per vliegtuig)	มาถึง	maa thěung
vertrektijd (de)	เวลาขาไป	way-laa khǎa bpai
aankomstuur (het)	เวลามาถึง	way-laa maa thěung

vertraagd zijn (ww)	ถูกเลื่อน	thòok lêuan
vluchtvertraging (de)	เลื่อนเที่ยวบิน	lêuan thieow bin
informatiebord (het)	กระดานแสดง	grà daan sà-daeng
	ข้อมูล	khôr moon
informatie (de)	ข้อมูล	khôr moon
aankondigen (ww)	ประกาศ	bprà-gàat
vlucht (bijv. KLM ~)	เที่ยวบิน	thîeow bin
douane (de)	ศุลกากร	sŭn-lá-gaa-gon
douanier (de)	เจาหน้าที่ศุลกากร	jâo nâa-thêe sŭn-lá-gaa-gon
douaneaangifte (de)	แบบฟอร์มการเสีย	bàep form gaan sĭa
	ภาษีศุลกากร	phaa-sĕe sŭn-lá-gaa-gon
invullen (douaneaangifte ~)	กรอก	gròrk
een douaneaangifte invullen	กรอกแบบฟอร์ม	gròrk bàep form
	การเสียภาษี	gaan sĭa paa-sĕe
paspoortcontrole (de)	จุดตรวจหนังสือ	jùt dtrùat năng-sĕu
	เดินทาง	dern-thaang
bagage (de)	สัมภาระ	săm-phaa-rá
handbagage (de)	กระเป๋าถือ	grà-bpăo thĕu
bagagekarretje (het)	รถขนสัมภาระ	rót khŏn săm-phaa-rá
landing (de)	การลงจอด	gaan long jòrt
landingsbaan (de)	ลานบินลงจอด	laan bin long jòrt
landen (ww)	ลงจอด	long jòrt
vliegtuigtrap (de)	ทางขึ้นลง	thaang khêun long
	เครื่องบิน	khrêuang bin
inchecken (het)	การเช็คอิน	gaan chék in
incheckbalie (de)	เคานเตอร์เช็คอิน	khao-dtêr chék in
inchecken (ww)	เช็คอิน	chék in
instapkaart (de)	บัตรที่นั่ง	bàt thêe nâng
gate (de)	ช่องเขา	chôrng khâo
transit (de)	การต่อเที่ยวบิน	gaan tòr thîeow bin
wachten (ww)	รอ	ror
wachtzaal (de)	ห้องผู้โดยสารขาออก	hôrng phôo doi săan khăa òk
begeleiden (uitwuiven)	ไปส่ง	bpai sòng
afscheid nemen (ww)	บอกลา	bòrk laa

173. Fiets. Motorfiets

fiets (de)	รถจักรยาน	rót jàk-grà-yaan
bromfiets (de)	สกูตเตอร์	sà-góot-dtêr
motorfiets (de)	รถมอเตอร์ไซค์	rót mor-dtêr-sai
met de fiets rijden	ขี่จักรยาน	khèe jàk-grà-yaan
stuur (het)	พวงมาลัยรถ	phuang maa-lai rót
pedaal (de/het)	แป้นเหยียบ	bpâen yìap
remmen (mv.)	เบรก	bràyk
fietszadel (de/het)	ที่นั่งจักรยาน	thêe nâng jàk-grà-yaan
pomp (de)	ปั๊ม	bpám

bagagedrager (de)	ที่วางสัมภาระ	thêe waang săm-phaa-rá
fietslicht (het)	ไฟหน้า	fai nâa
helm (de)	หมวกนิรภัย	mùak ní-rá-phai
wiel (het)	ล้อ	lór
spatbord (het)	บังโคลน	bang khlon
velg (de)	ขอบล้อ	khòp lór
spaak (de)	กานล้อ	gâan lór

Auto's

174. Soorten auto's

auto (de)	รถยนต์	rót yon
sportauto (de)	รถสปอร์ต	rót sà-bpòt
limousine (de)	รถลีมูซีน	rót lee moo seen
terreinwagen (de)	รถเอสยูวี	rót àyt yoo wee
cabriolet (de)	รถยนต์เปิดประทุน	rót yon bpèrt bprà-thun
minibus (de)	รถบัสเล็ก	rót bàt lék
ambulance (de)	รถพยาบาล	rót phá-yaa-baan
sneeuwruimer (de)	รถไถหิมะ	rót thǎi hì-má
vrachtwagen (de)	รถบรรทุก	rót ban-thúk
tankwagen (de)	รถบรรทุกน้ำมัน	rót ban-thúk nám man
bestelwagen (de)	รถตู้	rót dtôo
trekker (de)	รถลาก	rót lâak
aanhangwagen (de)	รถพ่วง	rót phûang
comfortabel (bn)	สะดวก	sà-dùak
tweedehands (bn)	มือสอง	meu sǒrng

175. Auto's. Carrosserie

motorkap (de)	กระโปรงรถ	grà bprohng rót
spatbord (het)	บังโคลน	bang khlon
dak (het)	หลังคา	lǎng khaa
voorruit (de)	กระจกหน้ารถ	grà-jòk nâa rót
achterruit (de)	กระจกมองหลัง	grà-jòk morng lǎng
ruitensproeier (de)	ที่ฉีดน้ำลวง	thêe chèet nám
	กระจกหน้ารถ	láang grà-jòk nâa rót
wisserbladen (mv.)	ที่ปัดล้างกระจก	thêe bpàt láang grà-jòk
	หน้ารถ	nâa rót
zijruit (de)	กระจกข้าง	grà-jòk khâang
raamlift (de)	กระจกไฟฟ้า	grà-jòk fai-fáa
antenne (de)	เสาอากาศ	sǎo aa-gàat
zonnedak (het)	หลังคารับแดด	lǎng khaa ráp dàet
bumper (de)	กันชน	gan chon
koffer (de)	ท้ายรถ	tháai rót
imperiaal (de/het)	ชั้นวางสัมภาระ	chán waang sǎm-phaa-rá
portier (het)	ประตู	bprà-dtoo
handvat (het)	ที่เปิดประตู	thêe bpèrt bprà-dtoo
slot (het)	ล็อคประตูรถ	lók bprà-dtoo rót

nummerplaat (de)	ป้ายทะเบียน	bpâai thá-bian
knalpot (de)	ท่อไอเสีย	thôr ai sǐa
benzinetank (de)	ถังน้ำมัน	thǎng náam man
uitlaatpijp (de)	ท่อไอเสีย	thôr ai sǐa

gas (het)	เร่ง	râyng
pedaal (de/het)	แป้นเหยียบ	bpâen yìap
gaspedaal (de/het)	คันเร่ง	khan râyng

rem (de)	เบรก	bràyk
rempedaal (de/het)	แป้นเบรค	bpâen bràyk
remmen (ww)	เบรก	bràyk
handrem (de)	เบรกมือ	bràyk meu

koppeling (de)	คลัตช์	khlát
koppelingspedaal (de/het)	แป้นคลัตช์	bpâen khlát
koppelingsschijf (de)	จูนคลัตช์	jaan khlát
schokdemper (de)	โชคอัพ	chóhk-àp

wiel (het)	ล้อ	lór
reservewiel (het)	ล้อสำรอง	lór sǎm-rorng
band (de)	ยางรถ	yaang rót
wieldop (de)	ลอแม็ก	lór-máek

aandrijfwielen (mv.)	ล้อพวงมาลัย	lór phuang maa-lai
met voorwielaandrijving	ขับเคลื่อนล้อหน้า	khàp khlêuan lór nâa
met achterwielaandrijving	ขับเคลื่อนล้อหลัง	khàp khlêuan lór lǎng
met vierwielaandrijving	ขับเคลื่อนสี่ลอ	khàp khlêuan sèe lór

versnellingsbak (de)	กระปุกเกียร์	grà-bpùk gia
automatisch (bn)	อัตโนมัติ	àt-noh-mát
mechanisch (bn)	กลไก	gon-gai
versnellingspook (de)	คันเกียร์	khan gia

voorlicht (het)	ไฟหน้า	fai nâa
voorlichten (mv.)	ไฟหนา	fai nâa

dimlicht (het)	ไฟต่ำ	fai dtàm
grootlicht (het)	ไฟสูง	fai sǒong
stoplicht (het)	ไฟเบรก	fai bràyk

standlichten (mv.)	ไฟจอดรถ	fai jòt rót
noodverlichting (de)	ไฟฉุกเฉิน	foi ohùk chěrn
mistlichten (mv.)	ไฟตัดหมอก	fai dtàt mòk
pinker (de)	ไฟเลี้ยว	fai líeow
achteruitrijdlicht (het)	ไฟรถถอย	fai rót thǒi

176. Auto's. Passagiersruimte

interieur (het)	ภายในรถ	phaai nai rót
leren (van leer gemaak)	หนัง	nǎng
fluwelen (abn)	กำมะหยี่	gam-má-yèe
bekleding (de)	เครื่องเบาะ	khrêuang bòr
toestel (het)	อุปกรณ์	ù-bpà-gon

instrumentenbord (het)	แผงหน้าปัด	phăeng nâa bpàt
snelheidsmeter (de)	มาตรวัดความเร็ว	mâat wát khwaam reo
pijltje (het)	เข็มชี้วัด	khĕm chée wát
kilometerteller (de)	มิเตอร์วัดระยะทาง	mí-dtêr wát rá-yá thaang
sensor (de)	มิเตอร์วัด	mí-dtêr wát
niveau (het)	ระดับ	rá-dàp
controlelampje (het)	ไฟเตือน	fai dteuan
stuur (het)	พวงมาลัยรถ	phuang maa-lai rót
toeter (de)	แตร	dtrae
knopje (het)	ปุ่ม	bpùm
schakelaar (de)	สวิตช์	sà-wít
stoel (bestuurders~)	ที่นั่ง	thêe nâng
rugleuning (de)	พนักพิง	phá-nák phing
hoofdsteun (de)	ที่พิงศีรษะ	thêe phing sĕe-sà
veiligheidsgordel (de)	เข็มขัดนิรภัย	khĕm khàt ní-rá-phai
de gordel aandoen	คาดเข็มขัดนิรภัย	khâat khĕm khàt ní-rá-phai
regeling (de)	การปรับ	gaan bpràp
airbag (de)	ถุงลมนิรภัย	thŭng lom ní-rá-phai
airconditioner (de)	เครื่องปรับอากาศ	khrêuang bpràp-aa-gàat
radio (de)	วิทยุ	wít-thá-yú
CD-speler (de)	เครื่องเล่น CD	khrêuang lên see-dee
aanzetten (bijv. radio ~)	เปิด	bpèrt
antenne (de)	เสาอากาศ	săo aa-gàat
handschoenenkastje (het)	ช่องเก็บของ ข้างคนขับ	chôrng gèp khŏrng khâang khon khàp
asbak (de)	ที่เขี่ยบุหรี่	thêe khìa bù rèe

177. Auto's. Motor

diesel- (abn)	ดีเซล	dee-sayn
benzine- (~motor)	น้ำมันเบนซิน	nám man bayn-sin
motorinhoud (de)	ขนาดเครื่องยนต์	khà-nàat khrêuang yon
vermogen (het)	กำลัง	gam-lang
paardenkracht (de)	แรงม้า	raeng máa
zuiger (de)	ก้านลูกสูบ	gâan lôok sòop
cilinder (de)	กระบอกสูบ	grà-bòrk sòop
klep (de)	วาล์ว	waao
injectie (de)	หัวฉีด	hŭa chèet
generator (de)	เครื่องกำเนิดไฟฟ้า	khrêuang gam-nèrt fai fáa
carburator (de)	คาร์บูเรเตอร์	khaa-boo-ray-dtêr
motorolie (de)	น้ำมันเครื่อง	nám man khrêuang
radiator (de)	หม้อน้ำ	môr náam
koelvloeistof (de)	สารทำความเย็น	săan tham khwaam yen
ventilator (de)	พัดลมระบายความร้อน	phát lom rá-baai khwaam rón
accu (de)	แบตเตอรี่	bàet-dter-rêe
starter (de)	มอเตอร์สตาร์ต	mor-dtêr sà-dtàat

contact (ontsteking)	การจุดระเบิด	gaan jùt rá-bèrt
bougie (de)	หัวเทียน	hŭa thian

pool (de)	ขั้วแบตเตอรี่	khûa bàet-dter-rêe
positieve pool (de)	ขั้วบวก	khûa bùak
negatieve pool (de)	ขั้วลบ	khûa lóp
zekering (de)	ฟิวส์	fiw

luchtfilter (de)	เครื่องกรองอากาศ	khrêuang grorng aa-gàat
oliefilter (de)	ไส้กรองน้ำมัน	sâi grorng nám man
benzinefilter (de)	ไส้กรองน้ำมัน เชื้อเพลิง	sâi grorng nám man chéua phlerng

178. Auto's. Botsing. Reparatie

auto-ongeval (het)	อุบัติเหตุรถชน	u-bàt hàyt rót chon
verkeersongeluk (het)	อุบัติเหตุจราจร	u-bàt hàyt jà-raa-jon
aanrijden	ชน	chon
(tegen een boom, enz.)		
verongelukken (ww)	ชนโครม	chon khrohm
beschadiging (de)	ความเสียหาย	khwaam sĭa hăai
heelhuids (bn)	ไม่มีความเสียหาย	mâi mee khwaam sĭa hăai

pech (de)	การเสีย	gaan sĭa
kapot gaan (zijn gebroken)	ตาย	dtaai
sleeptouw (het)	เชือกลากรถยนต์	chêuak lâak rót yon

lek (het)	ยางรั่ว	yaang rûa
lekke krijgen (band)	ทำให้ยางแบน	tham hâi yaang baen
oppompen (ww)	เติมลมยาง	dterm lom yaang
druk (de)	แรงดัน	raeng dan
checken (ww)	ตรวจสอบ	dtrùat sòrp

reparatie (de)	การซ่อม	gaan sôrm
garage (de)	ราานซ่อมรถยนต์	ráan sôrm rót yon
wisselstuk (het)	อะไหล่	a lài
onderdeel (het)	ชิ้นส่วน	chín sùan

bout (de)	สลักเกลียว	sà-làk glieow
schroef (de)	สกรู	sà-groo
moer (de)	แหวนสกรู	wăen sà-groo
sluitring (de)	แหวนเล็ก	wăen lék
kogellager (de/het)	แบริง	bae-ring

pijp (de)	ท่อ	thôr
pakking (de)	ปะเก็น	bpà gen
kabel (de)	สายไฟ	săai fai

dommekracht (de)	แม่แรง	mâe raeng
moersleutel (de)	ปูระแจ	bprà-jae
hamer (de)	ค้อน	khórn
pomp (de)	ปั๊ม	bpám
schroevendraaier (de)	ไขควง	khăi khuang
brandblusser (de)	ถังดับเพลิง	thăng dàp phlerng

gevarendriehoek (de)	ป้ายเตือน	bpâai dteuan
afslaan	มีเครื่องดับ	mee khrêuang dàp
(ophouden te werken)		
uitvallen (het)	การดับ	gaan dàp
zijn gebroken	เสีย	sĭa

oververhitten (ww)	ร้อนเกิน	rórn gern
verstopt raken (ww)	อุดตัน	ùt dtan
bevriezen (autodeur, enz.)	เยือกแข็ง	yêuak khăeng
barsten (leidingen, enz.)	แตก	dtàek

druk (de)	แรงดัน	raeng dan
niveau (bijv. olieniveau)	ระดับ	rá-dàp
slap (de drijfriem is ~)	อ่อน	òrn

deuk (de)	รอยบุบ	roi bùp
geklop (vreemde geluiden)	เสียงเครื่องยนต์ดับ	sĭang khrêuang yon dàp
barst (de)	รอยแตก	roi dtàek
kras (de)	รอยขูด	roi khòot

179. Auto's. Weg

weg (de)	ถนน	thà-nŏn
snelweg (de)	ทางหลวง	thaang lŭang
autoweg (de)	ทางด่วน	thaang dùan
richting (de)	ทิศทาง	thít thaang
afstand (de)	ระยะทาง	rá-yá thaang

brug (de)	สะพาน	sà-phaan
parking (de)	ลานจอดรถ	laan jòrt rót
plein (het)	จัตุรัส	jàt-dtù-ràt
verkeersknooppunt (het)	ทางแยกต่างระดับ	thaang yâek dtàang rá-dàp
tunnel (de)	อุโมงค์	u-mohng

benzinestation (het)	ปั๊มน้ำมัน	bpám náam man
parking (de)	ลานจอดรถ	laan jòrt rót
benzinepomp (de)	ที่เติมน้ำมัน	thêe dterm náam man
garage (de)	ร้านซ่อมรถยนต์	ráan sôrm rót yon
tanken (ww)	เติมน้ำมัน	dterm náam man
brandstof (de)	น้ำมันเชื้อเพลิง	nám man chéua phlerng
jerrycan (de)	ถังน้ำมัน	thăng náam man

asfalt (het)	ถนนลาดยาง	thà-nŏn lâat yaang
markering (de)	เครื่องหมายจราจร	khrêuang măai jà-raa-jon
	บนพื้นทาง	bon phéun thaang

trottoirband (de)	ขอบถนน	khòrp thà-nŏn
geleiderail (de)	รั้วกัน	rúa gân
greppel (de)	คู	khoo
vluchtstrook (de)	ข้างถนน	khâang thà-nŏn
lichtmast (de)	เสาไฟ	săo fai

besturen (een auto ~)	ขับ	khàp
afslaan (naar rechts ~)	เลี้ยว	líeow
U-bocht maken (ww)	กลับรถ	glàp rót

achteruit (de)	ถอยรถ	thŏri rót
toeteren (ww)	บีบแตร	bèep dtrae
toeter (de)	เสียงบีบแตร	sĭang bèep dtrae
vastzitten (in modder)	ติด	dtìt
spinnen (wielen gaan ~)	หมุนล้อ	mŭn lór
uitzetten (ww)	ปิด	bpìt

snelheid (de)	ความเร็ว	khwaam reo
een snelheidsovertreding maken	ขับเร็วเกิน	khàp reo gern
bekeuren (ww)	ให้ใบสั่ง	hâi bai sàng
verkeerslicht (het)	ไฟสัญญาณจราจร	fai săn-yaan jà-raa-jon
rijbewijs (het)	ใบขับขี่	bai khàp khèe

overgang (de)	ทางข้ามรถไฟ	thaang khâam rót fai
kruispunt (het)	สี่แยก	sèe yâek
zebrapad (oversteekplaats)	ทางม้าลาย	thaang máa laai
bocht (de)	ทางโค้ง	thaang khóhng
voetgangerszone (de)	ถนนคนเดิน	thà-nŏn khon dern

180. Verkeersborden

verkeersregels (mv.)	กฎจราจร	gòt jà-raa-jon
verkeersbord (het)	ป้ายสัญญาณจราจร	bpâai săn-yaan jà-raa-jon
inhalen (het)	การแซง	gaan saeng
bocht (de)	การโค้ง	gaan khóhng
U-bocht, kering (de)	การกลับรถ	gaan glàp rót
Rotonde (de)	วงเวียน	wong wian

Verboden richting	ห้ามเข้า	hâam khâo
Verboden toegang	ห้ามรถเข้า	hâam rót khâo
Inhalen verboden	ห้ามแซง	hâam saeng
Parkeerverbod	ห้ามจอดรถ	hâam jòrt rót
Verbod stil te staan	ห้ามหยุด	hâam yùt

Gevaarlijke bocht	โค้งอันตราย	khóhng an-dtà-raai
Gevaarlijke daling	ทางลงลาดชัน	thaang long lâat chan
Eenrichtingsweg	การจราจรทางเดียว	gaan jà-raa-jon thaang dieow
Voetgangers	ทางม้าลาย	thaang máa laai
Slipgevaar	ทางลื่น	thaang lêun
Voorrang verlenen	ให้ทาง	hâi taang

MENSEN. GEBEURTENISSEN IN HET LEVEN

Gebeurtenissen in het leven

181. Vakanties. Evenement

feest (het)	วันหยุดเฉลิมฉลอง	wan yùt chà-lĕrm chà-lŏng
nationale feestdag (de)	วันชาติ	wan châat
feestdag (de)	วันหยุดนักขัตฤกษ์	wan yùt nák-kàt-rêrk
herdenken (ww)	เฉลิมฉลอง	chà-lĕrm chà-lŏrng

gebeurtenis (de)	เหตุการณ์	hàyt gaan
evenement (het)	งานอีเวนต์	ngaan ee wayn
banket (het)	งานเลี้ยง	ngaan líang
receptie (de)	งานเลี้ยง	ngaan líang
feestmaal (het)	งานฉลอง	ngaan chà-lŏrng

verjaardag (de)	วันครบรอบ	wan khróp rôrp
jubileum (het)	วันครบรอบปี	wan khróp rôrp bpee
vieren (ww)	ฉลอง	chà-lŏrng

Nieuwjaar (het)	ปีใหม่	bpee mài
Gelukkig Nieuwjaar!	สวัสดีปีใหม่!	sà-wàt-dee bpee mài
Sinterklaas (de)	ซานตาคลอส	saan-dtaa-khlôrt

Kerstfeest (het)	คริสต์มาส	khrít-mâat
Vrolijk kerstfeest!	สุขสันต์วันคริสต์มาส	sùk-săn wan khrít-mâat
kerstboom (de)	ต้นคริสต์มาส	dtôn khrít-mâat
vuurwerk (het)	ดอกไม้ไฟ	dòrk máai fai

bruiloft (de)	งานแต่งงาน	ngaan dtàeng ngaan
bruidegom (de)	เจ้าบ่าว	jâo bàao
bruid (de)	เจ้าสาว	jâo săao

uitnodigen (ww)	เชิญ	chern
uitnodigingskaart (de)	บัตรเชิญ	bàt chern

gast (de)	แขก	khàek
op bezoek gaan	ไปเยี่ยม	bpai yîam
gasten verwelkomen	ตอนรับแขก	dton ráp khàek

geschenk, cadeau (het)	ของขวัญ	khŏrng khwăn
geven (iets cadeau ~)	ให้	hâi
geschenken ontvangen	รับของขวัญ	ráp khŏrng khwăn
boeket (het)	ช่อดอกไม้	chôr dòrk máai

felicitaties (mv.)	คำแสดง ความยินดี	kham sà-daeng khwaam yin-dee
feliciteren (ww)	แสดงความยินดี	sà-daeng khwaam yin dee

wenskaart (de)	บัตรอวยพร	bàt uay phon
een kaartje versturen	สงโปสการ์ด	sòng bpòht-gàat
een kaartje ontvangen	รับโปสการด	ráp bpòht-gàat

toast (de)	ดื่มอวยพร	dèum uay phon
aanbieden (een drankje ~)	เลี้ยงเครื่องดื่ม	líang khrêuang dèum
champagne (de)	แชมเปญ	chaem-bpayn

plezier hebben (ww)	มีความสุข	mee khwaam sùk
plezier (het)	ความรื่นเริง	khwaam rêun-rerng
vreugde (de)	ความสุขสันต์	khwaam sùk-săn

dans (de)	การเต้น	gaan dtên
dansen (ww)	เต้น	dtên

wals (de)	วอลทซ์	wo:lts
tango (de)	แทงโก	thaeng-gôh

182. Begrafenissen. Begrafenis

kerkhof (het)	สุสาน	sù-săan
graf (het)	หลุมศพ	lŭm sòp
kruis (het)	ไม้กางเขน	mái gaang khăyn
grafsteen (de)	ป้ายหลุมศพ	bpâai lŭm sòp
omheining (de)	รั้ว	rúa
kapel (de)	โรงสวด	rohng sùat

dood (de)	ความตาย	khwaam dtaai
sterven (ww)	ตาย	dtaai
overledene (de)	ผู้เสียชีวิต	phôo sĭa chee-wít
rouw (de)	การไว้อาลัย	gaan wái aa-lai

begraven (ww)	ฝังศพ	făng sòp
begrafenisonderneming (de)	บริษัทรับจัดงานศพ	bor-rí-sàt ráp jàt ngaan sòp
begrafenis (de)	งานศพ	ngaan sòp
krans (de)	พวงหรีด	phuang rèet
doodskist (de)	โลงศพ	lohng sòp
lijkwagen (de)	รถขนศพ	rót khŏn sòp
lijkkleed (de)	ผ้าหอศพ	phâa hòr sòp

begrafenisstoet (de)	พิธีศพ	phí-tɔɔ ɔ̀ɔp
urn (de)	โกศ	gòht
crematorium (het)	เมรุ	mayn

overlijdensbericht (het)	ข่าวมรณกรรม	khàao mor-rá-ná-gam
huilen (wenen)	ร้องไห้	rórng hâi
snikken (huilen)	สะอื้น	sà-êun

183. Oorlog. Soldaten

peloton (het)	หมวด	mùat
compagnie (de)	กองร้อย	gorng rói

regiment (het)	กรม	grom
leger (armee)	กองทัพ	gorng tháp
divisie (de)	กองพล	gorng phon-la

| sectie (de) | หมู่ | mòo |
| troep (de) | กองทัพ | gorng tháp |

| soldaat (militair) | ทหาร | thá-hǎan |
| officier (de) | นายทหาร | naai thá-hǎan |

soldaat (rang)	พลทหาร	phon-thá-hǎan
sergeant (de)	สิบเอก	sìp àyk
luitenant (de)	ร้อยโท	rói thoh
kapitein (de)	ร้อยเอก	rói àyk
majoor (de)	พลตรี	phon-dtree
kolonel (de)	พันเอก	phan àyk
generaal (de)	นายพล	naai phon

matroos (de)	กะลาสี	gà-laa-sěe
kapitein (de)	กัปตัน	gàp dtan
bootsman (de)	สรังเรือ	sà-ràng reua

artillerist (de)	ทหารปืนใหญ่	thá-hǎan bpeun yài
valschermjager (de)	พลรม	phon-rôm
piloot (de)	นักบิน	nák bin
stuurman (de)	ต้นหน	dtôn hǒn
mecanicien (de)	ช่างเครื่อง	châang khrêuang

sappeur (de)	ทหารช่าง	thá-hǎan châang
parachutist (de)	ทหารราบอากาศ	thá-hǎan râap aa-gàat
verkenner (de)	ทหารพราน	thá-hǎan phraan
scherpschutter (de)	พลชุมยิง	phon sûm ying

patrouille (de)	หน่วยลาดตระเวน	nùay lâat dtrà-wayn
patrouilleren (ww)	ลาดตระเวน	lâat dtrà-wayn
wacht (de)	ทหารยาม	tá-hǎan yaam

| krijger (de) | นักรบ | nák róp |
| patriot (de) | ผู้รักชาติ | phôo rák châat |

| held (de) | วีรบุรุษ | wee-rá-bù-rùt |
| heldin (de) | วีรสตรี | wee rá-sot dtree |

| verrader (de) | ผู้ทรยศ | phôo thor-rá-yót |
| verraden (ww) | ทรยศ | thor-rá-yót |

| deserteur (de) | ทหารหนีทัพ | thá-hǎan něe tháp |
| deserteren (ww) | หนีทัพ | něe tháp |

huurling (de)	ทหารรับจ้าง	thá-hǎan ráp jâang
rekruut (de)	เกณฑ์ทหาร	gayn thá-hǎan
vrijwilliger (de)	อาสาสมัคร	aa-sǎa sà-màk

gedode (de)	คนถูกฆ่า	khon thòok khâa
gewonde (de)	ผู้ได้รับบาดเจ็บ	phôo dâai ráp bàat jèp
krijgsgevangene (de)	เชลยศึก	chá-loie sèuk

184. Oorlog. Militaire acties. Deel 1

oorlog (de)	สงคราม	sŏng-khraam
oorlog voeren (ww)	ทำสงคราม	tham sŏng-khraam
burgeroorlog (de)	สงครามกลางเมือง	sŏng-khraam glaang-meuang
achterbaks (bw)	ตลบตะแลง	dtà-lòp-dtà-laeng
oorlogsverklaring (de)	การประกาศสงคราม	gaan bprà-gàat sŏng-khraam
verklaren (de oorlog ~)	ประกาศสงคราม	bprà-gàat sŏng-khraam
agressie (de)	การรุกราน	gaan rúk-raan
aanvallen (binnenvallen)	บุกรุก	bùk rúk
binnenvallen (ww)	บุกรุก	bùk rúk
invaller (de)	ผู้บุกรุก	phôo bùk rúk
veroveraar (de)	ผู้ยึดครอง	phôo yéut khrorng
verdediging (de)	การป้องกัน	gaan bpôrng gan
verdedigen (je land ~)	ปกป้อง	bpòk bpôrng
zich verdedigen (ww)	ป้องกัน	bpôrng gan
vijand (de)	ศัตรู	sàt-dtroo
tegenstander (de)	ข้าศึก	khâa sèuk
vijandelijk (bn)	ศัตรู	sàt-dtroo
strategie (de)	ยุทธศาสตร์	yút-thá-sàat
tactiek (de)	ยุทธวิธี	yút-thá-wí-thee
order (de)	คำสั่ง	kham sàng
bevel (het)	คำบัญชาการ	kham ban-chaa gaan
bevelen (ww)	สั่ง	sàng
opdracht (de)	ภารกิจ	phaa-rá-gìt
geheim (bn)	อย่างลับ	yàang láp
strijd, slag (de)	การรบ	gaan róp
aanval (de)	การจู่โจม	gaan jòo johm
bestorming (de)	การเข้าจู่โจม	gaan khâo jòo johm
bestormen (ww)	บุกจู่โจม	bùk jòo johm
bezetting (de)	การโอบล้อมโจมตี	gaan òhp lóm johm dtee
aanval (de)	การโจมตี	gaan johm dtee
in het offensief te gaan	โจมตี	johm dtee
terugtrekking (de)	การถอย	gaan thŏi
zich terugtrekken (ww)	ถอย	thŏi
omsingeling (de)	การปิดล้อม	gaan bpìt lórm
omsingelen (ww)	ปิดล้อม	bpìt lórm
bombardement (het)	การทิ้งระเบิด	gaan thíng rá-bèrt
een bom gooien	ทิ้งระเบิด	thíng rá-bèrt
bombarderen (ww)	ทิ้งระเบิด	thíng rá-bèrt
ontploffing (de)	การระเบิด	gaan rá-bèrt
schot (het)	การยิง	gaan ying
een schot lossen	ยิง	ying

schieten (het)	การยิง	gaan ying
mikken op (ww)	เล็ง	leng
aanleggen (een wapen ~)	ชี้	chée
treffen (doelwit ~)	ถูกเป้าหมาย	thòok bpâo măai

zinken (tot zinken brengen)	จม	jom
kogelgat (het)	รู	roo
zinken (gezonken zijn)	จม	jom

front (het)	แนวหน้า	naew nâa
evacuatie (de)	การอพยพ	gaan òp-phá-yóp
evacueren (ww)	อพยพ	òp-phá-yóp

loopgraaf (de)	สนามเพลาะ	sà-năam phlór
prikkeldraad (de)	ลวดหนาม	lûat năam
verdedigingsobstakel (het)	สิ่งกีดขวาง	sìng gèet-khwăang
wachttoren (de)	หอสังเกตการณ์	hŏr săng-gàyt gaan

hospitaal (het)	โรงพยาบาลทหาร	rohng phá-yaa-baan thá-hăan
verwonden (ww)	ทำให้บาดเจ็บ	tham hâi bàat jèp
wond (de)	แผล	phlăe
gewonde (de)	ผู้ได้รับบาดเจ็บ	phôo dâai ráp bàat jèp
gewond raken (ww)	ได้รับบาดเจ็บ	dâai ráp bàat jèp
ernstig (~e wond)	รายแรง	ráai raeng

185. Oorlog. Militaire acties. Deel 2

krijgsgevangenschap (de)	การเป็นเชลย	gaan bpen chá-loie
krijgsgevangen nemen	จับเชลย	jàp chá-loie
krijgsgevangene zijn	เป็นเชลย	bpen chá-loie
krijgsgevangen genomen worden	ถูกจับเป็นเชลย	thòok jàp bpen chá-loie

concentratiekamp (het)	ค่ายกักกัน	khâai gàk gan
krijgsgevangene (de)	เชลยศึก	chá-loie sèuk
vluchten (ww)	หนี	něe

verraden (ww)	ทูรยศ	thor-rá-yót
verrader (de)	ผู้ทรยศ	phôo thor-rá-yót
verraad (het)	การทรยศ	gaan thor-rá-yót

fusilleren (executeren)	ประหาร	bprà-hăan
executie (de)	การประหาร	gaan bprà-hăan

uitrusting (de)	ชุดเสื้อผ้าทหาร	chút sêua phâa thá-hăan
schouderstuk (het)	บ่ง	bâng
gasmasker (het)	หน้ากากกันแก๊ส	nâa gàak gan gàet

portofoon (de)	วิทยุสนาม	wít-thá-yú sà-năam
geheime code (de)	รหัส	rá-hàt
samenzwering (de)	ความลับ	khwaam láp
wachtwoord (het)	รหัสผาน	rá-hàt phàan
mijn (landmijn)	กับระเบิด	gàp rá-bèrt

ondermijnen (legden mijnen)	วางกับระเบิด	waang gàp rá-bèrt
mijnenveld (het)	เขตทุ่นระเบิด	khàyt thûn rá-bèrt
luchtalarm (het)	สัญญาณเตือนภัย ทางอากาศ	săn-yaan dteuan phai thaang aa-gàat
alarm (het)	สัญญาณเตือนภัย	săn-yaan dteuan phai
signaal (het)	สัญญาณ	săn-yaan
vuurpijl (de)	พลุสัญญาณ	phlú săn-yaan

staf (generale ~)	กองบัญชาการ	gorng ban-chaa gaan
verkenning (de)	การลาดตระเวน	gaan lâat dtrà-wayn
toestand (de)	สถานการณ์	sà-thăan gaan
rapport (het)	การรายงาน	gaan raai ngaan
hinderlaag (de)	การซุ่มโจมตี	gaan sûm johm dtee
versterking (de)	กำลังเสริม	gam-lang sĕrm

doel (bewegend ~)	เป้าหมาย	bpâo măai
proefterrein (het)	สถานที่ทดลอง	sà-tăan thêe thót long
manoeuvres (mv.)	การซ้อมรบ	gaan sórm róp

paniek (de)	ความตื่นตระหนก	khwaam dtèun dtrà-nòk
verwoesting (de)	การทำลายล้าง	gaan tham-laai láang
verwoestingen (mv.)	ซาก	sâak
verwoesten (ww)	ทำลาย	tham laai

overleven (ww)	รอดชีวิต	rôt chee-wít
ontwapenen (ww)	ปลดอาวุธ	bplòt aa-wút
behandelen (een pistool ~)	ใช้	chái
Geeft acht!	หยุด	yùt
Op de plaats rust!	พัก	phák

heldendaad (de)	การแสดงความ กล้าหาญ	gaan sà-daeng khwaam glâa hăan
eed (de)	คำสาบาน	kham săa-baan
zweren (een eed doen)	สาบาน	săa baan

decoratie (de)	รางวัล	raang-wan
onderscheiden (een ereteken geven)	มอบรางวัล	môrp raang-wan
medaille (de)	เหรียญรางวัล	rĭan raang-wan
orde (de)	เครื่องอิสริยาภรณ์	khrêuang ìt-sà-rí-yaa-phon

overwinning (de)	ชัยชนะ	chai chá-ná
verlies (het)	ความพ่ายแพ้	khwaam phâai pháe
wapenstilstand (de)	การพักรบ	gaan phák róp

wimpel (vaandel)	ธงรบ	thorng róp
roem (de)	ความรุ่งโรจน์	khwaam rûng-rôht
parade (de)	ขบวนสวนสนาม	khà-buan sŭan sà-năam
marcheren (ww)	เดินสวนสนาม	dern sŭan sà-năam

186. Wapens

wapens (mv.)	อาวุธ	aa-wút
vuurwapens (mv.)	อาวุธปืน	aa-wút bpeun

koude wapens (mv.)	อาวุธเย็น	aa-wút yen
chemische wapens (mv.)	อาวุธเคมี	aa-wút khay-mee
kern-, nucleair (bn)	นิวเคลียร์	niw-khlia
kernwapens (mv.)	อาวุธนิวเคลียร์	aa-wút niw-khlia

| bom (de) | ลูกระเบิด | lôok rá-bèrt |
| atoombom (de) | ลูกระเบิดปรมาณู | lôok rá-bèrt bpà-rá-maa-noo |

pistool (het)	ปืนพก	bpeun phók
geweer (het)	ปืนไรเฟิล	bpeun rai-fern
machinepistool (het)	ปืนกลมือ	bpeun gon meu
machinegeweer (het)	ปืนกล	bpeun gon

loop (schietbuis)	ปากปืนระบอกปืน	bpàak bprà bòrk bpeun
loop (bijv. geweer met kortere ~)	ลำกลอง	lam glôrng
kaliber (het)	ขนาดลำกล้อง	khà-nàat lam glôrng

trekker (de)	ไกปืน	gai bpeun
korrel (de)	ศูนย์เล็ง	sŏon leng
magazijn (het)	แม็กกาซีน	máek-gaa-seen
geweerkolf (de)	พานท้ายปืน	phaan tháai bpeun

| granaat (handgranaat) | ระเบิดมือ | rá-bèrt meu |
| explosieven (mv.) | วัตถุระเบิด | wát-thù rá-bèrt |

kogel (de)	ลูกกระสุน	lôok grà-sŭn
patroon (de)	ตลับกระสุน	dtà-làp grà-sŭn
lading (de)	กระสุน	grà-sŭn
ammunitie (de)	อาวุธยุทธภัณฑ์	aa-wút yút-thá-phan

bommenwerper (de)	เครื่องบินทิ้งระเบิด	khrêuang bin thíng rá-bèrt
straaljager (de)	เครื่องบินขับไล่	khrêuang bin khàp lâi
helikopter (de)	เฮลิคอปเตอร์	hay-lí-khôrp-dtêr

| afweergeschut (het) | ปืนต่อสู้อากาศยาน | bpeun dtòr sôo aa-gàat-sà-yaan |

| tank (de) | รถถัง | rót thăng |
| kanon (tank met een ~ van 76 mm) | ปืนรถถัง | bpeun rót thăng |

artillerie (de)	ปืนใหญ่	bpeun yài
kanon (het)	ปืน	bpeun
aanleggen (een wapen ~)	เล็งเป้าปืน	leng bpâo bpeun

projectiel (het)	กระสุน	grà-sŭn
mortiergranaat (de)	กระสุนปืนครก	grà-sŭn bpeun khrók
mortier (de)	ปืนครก	bpeun khrók
granaatscherf (de)	สะเก็ดระเบิด	sà-gèt rá-bèrt

duikboot (de)	เรือดำน้ำ	reua dam náam
torpedo (de)	ตอร์ปิโด	dtor-bpì-doh
raket (de)	ขีปนาวุธ	khĕe-bpà-naa-wút

| laden (geweer, kanon) | ใส่กระสุน | sài grà-sŭn |
| schieten (ww) | ยิง | ying |

| richten op (mikken) | เล็ง | leng |
| bajonet (de) | ดาบปลายปืน | dàap bplaai bpeun |

degen (de)	เรเปียร์	ray-bpia
sabel (de)	ดาบโค้ง	dàap khóhng
speer (de)	หอก	hòrk
boog (de)	ธนู	thá-noo
pijl (de)	ลูกธนู	lôok-thá-noo
musket (de)	ปืนคาบศิลา	bpeun khâap sì-laa
kruisboog (de)	หน้าไม้	nâa máai

187. Oude mensen

primitief (bn)	แบบดั้งเดิม	bàep dâng derm
voorhistorisch (bn)	ยุคก่อนประวัติศาสตร์	yúk gòn bprà-wàt sàat
eeuwenoude (~ beschaving)	โบราณ	boh-raan

Steentijd (de)	ยุคหิน	yúk hĭn
Bronstijd (de)	ยุคสำริด	yúk săm-rít
IJstijd (de)	ยุคน้ำแข็ง	yúk nám khăeng

stam (de)	เผ่า	phào
menseneter (de)	ผู้ที่กินเนื้อคน	phôo thêe gin néua khon
jager (de)	นักล่าสัตว์	nák lâa sàt
jagen (ww)	ล่าสัตว์	lâa sàt
mammoet (de)	ช้างแมมมอธ	cháang-maem-môt

grot (de)	ถ้ำ	thâm
vuur (het)	ไฟ	fai
kampvuur (het)	กองไฟ	gorng fai
rotstekening (de)	ภาพวาดในถ้ำ	phâap-wâat nai thâm

werkinstrument (het)	เครื่องมือ	khrêuang meu
speer (de)	หอก	hòrk
stenen bijl (de)	ขวานหิน	khwăan hĭn
oorlog voeren (ww)	ทำสงคราม	tham sŏng-khraam
temmen (bijv. wolf ~)	เชื่อง	chêuang

idool (het)	เทวรูป	theu-rôop
aanbidden (ww)	บูชา	boo-chaa
bijgeloof (het)	ความเชื่องมงาย	khwaam chêua ngom-ngaai
ritueel (het)	พิธีกรรม	phí-thee gam

evolutie (de)	วิวัฒนาการ	wí-wát-thá-naa-gaan
ontwikkeling (de)	การพัฒนา	gaan phát-thá-naa
verdwijning (de)	การสูญพันธุ์	gaan sŏon phan
zich aanpassen (ww)	ปรับตัว	bpràp dtua

archeologie (de)	โบราณคดี	boh-raan khá-dee
archeoloog (de)	นักโบราณคดี	nák boh-raan-ná-khá-dee
archeologisch (bn)	ทางโบราณคดี	thaang boh-raan khá-dee

| opgravingsplaats (de) | แหล่งขุดค้น | làeng khùt khón |
| opgravingen (mv.) | การขุดค้น | gaan khùt khón |

| vondst (de) | สิ่งที่ค้นพบ | sìng thêe khón phóp |
| fragment (het) | เศษชิ้นส่วน | sàyt chín sùan |

188. Middeleeuwen

volk (het)	ชาติพันธุ์	châat-dtì-phan
volkeren (mv.)	ชาติพันธุ์	châat-dtì-phan
stam (de)	เผ่า	phào
stammen (mv.)	เผ่า	phào

barbaren (mv.)	อนารยชน	à-naa-rá-yá-chon
Galliërs (mv.)	ชาวโกล	chaao gloh
Goten (mv.)	ชาวกอธ	chaao gòt
Slaven (mv.)	ชาวสลาฟ	chaao sà-làaf
Vikings (mv.)	ชาวไวกิ้ง	chaao wai-gîng

| Romeinen (mv.) | ชาวโรมัน | chaao roh-man |
| Romeins (bn) | โรมัน | roh-man |

Byzantijnen (mv.)	ชาวไบแซนไทน์	chaao bai-saen-tpai
Byzantium (het)	ไบแซนเทียม	bai-saen-thiam
Byzantijns (bn)	ไบแซนไทน	bai-saen-thai

keizer (bijv. Romeinse ~)	จักรพรรดิ	jàk-grà-phát
opperhoofd (het)	ผู้นำ	phôo nam
machtig (bn)	ทรงพลัง	song phá-lang
koning (de)	มหากษัตริย์	má-hăa gà-sàt
heerser (de)	ผู้ปกครอง	phôo bpòk khrorng

ridder (de)	อัศวิน	àt-sà-win
feodaal (de)	เจ้าครองนคร	jâo khrorng ná-khon
feodaal (bn)	ระบบศักดินา	rá-bòp sàk-gà-dì naa
vazal (de)	เจ้าของที่ดิน	jâo khŏrng thêe din

hertog (de)	ดยุค	dà-yúk
graaf (de)	เอิร์ล	ern
baron (de)	บารอน	baa-rorn
bisschop (de)	พระบิชอป	phrá bì-chôp

harnas (het)	เกราะ	gròr
schild (het)	โล่	lôh
zwaard (het)	ดาบ	dàap
vizier (het)	กะบังหน้าของหมวก	gà-bang nâa khŏrng mùak
maliënkolder (de)	เสื้อเกราะถัก	sêua gròr thàk

kruistocht (de)	สงครามครูเสด	sŏng-khraam khroo-sàyt
kruisvaarder (de)	ผู้ทำสงคราม	phôo tham sŏng-kraam
	ศาสนา	sàat-sà-năa

gebied (bijv. bezette ~en)	อาณาเขต	aa-naa khàyt
aanvallen (binnenvallen)	โจมตี	johm dtee
veroveren (ww)	ยึดครอง	yéut khrorng
innemen (binnenvallen)	บุกยึด	bùk yéut
bezetting (de)	การโอบล้อมโจมตี	gaan òhp lóm johm dtee

belegerd (bn)	ถูกล้อมกรอบ	thòok lóm gròp
belegeren (ww)	ลอมโจมตี	lóm johm dtee
inquisitie (de)	การไต่สวน	gaan dtài sŭan
inquisiteur (de)	ผู้ไต่สวน	phôo dtài sŭan
foltering (de)	การทรมาน	gaan thor-rá-maan
wreed (bn)	โหดราย	hòht ráai
ketter (de)	ผู้นอกรีต	phôo nôrk rêet
ketterij (de)	ความนอกรีต	khwaam nôrk rêet
zeevaart (de)	การเดินเรือทะเล	gaan dern reua thá-lay
piraat (de)	โจรสลัด	john sà-làt
piraterij (de)	การปลนสะดม	gaan bplôn-sà-dom
	ในนานน้ำทะเล	nai nâan náam thá-lay
enteren (het)	การบุกขึ้นเรือ	gaan bùk khêun reua
buit (de)	ของที่ปลน	khŏrng têe bplôn-
	สะดมมา	sà-dom maa
schatten (mv.)	สมบัติ	sŏm-bàt
ontdekking (de)	การค้นพบ	gaan khón phóp
ontdekken (bijv. nieuw land)	ค้นพบ	khón phóp
expeditie (de)	การสำรวจ	gaan săm-rùat
musketier (de)	ทหารถือ	thá-hăan thĕu
	ปืนคาบศิลา	bpeun khâap sì-laa
kardinaal (de)	พระคาร์ดินัล	phrá khaa-dì-nan
heraldiek (de)	มุทราศาสตร์	mút-raa sàat
heraldisch (bn)	ทางมุทราศาสตร์	thaang mút-raa sàat

189. Leider. Baas. Autoriteiten

koning (de)	ราชา	raa-chaa
koningin (de)	ราชินี	raa-chí-nee
koninklijk (bn)	เกี่ยวกับราชวงศ์	gìeow gàp râat-cha-wong
koninkrijk (het)	ราชอาณาจักร	râat aa-naa jàk
prins (de)	เจ้าชาย	jâo chaai
prinses (de)	เจาหญิง	jâo yĭng
president (de)	ประธานาธิบดี	bprà-thaa-naa-thí-bor-dee
vicepresident (de)	รองประธา	rorng bprà-thaa-
	นาธิบดี	naa-thí-bor-dee
senator (de)	สมาชิกวุฒิสภา	sà-maa-chík wút-thí sà-phaa
monarch (de)	กษัตริย์	gà-sàt
heerser (de)	ผู้ปกครอง	phôo bpòk khrorng
dictator (de)	เผด็จการ	phà-dèt gaan
tiran (de)	ทูรราช	thor-rá-râat
magnaat (de)	ผู้มีอิทธิพลสูง	phôo mee ìt-thí phon sŏong
directeur (de)	ผู้อำนวยการ	phôo am-nuay gaan
chef (de)	หัวหนา	hŭa-nâa
beheerder (de)	ผู้จัดการ	phôo jàt gaan
baas (de)	หัวหนา	hŭa-nâa

eigenaar (de)	เจ้าของ	jâo khŏrng
leider (de)	ผู้นำ	phôo nam
hoofd	หัวหน้า	hŭa-nâa
(bijv. ~ van de delegatie)		
autoriteiten (mv.)	เจ้าหน้าที่	jâo nâa-thêe
superieuren (mv.)	ผู้บังคับบัญชา	phôo bang-kháp ban-chaa

gouverneur (de)	ผู้ว่าการ	phôo wâa gaan
consul (de)	กงสุล	gong-sŭn
diplomaat (de)	นักการทูต	nák gaan thôot
burgemeester (de)	นายกเทศมนตรี	naa-yók thâyt-sà-mon-dtree
sheriff (de)	นายอำเภอ	naai am-pher

keizer (bijv. Romeinse ~)	จักรพรรดิ	jàk-grà-phát
tsaar (de)	ซาร์	saa
farao (de)	ฟาโรห์	faa-roh
kan (de)	ขาน	khàan

190. Weg. Weg. Routebeschrijving

| weg (de) | ถนน | thà-nŏn |
| route (de kortste ~) | ทิศทาง | thít thaang |

autoweg (de)	ทางด่วน	thaang dùan
snelweg (de)	ทางหลวง	thaang lŭang
rijksweg (de)	ทางหลวงอินเตอร์สเตต	thaang lŭang in-dtèrt-dtàyt

| hoofdweg (de) | ถนนใหญ่ | thà-nŏn yài |
| landweg (de) | ถนนลูกรัง | thà-nŏn loo-grang |

| pad (het) | ทางเดิน | thaang dern |
| paadje (het) | ทางเดิน | thaang dern |

Waar?	ที่ไหน?	thêe nǎi
Waarheen?	ที่ไหน?	thêe nǎi
Waarvandaan?	จากที่ไหน?	jàak thêe nǎi

| richting (de) | ทิศทาง | thít thaang |
| aanwijzen (de weg ~) | ชี้ | chée |

naar links (bw)	ทางซ้าย	thaang sáai
naar rechts (bw)	ทางขวา	thaang khwǎa
rechtdoor (bw)	ตรงไป	dtrorng bpai
terug (bijv. ~ keren)	กลับ	glàp

bocht (de)	ทางโค้ง	thaang khóhng
afslaan (naar rechts ~)	เลี้ยว	líeow
U-bocht maken (ww)	กลับรถ	glàp rót

| zichtbaar worden (ww) | มองเห็นได้ | morng hĕn dâai |
| verschijnen (in zicht komen) | ปรากฏ | bpraa-gòt |

| stop (korte onderbreking) | การหยุด | gaan yùt |
| zich verpozen (uitrusten) | พัก | phák |

173

rust (de)	การหยุดพัก	gaan yùt phák
verdwalen (de weg kwijt zijn)	หลงทาง	lǒng thaang
leiden naar ... (de weg)	ไปสู่	bpai sòo
bereiken (ergens aankomen)	ออกมาถึง	òrk maa thěung
deel (~ van de weg)	สวน	sùan

asfalt (het)	ถนนลาดยาง	thà-nǒn lâat yaang
trottoirband (de)	ขอบถนน	khòrp thà-nǒn
greppel (de)	คูน้ำ	khoo náam
putdeksel (het)	ฝาท่อระบายน้ำ	fǎa thôr rá-baai nám
vluchtstrook (de)	ขางถนน	khâang thà-nǒn
kuil (de)	หลุม	lǔm

| gaan (te voet) | ไป | bpai |
| inhalen (voorbijgaan) | แซง | saeng |

| stap (de) | ก้าวเดิน | gâao dern |
| te voet (bw) | เดินเทา | dern tháo |

blokkeren (de weg ~)	กีดขวาง	gèet khwǎang
slagboom (de)	แขนกั้นรถ	khǎen gân rót
doodlopende straat (de)	ทางตัน	thaang dtan

191. De wet overtreden. Criminelen. Deel 1

bandiet (de)	โจร	john
misdaad (de)	อาชญากรรม	àat-yaa-gam
misdadiger (de)	อาชญากร	àat-yaa-gon

dief (de)	ขโมย	khà-moi
stelen (ww)	ขโมย	khà-moi
stelen (de)	การลักขโมย	gaan lák khà-moi
diefstal (de)	การลักทรัพย์	gaan lák sáp

kidnappen (ww)	ลักพาตัว	lák phaa dtua
kidnapping (de)	การลักพาตัว	gaan lák phaa dtua
kidnapper (de)	ผู้ลักพาตัว	phôo lák phaa dtua

| losgeld (het) | ค่าไถ่ | khâa thài |
| eisen losgeld (ww) | เรียกเงินค่าไถ่ | rîak ngern khâa thài |

overvallen (ww)	ปล้น	bplôn
overval (de)	การปล้น	gaan bplôn
overvaller (de)	ขโมยขโจร	khà-moi khà-john

afpersen (ww)	รีดไถ	rêet thǎi
afperser (de)	ผู้รีดไถ	phôo rêet thǎi
afpersing (de)	การรีดไถ	gaan rêet thǎi

vermoorden (ww)	ฆ่า	khâa
moord (de)	ฆาตกรรม	khâat-dtà-gaam
moordenaar (de)	ฆาตกร	khâat-dtà-gon
schot (het)	การยิงปืน	gaan ying bpeun
een schot lossen	ยิง	ying

neerschieten (ww)	ยิงให้ตาย	ying hâi dtaai
schieten (ww)	ยิง	ying
schieten (het)	การยิง	gaan ying

ongeluk (gevecht, enz.)	เหตุการณ์	hàyt gaan
gevecht (het)	การต่อสู้	gaan dtòr sôo
Help!	ขอช่วย	khŏr chûay
slachtoffer (het)	เหยื่อ	yèua

beschadigen (ww)	ทำความเสียหาย	tham khwaam sĭa hăai
schade (de)	ความเสียหาย	khwaam sĭa hăai
lijk (het)	ศพ	sòp
zwaar (~ misdrijf)	รายแรง	ráai raeng

aanvallen (ww)	จู่โจม	jòo johm
slaan (iemand ~)	ตี	dtee
in elkaar slaan (toetakelen)	ซ้อม	sórm
ontnemen (beroven)	ปล้น	bplôn
steken (met een mes)	แทงให้ตาย	thaeng hâi dtaai
verminken (ww)	ทำให้บาดเจ็บสาหัส	tham hâi bàat jèp săa hàt
verwonden (ww)	บาด	bàat

chantage (de)	การกรรโชก	gaan-gan-chôhk
chanteren (ww)	กรรโชก	gan-chôhk
chanteur (de)	ผู้ขู่กรรโชก	phôo khòo gan-chôhk

afpersing (de)	การคุมครอง ผิดกฎหมาย	gaan khum khrorng phìt gòt măai
afperser (de)	ผู้ที่หาเงิน จากกิจกรรมที่ ผิดกฎหมาย	phôo thêe hăa ngern jàak gìt-jà-gam thêe phìt gòt măai
gangster (de)	เหล่าร้าย	lào ráai
maffia (de)	มาเฟีย	maa-fia

kruimeldief (de)	ขโมยล้วงกระเป๋า	khà-moi lúang grà-bpăo
inbreker (de)	ขโมยย่องเบา	khà-moi yông bao
smokkelen (het)	การลักลอบ	gaan lák-lôrp
smokkelaar (de)	ผู้ลักลอบ	phôo lák lôrp

namaak (de)	การปลอมแปลง	gaan bplorm bplaeng
namaken (ww)	ปลอมแปลง	bplorm bplaeng
namaak-, vals (bn)	ปลอม	bplorm

192. De wet overtreden. Criminelen. Deel 2

verkrachting (de)	การข่มขืน	gaan khòm khĕun
verkrachten (ww)	ขมขืน	khòm khĕun
verkrachter (de)	โจรขมขืน	john khòm khĕun
maniak (de)	คนบ้า	khon bâa

prostituee (de)	โสเภณี	sŏh-phay-nee
prostitutie (de)	การค้าประเวณี	gaan kháa bprà-way-nee
pooier (de)	แมงดา	maeng-daa
drugsverslaafde (de)	ผู้ติดยาเสพติด	phôo dtìt yaa-sàyp-dtìt

drugshandelaar (de)	พ่อค้ายาเสพติด	phôr kháa yaa-sàyp-dtìt
opblazen (ww)	ระเบิด	rá-bèrt
explosie (de)	การระเบิด	gaan rá-bèrt
in brand steken (ww)	เผา	phăo
brandstichter (de)	ผู้ลอบวางเพลิง	phôo lôp waang phlerng
terrorisme (het)	การก่อการร้าย	gaan gòr gaan ráai
terrorist (de)	ผู้ก่อการร้าย	phôo gòr gaan ráai
gijzelaar (de)	ตัวประกัน	dtua bprà-gan
bedriegen (ww)	ล่อลวง	lôr luang
bedrog (het)	การล่อลวง	gaan lôr luang
oplichter (de)	นักตมตุน	nák dtôm dtŭn
omkopen (ww)	ติดสินบน	dtìt sĭn-bon
omkoperij (de)	การติดสินบน	gaan dtìt sĭn-bon
smeergeld (het)	สินบน	sĭn bon
vergif (het)	ยาพิษ	yaa phít
vergiftigen (ww)	วางยาพิษ	waang-yaa phít
vergif innemen (ww)	กินยาตาย	gin yaa dtaai
zelfmoord (de)	การฆ่าตัวตาย	gaan khâa dtua dtaai
zelfmoordenaar (de)	ผู้ฆ่าตัวตาย	phôo khâa dtua dtaai
bedreigen (bijv. met een pistool)	ขู่	khòo
bedreiging (de)	คำขู่	kham khòo
een aanslag plegen	พยายามฆ่า	phá-yaa-yaam khâa
aanslag (de)	การพยายามฆ่า	gaan phá-yaa-yaam khâa
stelen (een auto)	จี้	jêe
kapen (een vliegtuig)	จี้	jêe
wraak (de)	การแก้แค้น	gaan gâe kháen
wreken (ww)	แก้แค้น	gâe kháen
martelen (gevangenen)	ทรมาณ	thon-maan
foltering (de)	การทรมาน	gaan thor-rá-maan
folteren (ww)	ทำทารุณ	tam taa-run
piraat (de)	โจรสลัด	john sà-làt
straatschender (de)	นักเลง	nák-layng
gewapend (bn)	มีอาวุธ	mee aa-wút
geweld (het)	ความรุนแรง	khwaam run raeng
onwettig (strafbaar)	ผิดกฎหมาย	phìt gòt măai
spionage (de)	จารกรรม	jaa-rá-gam
spioneren (ww)	ลวงความลับ	lúang khwaam láp

193. Politie. Wet. Deel 1

justitie (de)	ยุติธรรม	yút-dtì-tham
gerechtshof (het)	ศาล	săan

rechter (de)	ผู้พิพากษา	phôo phí-phâak-sǎa
jury (de)	ลูกขุน	lôok khǔn
juryrechtspraak (de)	การใต่สวนคดี	gaan dtài sǔan khá-dee
	แบบมีลูกขุน	bàep mee lôok khǔn
berechten (ww)	พิพากษา	phí-phâak-sǎa

advocaat (de)	ทนายความ	thá-naai khwaam
beklaagde (de)	จำเลย	jam loie
beklaagdenbank (de)	คอกจำเลย	khôrk jam loie

beschuldiging (de)	ข้อกล่าวหา	khôr glàao hǎa
beschuldigde (de)	ถูกกลาวหา	thòok glàao hǎa

vonnis (het)	การลงโทษ	gaan long thôht
veroordelen	พิพากษา	phí-phâak-sǎa
(in een rechtszaak)		

schuldige (de)	ผู้กระทำความผิด	phôo grà-tham khwaam phìt
straffen (ww)	ลงโทษ	long thôht
bestraffing (de)	การลงโทษ	gaan long thôht

boete (de)	ปรับ	bpràp
levenslange opsluiting (de)	การจำคุก	gaan jam khúk
	ตลอดชีวิต	dtà-lòt chee-wít
doodstraf (de)	โทษประหาร	thôht-bprà-hǎan
elektrische stoel (de)	เก้าอี้ไฟฟ้า	gâo-êe fai-fáa
schavot (het)	ตะแลงแกง	dtà-laeng-gaeng

executeren (ww)	ประหาร	bprà-hǎan
executie (de)	การประหาร	gaan bprà-hǎan

gevangenis (de)	คุก	khúk
cel (de)	ห้องขัง	hôrng khǎng

konvooi (het)	ผู้ควบคุมตัว	phôo khûap khum dtua
gevangenisbewaker (de)	ผู้คุม	phôo khum
gedetineerde (de)	นักโทษ	nák thôht

handboeien (mv.)	กุญแจมือ	gun-jae meu
handboeien omdoen	ใส่กุญแจมือ	sài gun-jae meu

ontsnapping (de)	การแหกคุก	gaan hàek khúk
ontsnappen (ww)	แหก	hàek
verdwijnen (ww)	หายตัวไป	hǎai dtua bpai
vrijlaten (uit de gevangenis)	ถูกปล่อยตัว	thòok bplòi dtua
amnestie (de)	การนิรโทษกรรม	gaan ní-rá-thôht gam

politie (de)	ตำรวจ	dtam-rùat
politieagent (de)	เจ้าหน้าที่ตำรวจ	jâo nâa-thêe dtam-rùat
politiebureau (het)	สถานีตำรวจ	sà-thǎa-nee dtam-rùat
knuppel (de)	กระบองตำรวจ	grà-bong dtam-rùat
megafoon (de)	โทรโข่ง	toh-ra -khòhng

patrouilleerwagen (de)	รถลาดตระเวน	rót lâat dtrà-wayn
sirene (de)	หวอ	wǒr
de sirene aansteken	เปิดหวอ	bpèrt wǒr

geloei (het) van de sirene	เสียงหวอ	sĭang wŏr
plaats delict (de)	ที่เกิดเหตุ	thêe gèrt hàyt
getuige (de)	พยาน	phá-yaan
vrijheid (de)	อิสระ	ìt-sà-rà
handlanger (de)	ผู้ร่วมกระทำผิด	phôo rûam grà-tham phìt
ontvluchten (ww)	หนี	nĕe
spoor (het)	ร่องรอย	rông roi

194. Politie. Wet. Deel 2

opsporing (de)	การสืบสวน	gaan sèup sŭan
opsporen (ww)	หาตัว	hăa dtua
verdenking (de)	ความสงสัย	khwaam sŏng-săi
verdacht (bn)	น่าสงสัย	nâa sŏng-săi
aanhouden (stoppen)	เรียกให้หยุด	rîak hâi yùt
tegenhouden (ww)	กักตัว	gàk dtua

strafzaak (de)	คดี	khá-dee
onderzoek (het)	การสืบสวน	gaan sèup sŭan
detective (de)	นักสืบ	nák sèup
onderzoeksrechter (de)	นักสอบสวน	nák sòrp sŭan
versie (de)	สันนิษฐาน	săn-nít-thăan

motief (het)	เหตุจูงใจ	hàyt joong jai
verhoor (het)	การสอบปากคำ	gaan sòp bpàak kham
ondervragen (door de politie)	สอบสวน	sòrp sŭan
ondervragen (omstanders ~)	ไถถาม	thăi thăam
controle (de)	การตรวจสอบ	gaan dtrùat sòp

razzia (de)	การรวบตัว	gaan rûap dtua
huiszoeking (de)	การตรวจค้น	gaan dtrùat khón
achtervolging (de)	การไล่ล่า	gaan lâi lâa
achtervolgen (ww)	ไล่ล่า	lâi lâa
opsporen (ww)	สืบ	sèup

arrest (het)	การจับกุม	gaan jàp gum
arresteren (ww)	จับกุม	jàp gum
vangen, aanhouden (een dief, enz.)	จับ	jàp
aanhouding (de)	การจับ	gaan jàp

document (het)	เอกสาร	àyk săan
bewijs (het)	หลักฐาน	làk thăan
bewijzen (ww)	พิสูจน์	phí-sòot
voetspoor (het)	รอยเท้า	roi tháo
vingerafdrukken (mv.)	รอยนิ้วมือ	roi níw meu
bewijs (het)	หู่ลักฐาน	làk thăan
alibi (het)	ข้อแก้ตัว	khôr gâe dtua
onschuldig (bn)	พ้นผิด	phón phìt
onrecht (het)	ความอยุติธรรม	khwaam a-yút-dtì-tam
onrechtvaardig (bn)	ไม่เป็นธรรม	mâi bpen-tham
crimineel (bn)	อาชญากร	àat-yaa-gon
confisqueren (in beslag nemen)	ยึด	yéut

drug (de)	ยาเสพติด	yaa sàyp dtìt
wapen (het)	อาวุธ	aa-wút
ontwapenen (ww)	ปลดอาวุธ	bplòt aa-wút
bevelen (ww)	ออกคำสั่ง	òrk kham sàng
verdwijnen (ww)	หายตัวไป	hăai dtua bpai
wet (de)	กฎหมาย	gòt măai
wettelijk (bn)	ตามกฎหมาย	dtaam gòt măai
onwettelijk (bn)	ผิดกฎหมาย	phìt gòt măai
verantwoordelijkheid (de)	ความรับผิดชอบ	khwaam ráp phìt chôp
verantwoordelijk (bn)	รับผิดชอบ	ráp phìt chôp

NATUUR

De Aarde. Deel 1

195. De kosmische ruimte

kosmos (de)	อวกาศ	a-wá-gàat
kosmisch (bn)	ทางอวกาศ	thang a-wá-gàat
kosmische ruimte (de)	อวกาศ	a-wá-gàat

wereld (de)	โลก	lôhk
heelal (het)	จักรวาล	jàk-grà-waan
sterrenstelsel (het)	ดาราจักร	daa-raa jàk

ster (de)	ดาว	daao
sterrenbeeld (het)	กลุ่มดาว	glùm daao
planeet (de)	ดาวเคราะห์	daao khrór
satelliet (de)	ดาวเทียม	daao thiam

meteoriet (de)	ดาวตก	daao dtòk
komeet (de)	ดาวหาง	daao hăang
asteroïde (de)	ดาวเคราะห์น้อย	daao khrór nói

baan (de)	วงโคจร	wong khoh-jon
draaien (om de zon, enz.)	เวียน	wian
atmosfeer (de)	บรรยากาศ	ban-yaa-gàat

Zon (de)	ดวงอาทิตย์	duang aa-thít
zonnestelsel (het)	ระบบสุริยะ	rá-bòp sù-rí-yá
zonsverduistering (de)	สุริยุปราคา	sù-rí-yú-bpà-raa-kaa

Aarde (de)	โลก	lôhk
Maan (de)	ดวงจันทร์	duang jan

Mars (de)	ดาวอังคาร	daao ang-khaan
Venus (de)	ดาวศุกร์	daao sùk
Jupiter (de)	ดาวพฤหัส	daao phá-réu-hàt
Saturnus (de)	ดาวเสาร์	daao săo

Mercurius (de)	ดาวพุธ	daao phút
Uranus (de)	ดาวยูเรนัส	daao-yoo-ray-nát
Neptunus (de)	ดาวเนปจูน	daao-nâyp-joon
Pluto (de)	ดาวพลูโต	daao phloo-dtoh

Melkweg (de)	ทางช้างเผือก	thaang cháang phèuak
Grote Beer (de)	กลุ่มดาวหมีใหญ่	glùm daao mĕe yài
Poolster (de)	ดาวเหนือ	daao nĕua
marsmannetje (het)	ชาวดาวอังคาร	chaao daao ang-khaan
buitenaards wezen (het)	มนุษย์ต่างดาว	má-nút dtàang daao

| bovenaards (het) | มนุษย์ต่างดาว | má-nút dtàang daao |
| vliegende schotel (de) | จานบิน | jaan bin |

ruimtevaartuig (het)	ยานอวกาศ	yaan a-wá-gàat
ruimtestation (het)	สถานีอวกาศ	sà-thǎa-nee a-wá-gàat
start (de)	การปล่อยจรวด	gaan bplòi jà-rùat

motor (de)	เครื่องยนต์	khrêuang yon
straalpijp (de)	ท่อไอพ่น	thôr ai phôn
brandstof (de)	เชื้อเพลิง	chéua phlerng

cabine (de)	ที่นั่งคนขับ	thêe nâng khon khàp
antenne (de)	เสาอากาศ	sǎo aa-gàat
patrijspoort (de)	ช่อง	chôrng
zonnebatterij (de)	อุปกรณ์พลังงานแสงอาทิตย์	ù-bpà-gon phá-lang ngaan sǎeng aa-thít
ruimtepak (het)	ชุดอวกาศ	chút a-wá-gàat

| gewichtloosheid (de) | สภาพไร้น้ำหนัก | sà-phâap rái nám nàk |
| zuurstof (de) | อ็อกซิเจน | ók sí jayn |

| koppeling (de) | การเทียบท่า | gaan thîap thâa |
| koppeling maken | เทียบทา | thîap thâa |

observatorium (het)	หอดูดาว	hǒr doo daao
telescoop (de)	กล้องโทรทรรศน์	glôrng thoh-rá-thát
waarnemen (ww)	เฝ้าสังเกต	fâo sǎng-gàyt
exploreren (ww)	สำรวจ	sǎm-rùat

196. De Aarde

Aarde (de)	โลก	lôhk
aardbol (de)	ลูกโลก	lôok lôhk
planeet (de)	ดาวเคราะห์	daao khrór

atmosfeer (de)	บรรยากาศ	ban-yaa-gàat
aardrijkskunde (de)	ภูมิศาสตร์	phoo-mí-sàat
natuur (de)	ธรรมชาติ	tham-má-châat

wereldbol (de)	ลูกโลก	lôok lôhk
kaart (de)	แผนที่	phǎen thêe
atlas (de)	หนังสือแผนที่โลก	nǎng-sěu phǎen thêe lôhk

Europa (het)	ยุโรป	yú-ròhp
Azië (het)	เอเชีย	ay-chia
Afrika (het)	แอฟริกา	àef-rí-gaa
Australië (het)	ออสเตรเลีย	òrt-dtray-lia

Amerika (het)	อเมริกา	a-may-rí-gaa
Noord-Amerika (het)	อเมริกาเหนือ	a-may-rí-gaa něua
Zuid-Amerika (het)	อเมริกาใต้	a-may-rí-gaa dtâi

| Antarctica (het) | แอนตาร์กติกา | aen-dtàak-dtì-gaa |
| Arctis (de) | อารกติค | àak-dtìk |

197. Windrichtingen

noorden (het)	เหนือ	nĕua
naar het noorden	ทิศเหนือ	thít nĕua
in het noorden	ที่ภาคเหนือ	thêe phâak nĕua
noordelijk (bn)	ทางเหนือ	thaang nĕua
zuiden (het)	ใต้	dtâi
naar het zuiden	ทิศใต้	thít dtâi
in het zuiden	ที่ภาคใต้	thêe phâak dtâi
zuidelijk (bn)	ทางใต้	thaang dtâi
westen (het)	ตะวันตก	dtà-wan dtòk
naar het westen	ทิศตะวันตก	thít dtà-wan dtòk
in het westen	ที่ภาคตะวันตก	thêe phâak dtà-wan dtòk
westelijk (bn)	ทางตะวันตก	thaang dtà-wan dtòk
oosten (het)	ตะวันออก	dtà-wan òrk
naar het oosten	ทิศตะวันออก	thít dtà-wan òrk
in het oosten	ที่ภาคตะวันออก	thêe phâak dtà-wan òrk
oostelijk (bn)	ทางตะวันออก	thaang dtà-wan òrk

198. Zee. Oceaan

zee (de)	ทะเล	thá-lay
oceaan (de)	มุหาสมุทร	má-hăa sà-mùt
golf (baai)	อ่าว	àao
straat (de)	ชองแคบ	chôrng khâep
grond (vaste grond)	พื้นดิน	phéun din
continent (het)	ทวีป	thá-wêep
eiland (het)	เกาะ	gòr
schiereiland (het)	คาบสมุทร	khâap sà-mùt
archipel (de)	หมู่เกาะ	mòo gòr
baai, bocht (de)	อ่าว	àao
haven (de)	ท่าเรือ	thâa reua
lagune (de)	ลากูน	laa-goon
kaap (de)	แหลม	lăem
atol (de)	อะทอลล์	à-thorn
rif (het)	แนวปะการัง	naew bpà-gaa-rang
koraal (het)	ปะการัง	bpà gaa-rang
koraalrif (het)	แนวปะการัง	naew bpà-gaa-rang
diep (bn)	ลึก	léuk
diepte (de)	ความลึก	khwaam léuk
diepzee (de)	หุบเหวลึก	hùp wăy léuk
trog (bijv. Marianentrog)	ร่องลึกกนสมุทร	rông léuk gôn sà-mùt
stroming (de)	กูระแสน้ำ	grà-săe náam
omspoelen (ww)	ลอมรอบ	lórm rôrp

oever (de)	ชายฝั่ง	chaai fàng
kust (de)	ชายฝั่ง	chaai fàng
vloed (de)	น้ำขึ้น	náam khêun
eb (de)	น้ำลง	náam long
ondiepte (ondiep water)	หาดตื้น	hàat dtêun
bodem (de)	กนทะเล	gôn thá-lay
golf (hoge ~)	คลื่น	khlêun
golfkam (de)	มวนคลื่น	múan khlêun
schuim (het)	ฟองคลื่น	forng khlêun
storm (de)	พายุ	phaa-yú
orkaan (de)	พายุเฮอร์ริเคน	phaa-yú her-rí-khayn
tsunami (de)	คลื่นยักษ์	khlêun yák
windstilte (de)	ภาวะไร้ลมพัด	phaa-wá rái lom phát
kalm (bijv. ~e zee)	สงบ	sà-ngòp
pool (de)	ขั้วโลก	khûa lôhk
polair (bn)	ขั้วโลก	khûa lôhk
breedtegraad (de)	เส้นรุ้ง	sên rúng
lengtegraad (de)	เส้นแวง	sên waeng
parallel (de)	เส้นขนาน	sên khà-nǎan
evenaar (de)	เสนศูนย์สูตร	sên sǒon sòot
hemel (de)	ท้องฟ้า	thórng fáa
horizon (de)	ขอบฟ้า	khòrp fáa
lucht (de)	อากาศ	aa-gàat
vuurtoren (de)	ประภาคาร	bprà-phaa-khaan
duiken (ww)	ดำ	dam
zinken (ov. een boot)	จม	jom
schatten (mv.)	สมบัติ	sǒm-bàt

199. Namen van zeeën en oceanen

Atlantische Oceaan (de)	มหาสมุทรแอตแลนติก	má-hǎa sà-mùt àet-laen-dtìk
Indische Oceaan (de)	มหาสมุทรอินเดีย	má-hǎa sà-mùt in-dia
Stille Oceaan (de)	มหาสมุทรแปซิฟิก	má-hǎa sà-mùt bpae-sí-fík
Noordelijke IJszee (de)	มหาสมุทรอาร์คติก	má-hǎa sà-mùt aa-ká-dtìk
Zwarte Zee (de)	ทะเลดำ	thá-lay dam
Rode Zee (de)	ทะเลแดง	thá-lay daeng
Gele Zee (de)	ทะเลเหลือง	thá-lay lěuang
Witte Zee (de)	ทะเลขาว	thá-lay khǎao
Kaspische Zee (de)	ทะเลแคสเปียน	thá-lay khâet-bpian
Dode Zee (de)	ทะเลเดดซี	thá-lay dàyt-see
Middellandse Zee (de)	ทะเลเมดิเตอร์เรเนียน	thá-lay may-dì-dtêr-ray-nian
Egeïsche Zee (de)	ทะเลเอเจี้ยน	thá-lay ay-jîan
Adriatische Zee (de)	ทะเลเอเดรียติก	thá-lay ay-day-ree-yá-dtìk
Arabische Zee (de)	ทะเลอาหรับ	thá-lay aa-ràp

Japanse Zee (de)	ทะเลญี่ปุ่น	thá-lay yêe-bpùn
Beringzee (de)	ทะเลเบริง	thá-lay bae-rîng
Zuid-Chinese Zee (de)	ทะเลจีนใต้	thá-lay jeen-dtâi
Koraalzee (de)	ทะเลคอรัล	thá-lay khor-ran
Tasmanzee (de)	ทะเลแทสมัน	thá-lay thâet man
Caribische Zee (de)	ทะเลแคริบเบียน	thá-lay khae-ríp-bian
Barentszzee (de)	ทะเลบาเรนท์	thá-lay baa-rayn
Karische Zee (de)	ทะเลคารา	thá-lay khaa-raa
Noordzee (de)	ทะเลเหนือ	thá-lay nĕua
Baltische Zee (de)	ทะเลบอลติก	thá-lay bon-dtìk
Noorse Zee (de)	ทะเลนอรเวย์	thá-lay nor-rá-way

200. Bergen

berg (de)	ภูเขา	phoo khăo
bergketen (de)	ทิวเขา	thiw khăo
gebergte (het)	สันเขา	săn khăo
bergtop (de)	ยอดเขา	yôrt khăo
bergpiek (de)	ยอด	yôrt
voet (ov. de berg)	ตีนเขา	dteun khăo
helling (de)	ไหลเขา	lài khăo
vulkaan (de)	ภูเขาไฟ	phoo khăo fai
actieve vulkaan (de)	ภูเขาไฟมีพลัง	phoo khăo fai mee phá-lang
uitgedoofde vulkaan (de)	ภูเขาไฟที่ดับแล้ว	phoo khăo fai thêe dàp láew
uitbarsting (de)	ภูเขาไฟระเบิด	phoo khăo fai rá-bèrt
krater (de)	ปล่องภูเขาไฟ	bplòng phoo khăo fai
magma (het)	หินหนืด	hĭn nèut
lava (de)	ลาวา	laa-waa
gloeiend (~e lava)	หลอมเหลว	lŏrm lĕo
kloof (canyon)	หุบเขาลึก	hùp khăo léuk
bergkloof (de)	ซองเขา	chôrng khăo
spleet (de)	รอยแตกภูเขา	roi dtàek phoo khăo
afgrond (de)	หุบเหวลึก	hùp wăy lóuk
bergpas (de)	ทางผ่าน	thaang phàan
plateau (het)	ที่ราบสูง	thêe râap sŏong
klip (de)	หน้าผา	nâa phăa
heuvel (de)	เนินเขา	nern khăo
gletsjer (de)	ธารน้ำแข็ง	thaan náam khăeng
waterval (de)	น้ำตก	nám dtòk
geiser (de)	น้ำพุร้อน	nám phú rórn
meer (het)	ทะเลสาบ	thá-lay sàap
vlakte (de)	ที่ราบ	thêe râap
landschap (het)	ภูมิทัศน์	phoom thát
echo (de)	เสียงสะท้อน	sĭang sà-thón

alpinist (de)	นักปีนเขา	nák bpeen khǎo
bergbeklimmer (de)	นักไต่เขา	nák dtài khǎo
trotseren (berg ~)	ไต่เขาถึงยอด	dtài khǎo thěung yôt
beklimming (de)	การปีนเขา	gaan bpeen khǎo

201. Bergen namen

Alpen (de)	เทือกเขาแอลป์	thêuak-khǎo-aen
Mont Blanc (de)	ยอดเขามงบล็อง	yôt khǎo mong-bà-lǒng
Pyreneeën (de)	เทือกเขาไพรีนีส	thêuak khǎo pai-ree-nêet

Karpaten (de)	เทือกเขาคาร์เพเทียน	thêuak khǎo khaa-phay-thian
Oeralgebergte (het)	เทือกเขายูรัล	thêuak khǎo yoo-ran
Kaukasus (de)	เทือกเขาคอเคซัส	thêuak khǎo khor-khay-sát
Elbroes (de)	ยอดเขาเอลบรุส	yôt khǎo ayn-brùt

Altaj (de)	เทือกเขาอัลไต	thêuak khǎo an-dtai
Tiensjan (de)	เทือกเขาเทียนชาน	thêuak khǎo thian-chaan
Pamir (de)	เทือกเขาพาเมียร์	thêuak khǎo paa-mia
Himalaya (de)	เทือกเขาหิมาลัย	thêuak khǎo hì-maa-lai
Everest (de)	ยอดเขาเอเวอเรสต์	yôt khǎo ay-wer-râyt

| Andes (de) | เทือกเขาแอนดีส | thêuak-khǎo-aen-dèet |
| Kilimanjaro (de) | ยอดเขาคิลิมันจาโร | yôt khǎo khí-lí-man-jaa-roh |

202. Rivieren

rivier (de)	แม่น้ำ	mâe náam
bron (~ van een rivier)	แหล่งน้ำแร่	làeng náam râe
rivierbedding (de)	เส้นทางแม่น้ำ	sên thaang mâe náam
rivierbekken (het)	ลุ่มน้ำ	lûm náam
uitmonden in …	ไหลไปสู่…	lǎi bpai sòo...

| zijrivier (de) | สาขา | sǎa-khǎa |
| oever (de) | ฝั่งแม่น้ำ | fàng mâe náam |

stroming (de)	กระแสน้ำ	grà-sǎe náam
stroomafwaarts (bw)	ตามกระแสน้ำ	dtaam grà-sǎe náam
stroomopwaarts (bw)	ทวนน้ำ	thuan náam

overstroming (de)	น้ำท่วม	nám thûam
overstroming (de)	น้ำท่วม	nám thûam
buiten zijn oevers treden	เอ่อล้น	èr lón
overstromen (ww)	ท่วม	thûam

| zandbank (de) | บริเวณน้ำตื้น | bor-rí-wayn nám dtêun |
| stroomversnelling (de) | กระแสน้ำเชี่ยว | grà-sǎe nám-chîeow |

dam (de)	เขื่อน	khèuan
kanaal (het)	คลอง	khlorng
spaarbekken (het)	ที่เก็บกักน้ำ	thêe gèp gàk náam
sluis (de)	ประตูระบายน้ำ	bprà-dtoo rá-baai náam

waterlichaam (het)	พื้นน้ำ	phéun náam
moeras (het)	บึง	beung
broek (het)	ห้วย	hûay
draaikolk (de)	น้ำวน	nám won

stroom (de)	ลำธาร	lam thaan
drink- (abn)	น้ำดื่มได้	nám dèum dâai
zoet (~ water)	น้ำจืด	nám jèut

| ijs (het) | น้ำแข็ง | nám khǎeng |
| bevriezen (rivier, enz.) | แช่แข็ง | châe khǎeng |

203. Namen van rivieren

| Seine (de) | แม่น้ำเซน | mâe náam sayn |
| Loire (de) | แม่น้ำลัวร์ | mâe-náam lua |

Theems (de)	แม่น้ำเทมส์	mâe-náam them
Rijn (de)	แม่น้ำไรน์	mâe-náam rai
Donau (de)	แม่น้ำดานูบ	mâe-náam daa-nôop

Wolga (de)	แม่น้ำวอลกา	mâe-náam won-gaa
Don (de)	แม่น้ำดอน	mâe-náam don
Lena (de)	แม่น้ำลีนา	mâe-náam lee-naa

Gele Rivier (de)	แม่น้ำหวง	mâe-náam hǔang
Blauwe Rivier (de)	แม่น้ำแยงซี	mâe-náam yaeng-see
Mekong (de)	แม่น้ำโขง	mâe-náam khǒhng
Ganges (de)	แม่น้ำคงคา	mâe-náam khong-khaa

Nijl (de)	แม่น้ำไนล์	mâe-náam nai
Kongo (de)	แม่น้ำคองโก	mâe-náam khong-goh
Okavango (de)	แม่น้ำโอคาวังโก	mâe-náam oh-khaa wang goh
Zambezi (de)	แม่น้ำแซมบีซี	mâe-náam saem bee see
Limpopo (de)	แม่น้ำลิมโปโป	mâe-náam lim-bpoh-bpoh
Mississippi (de)	แม่น้ำมิสซิสซิปปี	mâe-náam mít-sít-síp-bpee

204. Bos

| bos (het) | ป่าไม้ | bpàa máai |
| bos- (abn) | ป่า | bpàa |

oerwoud (dicht bos)	ป่าทึบ	bpàa théup
bosje (klein bos)	ป่าละเมาะ	bpàa lá-mór
open plek (de)	ทุ่งโล่ง	thûng lôhng

| struikgewas (het) | ป่าละเมาะ | bpàa lá-mór |
| struiken (mv.) | ป่าละเมาะ | bpàa lá-mór |

| paadje (het) | ทางเดิน | thaang dern |
| ravijn (het) | รองธาร | rông thaan |

boom (de)	ต้นไม้	dtôn máai
blad (het)	ใบไม้	bai máai
gebladerte (het)	ใบไม้	bai máai

vallende bladeren (mv.)	ใบไม้ร่วง	bai máai rûang
vallen (ov. de bladeren)	ร่วง	rûang
boomtop (de)	ยอด	yôrt

tak (de)	กิ่ง	gìng
ent (de)	กานไม้	gâan mái
knop (de)	ยอดออน	yôrt òrn
naald (de)	เข็ม	khěm
dennenappel (de)	ลูกสน	lôok sǒn

boom holte (de)	โพรงไม้	phrohng máai
nest (het)	รัง	rang
hol (het)	โพรง	phrohng

stam (de)	ลำต้น	lam dtôn
wortel (bijv. boom~s)	ราก	râak
schors (de)	เปลือกไม้	bplèuak máai
mos (het)	มอส	môt

ontwortelen (een boom)	ถอนราก	thǒrn râak
kappen (een boom ~)	โคน	khôhn
ontbossen (ww)	ตัดไม้ทำลายป่า	dtàt mái tham laai bpàa
stronk (de)	ตอไม้	dtor máai

kampvuur (het)	กองไฟ	gorng fai
bosbrand (de)	ไฟป่า	fai bpàa
blussen (ww)	ดับไฟ	dàp fai

boswachter (de)	เจ้าหน้าที่ดูแลป่า	jâo nâa-thêe doo lae bpàa
bescherming (de)	การปกป้อง	gaan bpòk bpôrng
beschermen (bijv. de natuur ~)	ปกป้อง	bpòk bpôrng
stroper (de)	นักลอบล่าสัตว์	nák lôrp lâa sàt
val (de)	กับดักเหล็ก	gàp dàk lèk

plukken (vruchten, enz.)	เก็บ	gèp
verdwalen (de weg kwijt zijn)	หลงทาง	lǒng thaang

205. Natuurlijke hulpbronnen

natuurlijke rijkdommen (mv.)	ทรัพยากร ธรรมชาติ	sáp-pá-yaa-gon tham-má-châat
delfstoffen (mv.)	แร่	râe
lagen (mv.)	ตะกอน	dtà-gorn
veld (bijv. olie~)	บอ	bòr

winnen (uit erts ~)	ขุดแร่	khùt râe
winning (de)	การขุดแร่	gaan khùt râe
erts (het)	แร่	râe
mijn (bijv. kolenmijn)	เหมืองแร่	měuang râe

mijnschacht (de)	ช่องเหมือง	chôrng měuang
mijnwerker (de)	คนงานเหมือง	khon ngaan měuang
gas (het)	แก๊ส	gáet
gasleiding (de)	ท่อแก๊ส	thôr gáet
olie (aardolie)	น้ำมัน	nám man
olieleiding (de)	ท่อน้ำมัน	thôr náam man
oliebron (de)	บ่อน้ำมัน	bòr náam man
boortoren (de)	ปั้นจั่นขนาดใหญ่	bpân jàn khà-nàat yài
tanker (de)	เรือบรรทุกน้ำมัน	reua ban-thúk nám man
zand (het)	ทราย	saai
kalksteen (de)	หินปูน	hǐn bpoon
grind (het)	กรวด	grùat
veen (het)	พืต	phêet
klei (de)	ดินเหนียว	din nǐeow
steenkool (de)	ถ่านหิน	thàan hǐn
ijzer (het)	เหล็ก	lèk
goud (het)	ทอง	thorng
zilver (het)	เงิน	ngern
nikkel (het)	นิเกิล	ní-gêrn
koper (het)	ทองแดง	thorng daeng
zink (het)	สังกะสี	sǎng-gà-sěe
mangaan (het)	แมงกานีส	maeng-gaa-nêet
kwik (het)	ปรอท	bpa -ròrt
lood (het)	ตะกั่ว	dtà-gùa
mineraal (het)	แร่	râe
kristal (het)	ผลึก	phà-lèuk
marmer (het)	หินออน	hǐn òrn
uraan (het)	ยูเรเนียม	yoo-ray-niam

De Aarde. Deel 2

206. Weer

weer (het)	สภาพอากาศ	sà-phâap aa-gàat
weersvoorspelling (de)	พยากรณ์	phá-yaa-gon
	สภาพอากาศ	sà-phâap aa-gàat
temperatuur (de)	อุณหภูมิ	un-hà-phoom
thermometer (de)	ปรอทวัดอุณหภูมิ	bpà-ròrt wát un-hà-phoom
barometer (de)	เครื่องวัดความดัน	khrêuang wát khwaam dan
	บรรยากาศ	ban-yaa-gàat
vochtig (bn)	ชื้น	chéun
vochtigheid (de)	ความชื้น	khwaam chéun
hitte (de)	ความร้อน	khwaam rórn
heet (bn)	ร้อน	rórn
het is heet	มันร้อน	man rórn
het is warm	มันอุ่น	man ùn
warm (bn)	อุ่น	ùn
het is koud	อากาศเย็น	aa-gàat yen
koud (bn)	เย็น	yen
zon (de)	ดวงอาทิตย์	duang aa-thít
schijnen (de zon)	ส่องแสง	sòrng săeng
zonnig (~e dag)	มีแสงแดด	mee săeng dàet
opgaan (ov. de zon)	ขึ้น	khêun
ondergaan (ww)	ตก	dtòk
wolk (de)	เมฆ	mâyk
bewolkt (bn)	มีเมฆมาก	mee mâyk mâak
regenwolk (de)	เมฆฝน	mâyk fŏn
somber (bn)	มืดครึ้ม	mêut khréum
regen (de)	ฝน	fŏn
het regent	ฝนตก	fŏn dtòk
regenachtig (bn)	ฝนตก	fŏn dtòk
motregenen (ww)	ฝนปรอย	fòn bproi
plensbui (de)	ฝนตกหนัก	fŏn dtòk nàk
stortbui (de)	ฝนห่าใหญ่	fŏn hàa yài
hard (bn)	หนัก	nàk
plas (de)	หลมน้ำ	lòm nám
nat worden (ww)	เปียก	bpìak
mist (de)	หมอก	mòrk
mistig (bn)	หมอกจัด	mòrk jàt
sneeuw (de)	หิมะ	hì-má
het sneeuwt	หิมะตก	hì-má dtòk

207. Zwaar weer. Natuurrampen

noodweer (storm)	พายุฟ้าคะนอง	phaa-yú fáa khá-nong
bliksem (de)	ฟ้าผ่า	fáa phàa
flitsen (ww)	แลบ	lâep
donder (de)	ฟ้าคะนอง	fáa khá-norng
donderen (ww)	มีฟ้าคะนอง	mee fáa khá-norng
het dondert	มีฟ้าร้อง	mee fáa rórng
hagel (de)	ลูกเห็บ	lôok hèp
het hagelt	มีลูกเห็บตก	mee lôok hèp dtòk
overstromen (ww)	ท่วม	thûam
overstroming (de)	น้ำท่วม	nám thûam
aardbeving (de)	แผ่นดินไหว	phàen din wǎi
aardschok (de)	ไหว	wǎi
epicentrum (het)	จุดเหนือศูนย์แผ่นดินไหว	jùt něua sǒon phàen din wǎi
uitbarsting (de)	ภูเขาไฟระเบิด	phoo khǎo fai rá-bèrt
lava (de)	ลาวา	laa-waa
wervelwind (de)	พายุหมุน	phaa-yú mǔn
windhoos (de)	พายุทอร์เนโด	phaa-yú thor-nay-doh
tyfoon (de)	พายุไต้ฝุ่น	phaa-yú dtâi fùn
orkaan (de)	พายุเฮอร์ริเคน	phaa-yú her-rí-khayn
storm (de)	พายุ	phaa-yú
tsunami (de)	คลื่นสึนามิ	khlêun sèu-naa-mí
cycloon (de)	พายุไซโคลน	phaa-yú sai-khlohn
onweer (het)	อากาศไม่ดี	aa-gàat mâi dee
brand (de)	ไฟไหม้	fai mâi
ramp (de)	ความหายนะ	khwaam hǎa-yá-ná
meteoriet (de)	อุกกาบาต	ùk-gaa-bàat
lawine (de)	หิมะถล่ม	hì-má thà-lòm
sneeuwverschuiving (de)	หิมะถล่ม	hì-má thà-lòm
sneeuwjacht (de)	พายุหิมะ	phaa-yú hì-má
sneeuwstorm (de)	พายุหิมะ	phaa-yú hì-má

208. Geluiden. Geluiden

stilte (de)	ความเงียบ	khwaam ngîap
geluid (het)	เสียง	sǐang
lawaai (het)	เสียงรบกวน	sǐang róp guan
lawaai maken (ww)	ทำเสียง	tam sǐang
lawaaierig (bn)	หนวกหู	nùak hǒo
luid (~ spreken)	เสียงดัง	sǐang dang
luid (bijv. ~e stem)	ดัง	dang
aanhoudend (voortdurend)	ต่อเนื่อง	dtòr nêuang

schreeuw (de)	เสียงตะโกน	sĭang dtà-gohn
schreeuwen (ww)	ตะโกน	dtà-gohn
gefluister (het)	เสียงกระซิบ	sĭang grà síp
fluisteren (ww)	กระซิบ	grà síp

geblaf (het)	เสียงเห่า	sĭang hào
blaffen (ww)	เห่า	hào

gekreun (het)	เสียงคราง	sĭang khraang
kreunen (ww)	คราง	khraang
hoest (de)	เสียงไอ	sĭang ai
hoesten (ww)	ไอ	ai

gefluit (het)	เสียงผิวปาก	sĭang phĭw bpàak
fluiten (op het fluitje blazen)	ผิวปาก	phĭw bpàak
geklop (het)	เสียงเคาะ	sĭang khór
kloppen (aan een deur)	เคาะ	khór

kraken (hout, ijs)	เปรี๊ยะ	bpría
gekraak (het)	เสียงเปรี๊ยะ	sĭang bpría

sirene (de)	เสียงสัญญาณเตือน	sĭang săn-yaan dteuan
fluit (stoom ~)	เสียงนกหวีด	sĭang nók wèet
fluiten (schip, trein)	เป่านกหวีด	bpào nók wèet
toeter (de)	เสียงแตร	sĭang dtrae
toeteren (ww)	บีบแตร	bèep dtrae

209. Winter

winter (de)	ฤดูหนาว	réu-doo năao
winter- (abn)	ฤดูหนาว	réu-doo năao
in de winter (bw)	ช่วงฤดูหนาว	chûang réu-doo năao

sneeuw (de)	หิมะ	hì-má
het sneeuwt	มีหิมะตก	mee hì-má dtòk
sneeuwval (de)	หิมะตก	hì-má dtòk
sneeuwhoop (de)	กองหิมะ	gong hì-má

sneeuwvlok (de)	เกล็ดหิมะ	glèt hì-má
sneeuwbal (de)	ก้อนหิมะ	gôn hì-má
sneeuwman (de)	ตุ๊กตาหิมะ	dtúk-gà-dtaa hì-má
ijspegel (de)	แท่งน้ำแข็ง	thâeng nám khăeng

december (de)	ธันวาคม	than-waa khom
januari (de)	มกราคม	mók-gà-raa khom
februari (de)	กุมภาพันธ์	gum-phaa phan

vorst (de)	ความหนาวๆ	kwaam năao năao
vries- (abn)	หนาวจัด	năao jàt

onder nul (bw)	ต่ำกว่าศูนย์องศา	dtàm gwàa sŏon ong-săa
eerste vorst (de)	ลมหนาวแรก	lom năao râek
rijp (de)	น้ำค้างแข็ง	náam kháang khăeng
koude (de)	ความหนาว	khwaam năao

het is koud	อากาศหนาว	aa-gàat năao
bontjas (de)	เสื้อโค้ทขนสัตว์	sêua khóht khŏn sàt
wanten (mv.)	ถุงมือ	thŭng meu
ziek worden (ww)	เป็นหวัด	bpen wàt
verkoudheid (de)	หวัด	wàt
verkouden raken (ww)	เป็นหวัด	bpen wàt
ijs (het)	น้ำแข็ง	nám khăeng
ijzel (de)	น้ำแข็งบาง	nám khăeng baang
	บนพื้นถนน	bon phéun thà-nŏn
bevriezen (rivier, enz.)	แช่แข็ง	châe khăeng
ijsschol (de)	แพน้ำแข็ง	phae nám khăeng
ski's (mv.)	สกี	sà-gee
skiër (de)	นักสกี	nák sà-gee
skiën (ww)	เล่นสกี	lên sà-gee
schaatsen (ww)	เล่นสเก็ต	lên sà-gèt

Fauna

210. Zoogdieren. Roofdieren

roofdier (het)	สัตว์กินเนื้อ	sàt gin néua
tijger (de)	เสือ	sĕua
leeuw (de)	สิงโต	sǐng dtoh
wolf (de)	หมาป่า	mǎa bpàa
vos (de)	หมาจิ้งจอก	mǎa jîng-jòk
jaguar (de)	เสือจากัวร์	sĕua jaa-gua
luipaard (de)	เสือดาว	sĕua daao
jachtluipaard (de)	เสือชีตาห์	sĕua chee-dtaa
panter (de)	เสือดำ	sĕua dam
poema (de)	สิงโตภูเขา	sǐng-dtoh phoo khǎo
sneeuwluipaard (de)	เสือดาวหิมะ	sĕua daao hì-má
lynx (de)	แมวป่า	maew bpàa
coyote (de)	โคโยตี้	khoh-yoh-dtêe
jakhals (de)	หมาจิ้งจอกทอง	mǎa jîng-jòk thorng
hyena (de)	ไฮยีนา	hai-yee-naa

211. Wilde dieren

dier (het)	สัตว์	sàt
beest (het)	สัตว์	sàt
eekhoorn (de)	กระรอก	grà rôk
egel (de)	เมน	mâyn
haas (de)	กระต่ายป่า	grà-dtàai bpàa
konijn (het)	กระต่าย	grà-dtàai
das (de)	แบดเจอร์	baet-jer
wasbeer (de)	แร็คคูน	ráek khoon
hamster (de)	หนูแฮมสเตอร์	nǒo haem-sà-dtêr
marmot (de)	มารมอต	maa-môt
mol (de)	ตุ่น	dtùn
muis (de)	หนู	nǒo
rat (de)	หนู	nǒo
vleermuis (de)	ค้างคาว	kháang khaao
hermelijn (de)	เออร์มิน	er-min
sabeldier (het)	เซเบิล	say bern
marter (de)	มารเทิน	maa thern
wezel (de)	เพียงพอนสีน้ำตาล	phiang phon sĕe nám dtaan
nerts (de)	เพียงพอน	phiang phorn

bever (de)	บีเวอร์	bee-wer
otter (de)	นาก	nâak
paard (het)	ม้า	máa
eland (de)	กวางมูส	gwaang môot
hert (het)	กวาง	gwaang
kameel (de)	อูฐ	òot
bizon (de)	วัวป่า	wua bpàa
wisent (de)	วัวป่าออรอซ	wua bpàa or rôt
buffel (de)	ควาย	khwaai
zebra (de)	ม้าลาย	máa laai
antilope (de)	แอนทีโลป	aen-thi-lòp
ree (de)	กวางโรเดียร์	gwaang roh-dia
damhert (het)	กวางแฟลโลว์	gwaang flae-loh
gems (de)	เลียงผา	liang-phǎa
everzwijn (het)	หมูป่า	mǒo bpàa
walvis (de)	วาฬ	waan
rob (de)	แมวน้ำ	maew náam
walrus (de)	ช้างน้ำ	cháang náam
zeebeer (de)	แมวน้ำมีขน	maew náam mee khǒn
dolfijn (de)	โลมา	loh-maa
beer (de)	หมี	mǐe
ijsbeer (de)	หมีขั้วโลก	mǐe khûa lôhk
panda (de)	หมีแพนดา	mǐe phaen-dâa
aap (de)	ลิง	ling
chimpansee (de)	ลิงชิมแปนซี	ling chim-bpaen-see
orang-oetan (de)	ลิงอุรังอุตัง	ling u-rang-u-dtang
gorilla (de)	ลิงกอริลลา	ling gor-rin-lâa
makaak (de)	ลิงแม็กแคก	ling mâk-khâk
gibbon (de)	ชะนี	chá-nee
olifant (de)	ช้าง	cháang
neushoorn (de)	แรด	râet
giraffe (de)	ยีราฟ	yee-râaf
nijlpaard (het)	ฮิปโปโปเตมัส	híp-bpoh-bpoh-dtay-mát
kangoeroe (de)	จิงโจ้	jing-jôh
koala (de)	หมีโคอาล่า	mǐe khoh aa lâa
mangoest (de)	พังพอน	phang phon
chinchilla (de)	ชินชิลลา	khin-khin laa
stinkdier (het)	สกั๊งก์	sà-gang
stekelvarken (het)	เม่น	mâyn

212. Huisdieren

poes (de)	แมวตัวเมีย	maew dtua mia
kater (de)	แมวตัวผู้	maew dtua phôo
hond (de)	สุนัข	sù-nák

paard (het)	ม้า	máa
hengst (de)	ม้าตัวผู้	máa dtua phôo
merrie (de)	มาตัวเมีย	máa dtua mia

koe (de)	วัว	wua
bul, stier (de)	กระทิง	grà-thing
os (de)	วัว	wua

schaap (het)	แกะตัวเมีย	gàe dtua mia
ram (de)	แกะตัวผู้	gàe dtua phôo
geit (de)	แพะตัวเมีย	pháe dtua mia
bok (de)	แพะตัวผู้	pháe dtua phôo

| ezel (de) | ลา | laa |
| muilezel (de) | ลอ | lôr |

varken (het)	หมู	mǒo
biggetje (het)	ลูกหมู	lôok mǒo
konijn (het)	กระตาย	grà-dtàai

| kip (de) | ไก่ตัวเมีย | gài dtua mia |
| haan (de) | ไก่ตัวผู้ | gài dtua phôo |

eend (de)	เป็ดตัวเมีย	bpèt dtua mia
woerd (de)	เป็ดตัวผู้	bpèt dtua phôo
gans (de)	หาน	hàan

| kalkoen haan (de) | ไก่งวงตัวผู้ | gài nguang dtua phôo |
| kalkoen (de) | ไก่งวงตัวเมีย | gài nguang dtua mia |

huisdieren (mv.)	สัตว์เลี้ยง	sàt líang
tam (bijv. hamster)	เลี้ยง	líang
temmen (tam maken)	เชื่อง	chêuang
fokken (bijv. paarden ~)	ขยายพันธุ์	khà-yǎai phan

boerderij (de)	ฟาร์ม	faam
gevogelte (het)	สัตว์ปีก	sàt bpèek
rundvee (het)	วัวควาย	wua khwaai
kudde (de)	ฝูง	fǒong

paardenstal (de)	คอกม้า	khôrk máa
zwijnenstal (de)	คอกหมู	khôrk mǒo
koeienstal (de)	คอกวัว	khôrk wua
konijnenhok (het)	คอกกระตาย	khôrk grà-dtàai
kippenhok (het)	เลาไก่	láo gài

213. Honden. Hondenrassen

hond (de)	สุนัข	sù-nák
herdershond (de)	สุนัขเลี้ยงแกะ	sù-nák líang gàe
Duitse herdershond (de)	เยอรมันเชฟเฟิร์ด	yer-rá-man chayf-fêrt
poedel (de)	พูเดิล	phoo dêrn
teckel (de)	ดัชชุน	dàt chun
buldog (de)	บูลด็อก	boon dòrk

boxer (de)	บ็อกเซอร์	bòk-sêr
mastiff (de)	มัสตีฟ	mát-dtèef
rottweiler (de)	ร็อตไวเลอร์	rót-wai-ler
doberman (de)	โดเบอร์แมน	doh-ber-maen

basset (de)	บาสเซ็ต	bàat-sét
bobtail (de)	บ็อบเทล	bòp-thayn
dalmatiër (de)	ดัลเมเชียน	dan-may-chian
cockerspaniël (de)	ค็อกเกอรสเปเนียล	khórk-gêr sà-bpay-nian

| Newfoundlander (de) | นิวฟาวน์ดฺฮาวน์ดแลนด์ | niw-faao-dà-haao-dà-lǎen |
| sint-bernard (de) | เซนตเบอรนารด | sayn ber nâat |

husky (de)	ฮัสกี้	hát-gêe
chowchow (de)	เชาเชา	chao chao
spits (de)	สุปิตซ	sà-bpìt
mopshond (de)	ปั๊ก	bpák

214. Dierengeluiden

geblaf (het)	เสี่ยงเห่า	sìang hào
blaffen (ww)	เหา	hào
miauwen (ww)	รองเหมียว	rórng mǐeow
spinnen (katten)	ทำเสียงคราง	tham sìang khraang

loeien (ov. een koe)	ร้องมอๆ	rórng mor mor
brullen (stier)	สงเสียงคำราม	sòng sĭang kham-raam
grommen (ov. de honden)	โฮก	hôhk

gehuil (het)	เสียงหอน	sĭang hǒn
huilen (wolf, enz.)	หอน	hǒrn
janken (ov. een hond)	ครางหงิงๆ	khraang ngǐng ngǐng

mekkeren (schapen)	ร้องแบะๆ	rórng bàe bàe
knorren (varkens)	ร้องอูดๆ	rórng ùùt ùùt
gillen (bijv. varken)	รองเสียงแหลม	rórng sĭang lǎem

kwaken (kikvorsen)	ร้องอ๊บๆ	rórng ôp ôp
zoemen (hommel, enz.)	หึ่ง	hèung
tjirpen (sprinkhanen)	ทำเสียงจอกแจ๊ก	tham sĭang jòrk jáek

215. Jonge dieren

jong (het)	ลูกสัตว์	lôok sàt
poesje (het)	ลูกแมว	lôok maew
muisje (het)	ลูกหนู	lôok nǒo
puppy (de)	ลูกหมา	lôok mǎa

jonge haas (de)	ลูกกระต่ายป่า	lôok grà-dtàai bpàa
konijntje (het)	ลูกกระตาย	lôok grà-dtàai
wolfje (het)	ลูกหมาป่า	lôok mǎa bpàa
vosje (het)	ลูกหมาจิ้งจอก	lôok mǎa jîng-jòk

beertje (het)	ลูกหมี	lôok měe
leeuwenjong (het)	ลูกสิงโต	lôok sǐng dtoh
tijgertje (het)	ลูกเสือ	lôok sěua
olifantenjong (het)	ลูกช้าง	lôok cháang
biggetje (het)	ลูกหมู	lôok mǒo
kalf (het)	ลูกวัว	lôok wua
geitje (het)	ลูกแพะ	lôok pháe
lam (het)	ลูกแกะ	lôok gàe
reekalf (het)	ลูกกวาง	lôok gwaang
jonge kameel (de)	ลูกอูฐ	lôok òot
slangenjong (het)	ลูกงู	lôok ngoo
kikkertje (het)	ลูกกบ	lôok gòp
vogeltje (het)	ลูกนก	lôok nók
kuiken (het)	ลูกไก่	lôok gài
eendje (het)	ลูกเป็ด	lôok bpèt

216. Vogels

vogel (de)	นก	nók
duif (de)	นกพิราบ	nók phí-râap
mus (de)	นกกระจิบ	nók grà-jìp
koolmees (de)	นกติด	nók dtít
ekster (de)	นกสาลิกา	nók sǎa-lí gaa
raaf (de)	นกอีกา	nók ee-gaa
kraai (de)	นกกา	nók gaa
kauw (de)	นกจำพวกกา	nók jam phûak gaa
roek (de)	นกการูด	nók gaa róok
eend (de)	เป็ด	bpèt
gans (de)	ห่าน	hàan
fazant (de)	ไก่ฟ้า	gài fáa
arend (de)	นกอินทรี	nók in-see
havik (de)	นกเหยี่ยว	nók yìeow
valk (de)	นกเหยี่ยว	nók yìeow
gier (de)	นกแร้ง	nók ráeng
condor (de)	นกแร้งขนาดใหญ่	nók ráeng kà-nàat yài
zwaan (de)	นกหงส์	nók hǒng
kraanvogel (de)	นกกระเรียน	nók grà rian
ooievaar (de)	นกกระสา	nók grà-sǎa
papegaai (de)	นกแก้ว	nók gâew
kolibrie (de)	นกฮัมมิ่งเบิร์ด	nók ham-mîng-bèrt
pauw (de)	นกยูง	nók yoong
struisvogel (de)	นกกระจอกเทศ	nók grà-jòrk-thâyt
reiger (de)	นกยาง	nók yaang
flamingo (de)	นกฟลามิงโก	nók flaa-ming-goh
pelikaan (de)	นกกระทุง	nók-grà-thung

| nachtegaal (de) | นกไนติงเกล | nók-nai-dting-gayn |
| zwaluw (de) | นกนางแอน | nók naang-àen |

lijster (de)	นกเดินดง	nók dern dong
zanglijster (de)	นกเดินดงร้องเพลง	nók dern dong rórng phlayng
merel (de)	นกเดินดงสีดำ	nók-dern-dong sěe dam

gierzwaluw (de)	นกแอ่น	nók àen
leeuwerik (de)	นกลาร์ค	nók lâak
kwartel (de)	นกคุ่ม	nók khûm

specht (de)	นกหัวขวาน	nók hǔa khwǎn
koekoek (de)	นกดุเหวา	nók dù hǎy wâa
uil (de)	นกฮูก	nók hôok
oehoe (de)	นกเค้าใหญ่	nók kháo yài
auerhoen (het)	ไก่ป่า	gài bpàa
korhoen (het)	ไก่ดำ	gài dam
patrijs (de)	นกกระทา	nók-grà-thaa

spreeuw (de)	นกกิ้งโครง	nók-gîng-khrohng
kanarie (de)	นกขุนมิน	nók khà-mîn
hazelhoen (het)	ไก่น้ำตาล	gài nám dtaan
vink (de)	นกจาบ	nók-jàap
goudvink (de)	นกบูลฟินช์	nók boon-fin

meeuw (de)	นกนางนวล	nók naang-nuan
albatros (de)	นกอัลบาทรอส	nók an-baa-thrôt
pinguïn (de)	นกเพนกวิน	nók phayn-gwin

217. Vogels. Zingen en geluiden

fluiten, zingen (ww)	ร้องเพลง	rórng phlayng
schreeuwen (dieren, vogels)	ร้อง	rórng
kraaien (ov. een haan)	ร้องขัน	rórng khǎn
kukeleku	เสียงขัน	sǐang khǎn

klokken (hen)	ร้องกุ๊กๆ	rórng gúk gúk
krassen (kraai)	ร้องเสียงกาๆ	rórng sǐang gaa gaa
kwaken (eend)	ร้องกาบๆ	rórng gâap gâap
piepen (kuiken)	ร้องเสียงจิ๊บ ๆ	rórng sǐang jíp jíp
tjilpen (bijv. een mus)	รองจอกแจก	rórng jòk jáek

218. Vis. Zeedieren

brasem (de)	ปลาบรีม	bplaa bpreem
karper (de)	ปลาคาร์ป	bplaa khâap
baars (de)	ปลาเพิร์ช	bplaa phêrt
meerval (de)	ปลาดุก	bplaa-dùk
snoek (de)	ปลาไพค์	bplaa phai

| zalm (de) | ปลาแซลมอน | bplaa saen-morn |
| steur (de) | ปลาสเตอร์เจียน | bpláa sà-dtêr jian |

haring (de)	ปลาเฮอร์ริง	bplaa her-ring
atlantische zalm (de)	ปลาแซลมอนแอตแลนติก	bplaa saen-mon àet-laen-dtìk
makreel (de)	ปลาซาบะ	bplaa saa-bà
platvis (de)	ปลาลิ้นหมา	bplaa lín-mǎa

snoekbaars (de)	ปลาไพค์เพิร์ช	bplaa phái phert
kabeljauw (de)	ปลาค็อด	bplaa khót
tonijn (de)	ปลาทูน่า	bplaa thoo-nâa
forel (de)	ปลาเทราท์	bplaa thrau

paling (de)	ปลาไหล	bplaa lǎi
sidderrog (de)	ปลากระเบนไฟฟ้า	bplaa grà-bayn-fai-fáa
murene (de)	ปลาไหลมอเรย์	bplaa lǎi mor-ray
piranha (de)	ปลาปิรันยา	bplaa bpì-ran-yâa

haai (de)	ปลาฉลาม	bplaa chà-lǎam
dolfijn (de)	โลมา	loh-maa
walvis (de)	วาฬ	waan

krab (de)	ปู	bpoo
kwal (de)	แมงกะพรุน	maeng gà-phrun
octopus (de)	ปลาหมึก	bplaa mèuk

zeester (de)	ปลาดาว	bplaa daao
zee-egel (de)	หอยเม่น	hǒi mâyn
zeepaardje (het)	ม้าน้ำ	máa nám

oester (de)	หอยนางรม	hǒi naang rom
garnaal (de)	กุ้ง	gûng
kreeft (de)	กุ้งมังกร	gûng mang-gon
langoest (de)	กุ้งมังกร	gûng mang-gon

219. Amfibieën. Reptielen

| slang (de) | งู | ngoo |
| giftig (slang) | พิษ | phít |

adder (de)	งูแมวเซา	ngoo maew sao
cobra (de)	งูเห่า	ngoo hào
python (de)	งูเหลือม	ngoo lěuam
boa (de)	งูโบอา	ngoo boh-aa

ringslang (de)	งูเล็กที่ไม่เป็นอันตราย	ngoo lék thêe mâi bpen an-dtà-raai
ratelslang (de)	งูหางกระดิ่ง	ngoo hǎang grà-dìng
anaconda (de)	งูอนาคอนดา	ngoo a -naa-khon-daa

hagedis (de)	กิ้งก่า	gîng-gàa
leguaan (de)	อีกัวน่า	ee gua naa
varaan (de)	กิ้งก่ามอนิเตอร์	gîng-gàa mor-ní-dtêr
salamander (de)	ซาลาแมนเดอร์	saa-laa-maen-dêr
kameleon (de)	กิ้งกาคามิเลียน	gîng-gàa khaa-mí-lian
schorpioen (de)	แมงป่อง	maeng bpòrng
schildpad (de)	เต่า	dtào

kikker (de)	กบ	gòp
pad (de)	คางคก	khaang-kók
krokodil (de)	จระเข้	jor-rá-khây

220. Insecten

insect (het)	แมลง	má-laeng
vlinder (de)	ผีเสื้อ	phěe sêua
mier (de)	มด	mót
vlieg (de)	แมลงวัน	má-laeng wan
mug (de)	ยุง	yung
kever (de)	แมลงปีกแข็ง	má-laeng bpèek khǎeng

wesp (de)	ต่อ	dtòr
bij (de)	ผึ้ง	phêung
hommel (de)	ผึ้งบัมเบิลบี	phêung bam-bern bee
horzel (de)	เหลือบ	lèuap

| spin (de) | แมงมุม | maeng mum |
| spinnenweb (het) | ใยแมงมุม | yai maeng mum |

libel (de)	แมลงปอ	má-laeng bpor
sprinkhaan (de)	ตั๊กแตน	dták-gà-dtaen
nachtvlinder (de)	ผีเสื้อกลางคืน	phěe sêua glaang kheun

kakkerlak (de)	แมลงสาบ	má-laeng sàap
teek (de)	เห็บ	hèp
vlo (de)	หมัด	màt
kriebelmug (de)	ริ้น	rín

treksprinkhaan (de)	ตั๊กแตน	dták-gà-dtaen
slak (de)	หอยทาก	hǒi thâak
krekel (de)	จิ้งหรีด	jîng-rèet
glimworm (de)	หิ่งหอย	hìng-hôi
lieveheersbeestje (het)	แมลงเต่าทอง	má-laeng dtào thorng
meikever (de)	แมงอีนูน	maeng ee noon

bloedzuiger (de)	ปูลิง	bpling
rups (de)	บุ้ง	bûng
aardworm (de)	ไส้เดือน	sâi deuan
larve (de)	ตัวอ่อน	dtua òrn

221. Dieren. Lichaamsdelen

snavel (de)	จงอยปาก	ja-ngoi bpàak
vleugels (mv.)	ปีก	bpèek
poot (ov. een vogel)	เท้า	tháo
verenkleed (het)	ขนนก	khǒn nók
veer (de)	ขนนก	khǒn nók
kuifje (het)	ขนหัว	khǒn hǔa
kieuwen (mv.)	เหงือก	ngèuak
kuit, dril (de)	ไข่ปลา	khài-bplaa

larve (de)	ตัวอ่อน	dtua òrn
vin (de)	ครีบ	khrêep
schubben (mv.)	เกล็ด	glèt

slagtand (de)	เขี้ยว	khîeow
poot (bijv. ~ van een kat)	เท้า	tháo
muil (de)	จมูกและปาก	jà-mòok láe bpàak
bek (mond van dieren)	ปาก	bpàak
staart (de)	หาง	hăang
snorharen (mv.)	หนวด	nùat

hoef (de)	กีบ	gèep
hoorn (de)	เขา	khăo

schild (schildpad, enz.)	กระดอง	grà dorng
schelp (de)	เปลือก	bplèuak
eierschaal (de)	เปลือกไข่	bplèuak khài

vacht (de)	ขน	khŏn
huid (de)	หนัง	năng

222. Acties van de dieren

vliegen (ww)	บิน	bin
cirkelen (vogel)	บินวน	bin-won

wegvliegen (ww)	บินไป	bin bpai
klapwieken (ww)	กระพือ	grà-pheu

pikken (vogels)	จิก	jìk
broeden (de eend zit te ~)	กกไข่	gòk khài

uitbroeden (ww)	ฟักตัวออกจากไข่	fák dtua òrk jàak kài
een nest bouwen	สร้างรัง	sâang rang

kruipen (ww)	เลื้อย	léuay
steken (bij)	ตอย	dtòi
bijten (de hond, enz.)	กัด	gàt

snuffelen (ov. de dieren)	ดม	dom
blaffen (ww)	เห่า	hào
sissen (slang)	ออกเสียงฟ่อ	òrk sĭang fôr

doen schrikken (ww)	ทำให้...กลัว	tham hâi...glua
aanvallen (ww)	จู่โจม	jòo johm

knagen (ww)	ขุบ	khòp
schrammen (ww)	ขวน	khùan
zich verbergen (ww)	ซอน	sôrn

spelen (ww)	เล่น	lên
jagen (ww)	ลา	lâa
winterslapen	จำศีล	jam sĕen
uitsterven (dinosauriërs, enz.)	สูญพันธุ์	sŏon phan

223. Dieren. Leefomgevingen

leefgebied (het)	ที่อยู่อาศัย	thêe yòo aa-sǎi
migratie (de)	การอพยพ	gaan òp-phá-yóp
berg (de)	ภูเขา	phoo khǎo
rif (het)	แนวปะการัง	naew bpà-gaa-rang
klip (de)	หนาผา	nâa phǎa
bos (het)	ป่า	bpàa
jungle (de)	ป่าดิบชื้น	bpàa dìp chéun
savanne (de)	สะวันนา	sà wan naa
toendra (de)	ทันดรา	than-draa
steppe (de)	ทุ่งหญ้าสเตปป์	thûng yâa sà-dtàyp
woestijn (de)	ทะเลทราย	thá-lay saai
oase (de)	โอเอซิส	oh-ay-sít
zee (de)	ทะเล	thá-lay
meer (het)	ทะเลสาบ	thá-lay sàap
oceaan (de)	มหาสมุทร	má-hǎa sà-mùt
moeras (het)	บึง	beung
zoetwater- (abn)	น้ำจืด	nám jèut
vijver (de)	บ่อน้ำ	bòr náam
rivier (de)	แม่น้ำ	mâe náam
berenhol (het)	ถ้ำสัตว์	thâm sàt
nest (het)	รัง	rang
boom holte (de)	โพรงไม้	phrohng máai
hol (het)	โพรง	phrohng
mierenhoop (de)	รังมด	rang mót

224. Dierverzorging

dierentuin (de)	สวนสัตว์	sǔan sàt
natuurreservaat (het)	เขตสงวน ธรรมชาติ	khàyt sà-ngǔan tham-má-châat
fokkerij (de)	ที่ขยายพันธุ์	thêe khà-yǎai phan
openluchtkooi (de)	กรง	grorng
kooi (de)	กรง	grorng
hondenhok (het)	บานสุนัข	baan sù-nák
duiventil (de)	บ้านนกพิราบ	bâan nók phí-râap
aquarium (het)	ตู้ปลา	dtôo bplaa
dolfinarium (het)	บ่อโลมา	bòr loh-maa
fokken (bijv. honden ~)	ขยายพันธุ์	khà-yǎai phan
nakomelingen (mv.)	ลูกสัตว์	lôok sàt
temmen (tam maken)	เชื่อง	chêuang
dresseren (ww)	ฝึก	fèuk
voeding (de)	อาหาร	aa-hǎan

voederen (ww)	ให้อาหาร	hâi aa-hǎan
dierenwinkel (de)	ร้านสัตว์เลี้ยง	ráan sàt líang
muilkorf (de)	ตะกร้อปาก	dtà-grôr bpàak
halsband (de)	ปลอกคอ	bplòrk kor
naam (ov. een dier)	ชื่อ	chêu
stamboom (honden met ~)	สายพันธุ์	sǎai phan

225. Dieren. Diversen

meute (wolven)	ฝูง	fǒong
zwerm (vogels)	ฝูง	fǒong
school (vissen)	ฝูง	fǒong
kudde (wilde paarden)	ฝูง	fǒong

mannetje (het)	ตัวผู้	dtua phôo
vrouwtje (het)	ตัวเมีย	dtua mia

hongerig (bn)	หิว	hǐw
wild (bn)	ป่า	bpàa
gevaarlijk (bn)	อันตราย	an-dtà-raai

226. Paarden

paard (het)	ม้า	máa
ras (het)	พันธุ์	phan

veulen (het)	ลูกม้า	lôok máa
merrie (de)	ม้าตัวเมีย	máa dtua mia

mustang (de)	ม้าป่า	máa bpàa
pony (de)	ม้าพันธุ์เล็ก	máa phan lék
koudbloed (de)	ม้างาน	máa ngaan

manen (mv.)	แผงคอ	phǎeng khor
staart (de)	หาง	hǎang

hoef (de)	กีบ	gèep
hoefijzer (het)	เกือก	gèuak
beslaan (ww)	ใส่เกือก	sài gèuak
paardensmid (de)	ช่างเหล็ก	châang lèk

zadel (het)	อานม้า	aan máa
stijgbeugel (de)	โกลน	glohn
breidel (de)	บังเหียน	bang hǐan
leidsels (mv.)	สายบังเหียน	sǎai bang hǐan
zweep (de)	แส้	sâe

ruiter (de)	นักขี่ม้า	nák khèe máa
zadelen (ww)	ใส่อานม้า	sài aan máa
een paard bestijgen	ขึ้นขี่ม้า	khêun khèe máa
galop (de)	การควบม้า	gaan khûap máa
galopperen (ww)	ควบม้า	khûap máa

draf (de)	การเหยาะย่าง	gaan yòr yâang
in draf (bw)	แบบเหยาะย่าง	bàep yòr yâang
draven (ww)	เหยาะย่าง	yòr yâang
renpaard (het)	ม้าแข่ง	máa khàeng
paardenrace (de)	การแข่งม้า	gaan khàeng máa
paardenstal (de)	คอกม้า	khôrk máa
voederen (ww)	ให้อาหาร	hâi aa-hǎan
hooi (het)	หญ้าแหง	yâa hâeng
water geven (ww)	ให้น้ำ	hâi nám
wassen (paard ~)	ทำความสะอาด	tham khwaam sà-àat
paardenkar (de)	รถเทียมม้า	rót thiam máa
grazen (gras eten)	เล็มหญ้า	lem yâa
hinniken (ww)	ร้องฮี้ๆ	rórng híí híí
een trap geven	ถีบ	thèep

Flora

227. Bomen

boom (de)	ต้นไม้	dtôn máai
loof- (abn)	ผลัดใบ	phlàt bai
dennen- (abn)	สน	sŏn
groenblijvend (bn)	ซึ่งเขียวชอุ่ม ตลอดปี	sêung khĭeow chá-ùm dtà-lòrt bpee
appelboom (de)	ต้นแอปเปิ้ล	dtôn àep-bpêrn
perenboom (de)	ต้นแพร	dtôn phae
zoete kers (de)	ต้นเชอรรี่ป่า	dtôn cher-rêe bpàa
zure kers (de)	ต้นเชอรรี่	dtôn cher-rêe
pruimelaar (de)	ตนพลัม	dtôn phlam
berk (de)	ต้นเบิร์ช	dtôn bèrt
eik (de)	ต้นโอ๊ค	dtôn óhk
linde (de)	ตนไมดอกเหลือง	dtôn máai dòrk lĕuang
esp (de)	ต้นแอสเพน	dtôn ae sà-phayn
esdoorn (de)	ตนเมเปิ้ล	dtôn may bpêrn
spar (de)	ต้นเฟอร์	dtôn fer
den (de)	ต้นเกี๊ยะ	dtôn gía
lariks (de)	ตนลารช	dtôn lâat
zilverspar (de)	ต้นเฟอร์	dtôn fer
ceder (de)	ตนซีดาร	dtôn-see-daa
populier (de)	ต้นปอปลาร์	dtôn bpor-bplaa
lijsterbes (de)	ตนโรแวน	dtôn-roh-waen
wilg (de)	ต้นวิลโลว์	dtôn win-loh
els (de)	ตนอัลเดอร	dtôn an-dêr
beuk (de)	ต้นบีช	dtôn bèet
iep (de)	ตนเอลม	dtôn elm
es (de)	ต้นแอช	dtôn aesh
kastanje (de)	ตนเกาลัด	dtôn gao lát
magnolia (de)	ต้นแมกโนเลีย	dtôn mâek-noh-lia
palm (de)	ตนปาลม	dtôn bpaam
cipres (de)	ตนไชเปรส	dtôn-sai-bpràyt
mangrove (de)	ต้นโกงกาง	dtôn gohng gaang
baobab (apenbroodboom)	ต้นเบาบับ	dtôn bao-bàp
eucalyptus (de)	ต้นยูคาลิปตัส	dtôn yoo-khaa-líp-dtàt
mammoetboom (de)	ตนสนซีด้วยา	dtôn sŏn see kua yaa

228. Heesters

struik (de)	พุ่มไม้	phûm máai
heester (de)	ตนไม้พุ่ม	dtôn máai phûm
wijnstok (de)	ต้นองุ่น	dtôn a-ngùn
wijngaard (de)	ไร่องุ่น	râi a-ngùn
frambozenstruik (de)	พุ่มราสเบอร์รี่	phûm râat-ber-rêe
zwarte bes (de)	พุมแบล็คเคอร์แรนท์	phûm blàek-khêr-raen
rode bessenstruik (de)	พุมเรดเคอรุแรนท์	phûm râyt-khêr-raen
kruisbessenstruik (de)	พุมกูสเบอรรี่	phûm gòot-ber-rêe
acacia (de)	ต้นอาเคเซีย	dtôn aa-khay-chia
zuurbes (de)	ตนบาราเบอรรี่	dtôn baa-ber-rêe
jasmijn (de)	มะลิ	má-lí
jeneverbes (de)	ต้นจูนิเปอร์	dtôn joo-ní-bper
rozenstruik (de)	พุมกุหลาบ	phûm gù làap
hondsroos (de)	พุมด็อกโรส	phûm dòrk-rôht

229. Champignons

paddenstoel (de)	เห็ด	hèt
eetbare paddenstoel (de)	เห็ดกินได้	hèt gin dâai
giftige paddenstoel (de)	เห็ดมีพิษ	hèt mee pít
hoed (de)	ดอกเห็ด	dòrk hèt
steel (de)	ตนเห็ด	dtôn hèt
eekhoorntjesbrood (het)	เห็ดพอร์ชินี	hèt phor chí nee
rosse populierboleet (de)	เห็ดพอร์ชินีดอกเหลือง	hèt phor chí nee dòrk lĕuang
berkenboleet (de)	เห็ดตับเต๋าที่ขึ้นบนตนเบิรช	hèt dtàp dtào thêe khêun bon dtôn-bèrt
cantharel (de)	เห็ดก่อเหลือง	hèt gòr lĕuang
russula (de)	เห็ดตะไค	hèt dtà khai
morielje (de)	เห็ดมอเรล	hèt mor rayn
vliegenzwam (de)	เห็ดพิษหมวกแดง	hèt phít mùak daeng
groene knolamaniet (de)	เห็ดระโงกหิน	hèt rá ngôhk hĭn

230. Vruchten. Bessen

vrucht (de)	ผลไม้	phŏn-lá-máai
vruchten (mv.)	ผลไม	phŏn-lá-máai
appel (de)	แอปเปิ้ล	àep-bpêrn
peer (de)	ลูกแพร	lôok phae
pruim (de)	พลัม	phlam
aardbei (de)	สตรอว์เบอร์รี่	sà-dtror-ber-rêe
zure kers (de)	เชอรรี่	cher-rêe

| zoete kers (de) | เชอรี่ป่า | cher-rêe bpàa |
| druif (de) | องุ่น | a-ngùn |

framboos (de)	ราสเบอรี่	râat-ber-rêe
zwarte bes (de)	แบล็คเคอรแรนท์	blàek khêr-raen
rode bes (de)	เรดเคอรแรนท	râyt-khêr-raen
kruisbes (de)	กูสเบอรี่	gòot-ber-rêe
veenbes (de)	แครนเบอรี่	khraen-ber-rêe

sinaasappel (de)	ส้ม	sôm
mandarijn (de)	สมแมนดาริน	sôm maen daa rin
ananas (de)	สับปะรด	sàp-bpà-rót
banaan (de)	กล้วย	glûay
dadel (de)	อินทผลัม	in-thá-phâ-lam

citroen (de)	เลมอน	lay-mon
abrikoos (de)	แอปริคอท	ae-bprì-khôrt
perzik (de)	ลูกทอ	lôok thór
kiwi (de)	กีวี	gee wee
grapefruit (de)	สมโอ	sôm oh

bes (de)	เบอรี่	ber-rêe
bessen (mv.)	เบอรี่	ber-rêe
vossenbes (de)	คาวเบอรี่	khaao-ber-rêe
bosaardbei (de)	สตรอวเบอรี่ป่า	sá-dtrorw ber-rêe bpàa
blauwe bosbes (de)	บิลเบอรี่	bil-ber-rêe

231. Bloemen. Planten

| bloem (de) | ดอกไม้ | dòrk máai |
| boeket (het) | ช่อดอกไม้ | chôr dòrk máai |

roos (de)	ดอกกุหลาบ	dòrk gù làap
tulp (de)	ดอกทิวลิป	dòrk thiw-líp
anjer (de)	ดอกคาร์เนชั่น	dòrk khaa-nay-chân
gladiool (de)	ดอกแกลดิโอลัส	dòrk gaen-dì-oh-lát

korenbloem (de)	ดอกคอร์นฟลาวเวอร์	dòrk khon-flaao-wer
klokje (het)	ดอกระฆัง	dòrk rá-khang
paardenbloem (de)	ดอกแดนดิไลออน	dòrk daen-dì-lai-on
kamille (de)	ดอกคาโมมายล	dòrk khaa-moh maai

aloë (de)	ว่านหางจระเข้	wâan-hăang-jor-rá-khây
cactus (de)	ตะบองเพชร	dtà-bong-phét
ficus (de)	ตนเลียบ	dtôn lîap

lelie (de)	ดอกลิลี่	dòrk lí-lêe
geranium (de)	ดอกเจอรานเนียม	dòrk jer-raa-niam
hyacint (de)	ดอกไฮอะซินท	dòrk hai-a-sin

mimosa (de)	ดอกไมยราบ	dòrk mai râap
narcis (de)	ดอกนาร์ซิสซัส	dòrk naa-sít-sát
Oost-Indische kers (de)	ดอกแนสเตอูรชัม	dòrk nâet-dtêr-cham
orchidee (de)	ดอกกล้วยไม้	dòrk glûay máai

pioenroos (de)	ดอกโบตั๋น	dòrk boh-dtǎn
viooltje (het)	ดอกไวโอเล็ต	dòrk wai-oh-lét
driekleurig viooltje (het)	ดอกแพนซี	dòrk phaen-see
vergeet-mij-nietje (het)	ดอกฟอร์เก็ตมีน็อต	dòrk for-gèt-mee-nót
madeliefje (het)	ดอกเดซี	dòrk day see
papaver (de)	ดอกป๊อปปี้	dòrk bpóp-bpêe
hennep (de)	กัญชา	gan chaa
munt (de)	สะระแหน่	sà-rá-nàe
lelietje-van-dalen (het)	ดอกลิลลี่แห่งหุบเขา	dòrk lí-lá-lêe hàeng hùp khǎo
sneeuwklokje (het)	ดอกหยาดหิมะ	dòrk yàat hì-má
brandnetel (de)	ตำแย	dtam-yae
veldzuring (de)	ซอร์เรล	sor-rayn
waterlelie (de)	บัว	bua
varen (de)	เฟิร์น	fern
korstmos (het)	ไลเคน	lai-khayn
oranjerie (de)	เรือนกระจก	reuan grà-jòk
gazon (het)	สนามหญ้า	sà-nǎam yâa
bloemperk (het)	สนามดอกไม้	sà-nǎam-dòrk-máai
plant (de)	พืช	phêut
gras (het)	หญ้า	yâa
grasspriet (de)	ใบหญ้า	bai yâa
blad (het)	ใบไม้	bai máai
bloemblad (het)	กลีบดอก	glèep dòrk
stengel (de)	ลำต้น	lam dtôn
knol (de)	หัวใต้ดิน	hǔa dtâi din
scheut (de)	ต้นอ่อน	dtôn òrn
doorn (de)	หนาม	nǎam
bloeien (ww)	บาน	baan
verwelken (ww)	เหี่ยว	hìeow
geur (de)	กลิ่น	glìn
snijden (bijv. bloemen ~)	ตัด	dtàt
plukken (bloemen ~)	เด็ด	dèt

232. Granen, graankorrels

graan (het)	เมล็ด	má-lét
graangewassen (mv.)	ธัญพืช	than-yá-phêut
aar (de)	รวงขาว	ruang khâao
tarwe (de)	ข้าวสาลี	khâao sǎa-lee
rogge (de)	ข้าวไรย์	khâao rai
haver (de)	ข้าวโอ๊ต	khâao óht
gierst (de)	ข้าวฟ่าง	khâao fâang
gerst (de)	ข้าวบาร์เลย์	khâao baa-lây
maïs (de)	ขาวโพด	khâao-phôht

rijst (de)	ข้าว	khâao
boekweit (de)	บัควีท	bàk-wêet
erwt (de)	ถั่วลันเตา	thùa-lan-dtao
nierboon (de)	ถั่วรูปไต	thùa rôop dtai
soja (de)	ถั่วเหลือง	thùa lěuang
linze (de)	ถั่วเลนทิล	thùa layn thin
bonen (mv.)	ถั่ว	thùa

233. Groenten. Groene groenten

groenten (mv.)	ผัก	phàk
verse kruiden (mv.)	ผักใบเขียว	phàk bai khǐeow
tomaat (de)	มะเขือเทศ	má-khěua thâyt
augurk (de)	แตงกวา	dtaeng-gwaa
wortel (de)	แครอท	khae-rót
aardappel (de)	มันฝรั่ง	man fà-ràng
ui (de)	หัวหอม	hǔa hǒrm
knoflook (de)	กระเทียม	grà-thiam
kool (de)	กะหล่ำปลี	gà-làm bplee
bloemkool (de)	ดอกกะหล่ำ	dòrk gà-làm
spruitkool (de)	กะหล่ำดาว	gà-làm-daao
broccoli (de)	บร็อคโคลี่	bròrk-khoh-lêe
rode biet (de)	บีท	beet
aubergine (de)	มะเขือยาว	má-khěua-yaao
courgette (de)	ซูกินี	soo-gi -nee
pompoen (de)	ฟักทอง	fák-thorng
knolraap (de)	หัวผักกาด	hǔa-phàk-gàat
peterselie (de)	ผักชีฝรั่ง	phàk chee fà-ràng
dille (de)	ผักชีลาว	phàk-chee-laao
sla (de)	ผักกาดหอม	phàk gàat hǒrm
selderij (de)	คื่นฉ่าย	khêun-châai
asperge (de)	หน่อไม้ฝรั่ง	nòr máai fà-ràng
spinazie (de)	ผักโขม	phàk khǒm
erwt (de)	ถั่วลันเตา	thùa-lan-dtao
bonen (mv.)	ถั่ว	thùa
maïs (de)	ข้าวโพด	khâao-phôht
nierboon (de)	ถั่วรูปไต	thùa rôop dtai
peper (de)	พริกหยวก	phrík-yùak
radijs (de)	หัวผักกาดแดง	hǔa-phàk-gàat daeng
artisjok (de)	อาร์ติโชค	aa dtì chôhk

REGIONALE AARDRIJKSKUNDE

Landen. Nationaliteiten

234. West-Europa

Europa (het)	ยุโรป	yú-ròhp
Europese Unie (de)	สหภาพยุโรป	sà-hà phâap yú-rôhp
Europeaan (de)	คนยุโรป	khon yú-rôhp
Europees (bn)	ยุโรป	yú-ròhp
Oostenrijk (het)	ประเทศออสเตรีย	bprà-thâyt òt-dtria
Oostenrijker (de)	คนออสเตรีย	khon òt-dtria
Oostenrijkse (de)	คนออสเตรีย	khon òt-dtria
Oostenrijks (bn)	ออสเตรีย	òrt-dtria
Groot-Brittannië (het)	บริเตนใหญ่	brì-dtayn yài
Engeland (het)	ประเทศอังกฤษ	bprà-thâyt ang-grìt
Engelsman (de)	คนอังกฤษ	khon ang-grìt
Engelse (de)	คนอังกฤษ	khon ang-grìt
Engels (bn)	อังกฤษ	ang-grìt
België (het)	ประเทศเบลเยียม	bprà-thâyt bayn-yiam
Belg (de)	คนเบลเยียม	khon bayn-yiam
Belgische (de)	คนเบลเยียม	khon bayn-yiam
Belgisch (bn)	เบลเยียม	bayn-yiam
Duitsland (het)	ประเทศเยอรมนี	bprà-thâyt yer-rá-ma-nee
Duitser (de)	คนเยอรมัน	khon yer-rá-man
Duitse (de)	คนเยอรมัน	khon yer-rá-man
Duits (bn)	เยอรมัน	yer-rá-man
Nederland (het)	ประเทศเนเธอร์แลนด์	bprà-thâyt nay-ther-laen
Holland (het)	ประเทศฮอลแลนด์	bprà-thâyt hon-laen
Nederlander (de)	คนเนเธอร์แลนด์	khon nay-ther-laen
Nederlandse (de)	คนเนเธอร์แลนด์	khon nay-ther-laen
Nederlands (bn)	เนเธอร์แลนด์	nay-ter-laen
Griekenland (het)	ประเทศกรีซ	bprà-thâyt grèet
Griek (de)	คนกรีก	khon grèek
Griekse (de)	คนกรีก	khon grèek
Grieks (bn)	กรีซ	grèet
Denemarken (het)	ประเทศเดนมาร์ก	bprà-thâyt dayn-màak
Deen (de)	คนเดนมารก	khon dayn-màak
Deense (de)	คนเดนมารก	khon dayn-màak
Deens (bn)	เดนมารก	dayn-màak
Ierland (het)	ประเทศไอร์แลนด์	bprà-thâyt ai-laen
Ier (de)	คนไอริช	khon ai-rít

Ierse (de)	คนไอริช	khon ai-rít
Iers (bn)	ไอรแลนด์	ai-laen
IJsland (het)	ประเทศไอซ์แลนด์	bprà-thâyt ai-laen
IJslander (de)	คนไอซ์แลนด์	khon ai-laen
IJslandse (de)	คนไอซ์แลนด์	khon ai-laen
IJslands (bn)	ไอซ์แลนด์	ai-laen
Spanje (het)	ประเทศสเปน	bprà-thâyt sà-bpayn
Spanjaard (de)	คนสเปน	khon sà-bpayn
Spaanse (de)	คนสเปน	khon sà-bpayn
Spaans (bn)	สเปน	sà-bpayn
Italië (het)	ประเทศอิตาลี	bprà-thâyt i-dtaa-lee
Italiaan (de)	คนอิตาเลียน	khon i-dtaa-lian
Italiaanse (de)	คนอิตาเลียน	khon i-dtaa-lian
Italiaans (bn)	อิตาลี	i-dtaa-lee
Cyprus (het)	ประเทศไซปรัส	bprà-thâyt sai-bpràt
Cyprioot (de)	คนไซปรัส	khon sai-bpràt
Cypriotische (de)	คนไซปรัส	khon sai-bpràt
Cypriotisch (bn)	ไซปรัส	sai-bpràt
Malta (het)	ประเทศมอลตา	bprà-thâyt mon-dtaa
Maltees (de)	คนมอลตา	khon mon-dtaa
Maltese (de)	คนมอลตา	khon mon-dtaa
Maltees (bn)	มอลตา	mon-dtâa
Noorwegen (het)	ประเทศนอร์เวย์	bprà-thâyt nor-way
Noor (de)	คนนอร์เวย์	khon nor-way
Noorse (de)	คนนอร์เวย์	khon nor-way
Noors (bn)	นอร์เวย์	nor-way
Portugal (het)	ประเทศโปรตุเกส	bprà-thâyt bproh-dtù-gàyt
Portugees (de)	คนโปรตุเกส	khon bproh-dtù-gàyt
Portugese (de)	คนโปรตุเกส	khon bproh-dtù-gàyt
Portugees (bn)	โปรตุเกส	bproh-dtù-gàyt
Finland (het)	ประเทศฟินแลนด์	bprà-thâyt fin-laen
Fin (de)	คนฟินแลนด์	khon fin-laen
Finse (de)	คนฟินแลนด์	khon fin-laen
Fins (bn)	ฟินแลนด์	fin-laen
Frankrijk (het)	ประเทศฝรั่งเศส	bprà-thâyt fà-ràng-sàyt
Fransman (de)	คนฝรั่งเศส	khon fà-ràng-sàyt
Française (de)	คนฝรั่งเศส	khon fà-ràng-sàyt
Frans (bn)	ฝรั่งเศส	fà-ràng-sàyt
Zweden (het)	ประเทศสวีเดน	bprà-thâyt sà-wěe-dayn
Zweed (de)	คนสวีเดน	khon sà-wěe-dayn
Zweedse (de)	คนสวีเดน	khon sà-wěe-dayn
Zweeds (bn)	สวีเดน	sà-wěe-dayn
Zwitserland (het)	ประเทศสวิตเซอร์แลนด์	bprà-thâyt sà-wìt-sêr-laen
Zwitser (de)	คนสวิส	khon sà-wìt
Zwitserse (de)	คนสวิส	khon sà-wìt

Zwitsers (bn)	สวิส	sà-wìt
Schotland (het)	ประเทศสก็อตแลนด์	bprà-thâyt sà-gòt-laen
Schot (de)	คนสก็อต	khon sà-gòt
Schotse (de)	คนสก็อต	khon sà-gòt
Schots (bn)	สก็อตแลนด์	sà-gòt-laen
Vaticaanstad (de)	นครรัฐวาติกัน	ná-khon rát waa-dtì-gan
Liechtenstein (het)	ประเทศลิกเตนสไตน์	bprà-thâyt lík-tay-ná-sà-dtai
Luxemburg (het)	ประเทศลักเซมเบิร์ก	bprà-thâyt lák-saym-bèrk
Monaco (het)	ประเทศโมนาโก	bprà-thâyt moh-naa-goh

235. Centraal- en Oost-Europa

Albanië (het)	ประเทศแอลเบเนีย	bprà-thâyt aen-bay-nia
Albanees (de)	คนแอลเบเนีย	khon aen-bay-nia
Albanese (de)	คนแอลเบเนีย	khon aen-bay-nia
Albanees (bn)	แอลเบเนีย	aen-bay-nia
Bulgarije (het)	ประเทศบัลแกเรีย	bprà-thâyt ban-gae-ria
Bulgaar (de)	คนบัลแกเรีย	khon ban-gae-ria
Bulgaarse (de)	คนบัลแกเรีย	khon ban-gae-ria
Bulgaars (bn)	บัลแกเรีย	ban-gae-ria
Hongarije (het)	ประเทศฮังการี	bprà-thâyt hang-gaa-ree
Hongaar (de)	คนฮังการี	khon hang-gaa-ree
Hongaarse (de)	คนฮังการี	khon hang-gaa-ree
Hongaars (bn)	ฮังการี	hang-gaa-ree
Letland (het)	ประเทศลัตเวีย	bprà-thâyt lát-wia
Let (de)	คนลัตเวีย	khon lát-wia
Letse (de)	คนลัตเวีย	khon lát-wia
Lets (bn)	ลัตเวีย	lát-wia
Litouwen (het)	ประเทศลิทัวเนีย	bprà-thâyt lí-thua-nia
Litouwer (de)	คนลิทัวเนีย	khon lí-thua-nia
Litouwse (de)	คนลิทัวเนีย	khon lí-thua-nia
Litouws (bn)	ลิทัวเนีย	lí-thua-nia
Polen (het)	ประเทศโปแลนด์	bprà-thâyt bpoh-laen
Pool (de)	คนโปแลนด์	khon bpoh-laen
Poolse (de)	คนโปแลนด์	khon bpoh-laen
Pools (bn)	โปแลนด์	bpoh-laen
Roemenië (het)	ประเทศโรมาเนีย	bprà-thâyt roh-maa-nia
Roemeen (de)	คนโรมาเนีย	khon roh-maa-nia
Roemeense (de)	คนโรมาเนีย	khon roh-maa-nia
Roemeens (bn)	โรมาเนีย	roh-maa-nia
Servië (het)	ประเทศเซอร์เบีย	bprà-thâyt sêr-bia
Serviër (de)	คนเซอร์เบีย	khon sêr-bia
Servische (de)	คนเซอร์เบีย	khon sêr-bia
Servisch (bn)	เซอร์เบีย	sêr-bia
Slowakije (het)	ประเทศสโลวาเกีย	bprà-thâyt sà-loh-waa-gia
Slowaak (de)	คนสโลวาเกีย	khon sà-loh-waa-gia

Slowaakse (de)	คนสโลวาเกีย	khon sà-loh-waa-gia
Slowaakse (bn)	สโลวาเกีย	sà-loh-waa-gia
Kroatië (het)	ประเทศโครเอเชีย	bprà-thâyt khroh-ay-chia
Kroaat (de)	คนโครเอเชีย	khon khroh-ay-chia
Kroatische (de)	คนโครเอเชีย	khon khroh-ay-chia
Kroatisch (bn)	โครเอเชีย	khroh-ay-chia
Tsjechië (het)	ประเทศเช็กเกีย	bprà-thâyt chék-gia
Tsjech (de)	คนเช็ก	khon chék
Tsjechische (de)	คนเช็ก	khon chék
Tsjechisch (bn)	เช็กเกีย	chék-gia
Estland (het)	ประเทศเอสโตเนีย	bprà-thâyt àyt-dtoh-nia
Est (de)	คนเอสโตเนีย	khon àyt-dtoh-nia
Estse (de)	คนเอสโตเนีย	khon àyt-dtoh-nia
Ests (bn)	เอสโตเนีย	àyt-dtoh-nia
Bosnië en Herzegovina (het)	ประเทศบอสเนีย และเฮอรเซโกวินา	bprà-thâyt bòt-nia láe her-say-goh-wí-naa
Macedonië (het)	ประเทศมาซิโดเนีย	bprà-thâyt maa-sí-doh-nia
Slovenië (het)	ประเทศสโลวีเนีย	bprà-thâyt sà-loh-wee-nia
Montenegro (het)	ประเทศ มอนเตเนโกร	bprà-thâyt mon-dtay-nay-groh

236. Voormalige USSR landen

Azerbeidzjan (het)	ประเทศอาเซอรไบจาน	bprà-thâyt aa-sêr-bai-jaan
Azerbeidzjaan (de)	คนอาเซอรไบจาน	khon aa-sêr-bai-jaan
Azerbeidjaanse (de)	คนอาเซอรไบจาน	khon aa-sêr-bai-jaan
Azerbeidjaans (bn)	อาเซอรไบจาน	aa-sêr-bai-jaan
Armenië (het)	ประเทศอารเมเนีย	bprà-thâyt aa-may-nia
Armeen (de)	คนอารเมเนีย	khon aa-may-nia
Armeense (de)	คนอารเมเนีย	khon aa-may-nia
Armeens (bn)	อารเมเนีย	aa-may-nia
Wit-Rusland (het)	ประเทศเบลารุส	bprà-thâyt blao-rút
Wit-Rus (de)	คนเบลารุส	khon blao-rút
Wit-Russische (de)	คนเบลารุส	khon blao-rút
Wit-Russisch (bn)	เบลารุส	blao-rút
Georgië (het)	ประเทศจอรเจีย	bprà-thâyt jor-jia
Georgiër (de)	คนจอรเจีย	khon jor-jia
Georgische (de)	คนจอรเจีย	khon jor-jia
Georgisch (bn)	จอรเจีย	jor-jia
Kazakstan (het)	ประเทศคาซัคสถาน	bprà-thâyt khaa-sák-sà-thǎan
Kazak (de)	คนคาซัคสถาน	khon khaa-sák-sà-thǎan
Kazakse (de)	คนคาซัคสถาน	khon khaa-sák-sà-thǎan
Kazakse (bn)	คาซัคสถาน	khaa-sák-sà-thǎan
Kirgizië (het)	ประเทศ คีรกีซสถาน	bprà-thâyt khee-gèet-- à-thǎan
Kirgiziër (de)	คนคีรกีซสถาน	khon khee-gèet-sà-thǎan

Kirgizische (de)	คนคีร์กีซสถาน	khon khee-gèet-sà-thǎan
Kirgizische (bn)	คีร์กีซสถาน	khee-gèet-sà-thǎan
Moldavië (het)	ประเทศมอลโดวา	bprà-thâyt mon-doh-waa
Moldaviër (de)	คนมอลโดวา	khon mon-doh-waa
Moldavische (de)	คนมอลโดวา	khon mon-doh-waa
Moldavisch (bn)	มอลโดวา	mon-doh-waa
Rusland (het)	ประเทศรัสเซีย	bprà-thâyt rát-sia
Rus (de)	คนรัสเซีย	khon rát-sia
Russin (de)	คนรัสเซีย	khon rát-sia
Russisch (bn)	รัสเซีย	rát-sia
Tadzjikistan (het)	ประเทศทาจิกิสถาน	bprà-thâyt thaa-jì-gìt-thǎan
Tadzjiek (de)	คนทาจิกิสถาน	khon thaa-jì-gìt-thǎan
Tadzjiekse (de)	คนทาจิกิสถาน	khon thaa-jì-gìt-thǎan
Tadzjieks (bn)	ทาจิกิสถาน	thaa-jì-gìt-thǎan
Turkmenistan (het)	ประเทศเติรกเมนิสถาน	bprà-thâyt dtèrk-may-nít-thǎan
Turkmeen (de)	คนเติร์กเมนิสถาน	khon dtèrk-may-nít-thǎan
Turkmeense (de)	คนเติรกเมนิสถาน	khon dtèrk-may-nít-thǎan
Turkmeens (bn)	เติรกเมนิสถาน	dtèrk-may-nít-thǎan
Oezbekistan (het)	ประเทศอุซเบกิสถาน	bprà-thâyt ùt-bay-gìt-thǎan
Oezbeek (de)	คนอุซเบกิสถาน	khon ùt-bay-gìt-thǎan
Oezbeekse (de)	คนอุซเบกิสถาน	khon ùt-bay-gìt-thǎan
Oezbeeks (bn)	อุซเบกิสถาน	ùt-bay-gìt-thǎan
Oekraïne (het)	ประเทศยูเครน	bprà-thâyt yoo-khrayn
Oekraïner (de)	คนยูเครน	khon yoo-khrayn
Oekraïense (de)	คนยูเครน	khon yoo-khrayn
Oekraïens (bn)	ยูเครน	yoo-khrayn

237. Azië

Azië (het)	เอเชีย	ay-chia
Aziatisch (bn)	เอเชีย	ay-chia
Vietnam (het)	ประเทศเวียดนาม	bprà-thâyt wîat-naam
Vietnamees (de)	คนเวียดนาม	khon wîat-naam
Vietnamese (de)	คนเวียดนาม	khon wîat-naam
Vietnamees (bn)	เวียดนาม	wîat-naam
India (het)	ประเทศอินเดีย	bprà-thâyt in-dia
Indiër (de)	คนอินเดีย	khon in-dia
Indische (de)	คนอินเดีย	khon in-dia
Indisch (bn)	อินเดีย	in-dia
Israël (het)	ประเทศอิสราเอล	bprà-thâyt ìt-sà-rǎa-ayn
Israëliër (de)	คนอิสราเอล	khon ìt-sà-rǎa-ayn
Israëlische (de)	คนอิสราเอล	khon ìt-sà-rǎa-ayn
Israëlisch (bn)	อิสราเอล	ìt-sà-rǎa-ayn

Jood (etniciteit)	คนยิว	khon yiw
Jodin (de)	คนยิว	khon yiw
Joods (bn)	ยิว	yiw
China (het)	ประเทศจีน	bprà-thâyt jeen
Chinees (de)	คนจีน	khon jeen
Chinese (de)	คนจีน	khon jeen
Chinees (bn)	จีน	jeen
Koreaan (de)	คนเกาหลี	khon gao-lěe
Koreaanse (de)	คนเกาหลี	khon gao-lěe
Koreaans (bn)	เกาหลี	gao-lěe
Libanon (het)	ประเทศเลบานอน	bprà-thâyt lay-baa-non
Libanees (de)	คนเลบานอน	khon lay-baa-non
Libanese (de)	คนเลบานอน	khon lay-baa-non
Libanees (bn)	เลบานอน	lay-baa-non
Mongolië (het)	ประเทศมองโกเลีย	bprà-thâyt mong-goh-lia
Mongool (de)	คนมองโกล	khon mong-gloh
Mongoolse (de)	คนมองโกล	khon mong-gloh
Mongools (bn)	มองโกเลีย	mong-goh-lia
Maleisië (het)	ประเทศมาเลเซีย	bprà-thâyt maa-lay-sia
Maleisiër (de)	คนมาเลย์	khon maa-lây
Maleisische (de)	คนมาเลย์	khon maa-lây
Maleisisch (bn)	มาเลเซีย	maa-lay-sia
Pakistan (het)	ประเทศปากีสถาน	bprà-thâyt bpaa-gèet-thǎan
Pakistaan (de)	คนปากีสถาน	khon bpaa-gèet-thǎan
Pakistaanse (de)	คนปากีสถาน	khon bpaa-gèet-thǎan
Pakistaans (bn)	ปากีสถาน	bpaa-gèet-thǎan
Saoedi-Arabië (het)	ประเทศ ซาอุดิอาระเบีย	bprà-thâyt saa-u-dì aa-ra-bia
Arabier (de)	คนอาหรับ	khon aa-ràp
Arabische (de)	คนอาหรับ	khon aa-ràp
Arabisch (bn)	อาหรับ	aa-ràp
Thailand (het)	ประเทศไทย	bprà-tâyt thai
Thai (de)	คนไทย	khon thai
Thaise (de)	คนไทย	khon thai
Thai (bn)	ไทย	thai
Taiwan (het)	ไต้หวัน	dtâi-wǎn
Taiwanees (de)	คนไต้หวัน	khon dtâi-wǎn
Taiwanese (de)	คนไต้หวัน	khon dtâi-wǎn
Taiwanees (bn)	ไต้หวัน	dtâi-wǎn
Turkije (het)	ประเทศตุรกี	bprà-thâyt dtù-rá-gee
Turk (de)	คนเติร์ก	khon dtèrk
Turkse (de)	คนเติร์ก	khon dtèrk
Turks (bn)	ตุรกี	dtù-rá-gee
Japan (het)	ประเทศญี่ปุ่น	bprà-thâyt yêe-bpùn
Japanner (de)	คนญี่ปุ่น	khon yêe-bpùn

Japanse (de)	คนญี่ปุ่น	khon yêe-bpùn
Japans (bn)	ญี่ปุ่น	yêe-bpùn

Afghanistan (het)	ประเทศอัฟกานิสถาน	bprà-thâyt àf-gaa-nít-thăan
Bangladesh (het)	ประเทศบังคลาเทศ	bprà-thâyt bang-khlaa-thâyt
Indonesië (het)	ประเทศอินโดนีเซีย	bprà-thâyt in-doh-nee-sia
Jordanië (het)	ประเทศจอรแดน	bprà-thâyt jor-daen

Irak (het)	ประเทศอิรัก	bprà-thâyt i-rák
Iran (het)	ประเทศอิหราน	bprà-thâyt i-ràan
Cambodja (het)	ประเทศกัมพูชา	bprà-thâyt gam-phoo-chaa
Koeweit (het)	ประเทศคูเวต	bprà-thâyt khoo-wâyt

Laos (het)	ประเทศลาว	bprà-thâyt laao
Myanmar (het)	ประเทศเมียนมาร์	bprà-thâyt mian-maa
Nepal (het)	ประเทศเนปาล	bprà-thâyt nay-bpaan
Verenigde Arabische Emiraten	สหรัฐอาหรับเอมิเรตส์	sà-hà-rát aa-ràp ay-mí-râyt

Syrië (het)	ประเทศซีเรีย	bprà-thâyt see-ria
Palestijnse autonomie (de)	ปาเลสไตน์	bpaa-lâyt-dtai
Zuid-Korea (het)	เกาหลีใต้	gao-lĕe dtâi
Noord-Korea (het)	เกาหลีเหนือ	gao-lĕe nĕua

238. Noord-Amerika

Verenigde Staten van Amerika	สหรัฐอเมริกา	sà-hà-rát a-may-rí-gaa
Amerikaan (de)	คนอเมริกา	khon a-may-rí-gaa
Amerikaanse (de)	คนอเมริกา	khon a-may-rí-gaa
Amerikaans (bn)	อเมริกา	a-may-rí-gaa

Canada (het)	ประเทศแคนาดา	bprà-thâyt khae-naa-daa
Canadees (de)	คนแคนาดา	khon khae-naa-daa
Canadese (de)	คนแคนาดา	khon khae-naa-daa
Canadees (bn)	แคนาดา	khae-naa-daa

Mexico (het)	ประเทศเม็กซิโก	bprà-thâyt mék-sí-goh
Mexicaan (de)	คนเม็กซิโก	khon mék-sí-goh
Mexicaanse (de)	คนเม็กซิโก	khon mék-sí-goh
Mexicaans (bn)	เม็กซิโก	mék-sí-goh

239. Midden- en Zuid-Amerika

Argentinië (het)	ประเทศอาร์เจนตินา	bprà-thâyt aa-jayn-dtì-naa
Argentijn (de)	คนอาร์เจนตินา	khon aa-jayn-dtì-naa
Argentijnse (de)	คนอาร์เจนตินา	khon aa-jayn-dtì-naa
Argentijns (bn)	อาร์เจนตินา	aa-jayn-dtì-naa

Brazilië (het)	ประเทศบราซิล	bprà-thâyt braa-sin
Braziliaan (de)	คนบราซิล	khon braa-sin
Braziliaanse (de)	คนบราซิล	khon braa-sin

Braziliaans (bn)	บราซิล	braa-sin
Colombia (het)	ประเทศโคลัมเบีย	bprà-thâyt khoh-lam-bia
Colombiaan (de)	คนโคลัมเบีย	khon khoh-lam-bia
Colombiaanse (de)	คนโคลัมเบีย	khon khoh-lam-bia
Colombiaans (bn)	โคลัมเบีย	khoh-lam-bia
Cuba (het)	ประเทศคิวบา	bprà-thâyt khiw-baa
Cubaan (de)	คนคิวบา	khon khiw-baa
Cubaanse (de)	คนคิวบา	khon khiw-baa
Cubaans (bn)	คิวบา	khiw-baa
Chili (het)	ประเทศชิลี	bprà-thâyt chí-lee
Chileen (de)	คนชิลี	khon chí-lee
Chileense (de)	คนชิลี	khon chí-lee
Chileens (bn)	ชิลี	chí-lee
Bolivia (het)	ประเทศโบลิเวีย	bprà-thâyt boh-lí-wia
Venezuela (het)	ประเทศเวเนซุเอลา	bprà-thâyt way-nay-sú-ay-laa
Paraguay (het)	ประเทศปารากวัย	bprà-thâyt bpaa-raa-gwai
Peru (het)	ประเทศเปรู	bprà-thâyt bpay-roo
Suriname (het)	ประเทศซูรินาม	bprà-thâyt soo-rí-naam
Uruguay (het)	ประเทศอุรุกวัย	bprà-thâyt u-rúk-wai
Ecuador (het)	ประเทศเอกวาดอร์	bprà-thâyt ay-gwaa-dor
Bahama's (mv.)	ประเทศบาฮามาส	bprà-thâyt baa-haa-mâat
Haïti (het)	ประเทศเฮติ	bprà-thâyt hay-dtì
Dominicaanse Republiek (de)	สาธารณรัฐโดมินิกัน	săa-thaa-rá-ná rát doh-mí-ní-gan
Panama (het)	ประเทศปานามา	bprà-thâyt bpaa-naa-maa
Jamaica (het)	ประเทศจาเมกา	bprà-thâyt jaa-may-gaa

240. Afrika

Egypte (het)	ประเทศอียิปต์	bprà-thâyt bprà-thâyt ee-yíp
Egyptenaar (de)	คนอียิปต์	khon ee-yíp
Egyptische (de)	คนอียิปต์	khon ee-yíp
Egyptisch (bn)	อียิปต์	ee-yíp
Marokko (het)	ประเทศมอร์อคโค	bprà-thâyt mor-rók-khoh
Marokkaan (de)	คนมอร์อคโค	khon mor-rók-khoh
Marokkaanse (de)	คนมอร์อคโค	khon mor-rók-khoh
Marokkaans (bn)	มอร์อคโค	mor-rók-khoh
Tunesië (het)	ประเทศตูนิเซีย	bprà-thâyt dtoo-ní-sia
Tunesiër (de)	คนตูนีเซีย	khon dtoo-ní-sia
Tunesische (de)	คนตูนีเซีย	khon dtoo-ní-sia
Tunesisch (bn)	ตูนีเซีย	dtoo-ní-sia
Ghana (het)	ประเทศกานา	bprà-thâyt gaa-naa
Zanzibar (het)	ประเทศแซนซิบาร์	bprà-thâyt saen-sí-baa
Kenia (het)	ประเทศเคนยา	bprà-thâyt khayn-yâa
Libië (het)	ประเทศลิเบีย	bprà-thâyt lí-bia
Madagaskar (het)	ประเทศมาดากัสการ์	bprà-thâyt maa-daa-gàt-gaa

Namibië (het)	ประเทศนามิเบีย	bprà-thâyt naa-mí-bia
Senegal (het)	ประเทศเซเนกัล	bprà-thâyt say-nay-gan
Tanzania (het)	ประเทศแทนซาเนีย	bprà-thâyt thaen-saa-nia
Zuid-Afrika (het)	ประเทศแอฟริกาใต้	bprà-thâyt àef-rí-gaa dtâi
Afrikaan (de)	คนแอฟริกา	khon àef-rí-gaa
Afrikaanse (de)	คนแอฟริกา	khon àef-rí-gaa
Afrikaans (bn)	แอฟริกา	àef-rí-gaa

241. Australië. Oceanië

Australië (het)	ประเทศออสเตรเลีย	bprà-thâyt òt-dtray-lia
Australiër (de)	คนออสเตรเลีย	khon òt-dtray-lia
Australische (de)	คนออสเตรเลีย	khon òt-dtray-lia
Australisch (bn)	ออสเตรเลีย	òrt-dtray-lia
Nieuw-Zeeland (het)	ประเทศนิวซีแลนด์	bprà-thâyt niw-see-laen
Nieuw-Zeelander (de)	คนนิวซีแลนด์	khon niw-see-laen
Nieuw-Zeelandse (de)	คนนิวซีแลนด์	khon niw-see-laen
Nieuw-Zeelands (bn)	นิวซีแลนด์	niw-see-laen
Tasmanië (het)	ประเทศแทสเมเนีย	bprà-thâyt thâet-may-nia
Frans-Polynesië	เฟรนช์โปลินีเซีย	frayn-bpoh-lí-nee-sia

242. Steden

Amsterdam	อัมสเตอร์ดัม	am-sà-dtêr-dam
Ankara	อังคาราๆ	ang-khaa-raa
Athene	เอเธนส์	ay-thayn
Bagdad	แบกแดด	bàek-dàet
Bangkok	กรุงเทพฯ	grung thâyp
Barcelona	บาร์เซโลนา	baa-say-loh-naa
Beiroet	เบรุต	bay-rút
Berlijn	เบอร์ลิน	ber-lin
Boedapest	บูดาเปส	boo-daa-bpàyt
Boekarest	บูคาเรสต์	boo-khaa-ràyt
Bombay, Mumbai	มุมไบ	mum-bai
Bonn	บอนน์	bon
Bordeaux	บอร์โด	bor doh
Bratislava	บราติสลาวา	braa-dtìt-laa-waa
Brussel	บรัสเซล	bràt-sayn
Caïro	ไคโร	khai-roh
Calcutta	คัลคัตตา	khan-khát-dtaa
Chicago	ชิคาโก	chí-khaa-goh
Dar Es Salaam	ดาร์เอสซาลาม	daa àyt saa laam
Delhi	เดลี	day-lee
Den Haag	เดอะเฮก	dùh hêyk
Dubai	ดูไบ	doo-bai

Dublin	ดับลิน	dàp-lin
Düsseldorf	ดุสเซลดอร์ฟ	dùt-sayn-dòf
Florence	ฟลอเรนซ์	flor-rayn
Frankfort	แฟรงค์เฟิร์ท	fraeng-fêrt
Genève	เจนีวา	jay-nee-waa
Hamburg	แฮมเบิร์ก	haem-bèrk
Hanoi	ฮานอย	haa-noi
Havana	ฮาวานา	haa waa-naa
Helsinki	เฮลซิงกิ	hayn-sing-gì
Hiroshima	อิโรชิมา	hí-roh-chí-mâa
Hongkong	ฮองกง	hôrng-gong
Istanbul	อิสตันบูล	ìt-dtan-boon
Jeruzalem	เยรูซาเลม	yay-roo-saa-laym
Kiev	เคียฟ	khîaf
Kopenhagen	โคเปนเฮเกน	khoh-bpayn-hay-gayn
Kuala Lumpur	กัวลาลัมเปอร์	gua-laa lam-bper
Lissabon	ลิสบอน	lít-bon
Londen	ลอนดอน	lon-don
Los Angeles	ลอสแองเจลิส	lôt-aeng-jay-lít
Lyon	ลียง	lee-yong
Madrid	มาดริด	maa-drìt
Marseille	มารกเซย	màak-soie
Mexico-Stad	เม็กซิโกซิตี้	mék-sí-goh sí-dtêe
Miami	ไมอามี่	mai-aa-mêe
Montreal	มอนทรีออล	mon-three-on
Moskou	มอสโกว	mor-sà-goh
München	มิวนิค	miw-ník
Nairobi	ไนโรบี	nai-roh-bee
Napels	เนเปิลส์	nay-bpern
New York	นิวยอร์ค	niw-yôk
Nice	นิซ	nít
Oslo	ออสโล	òrt-loh
Ottawa	อ็อตตาวา	òt-dtaa-waa
Parijs	ปารีส	bpaa-rêet
Peking	ปักกิ่ง	bpàk-gìng
Praag	ปราก	bpràak
Rio de Janeiro	ริโอเอจาเนโร	rí-oh-ay jaa-nay-roh
Rome	โรม	rohm
Seoel	โซล	sohn
Singapore	สิงคโปร์	sǐng-khá-bpoh
Sint-Petersburg	เซนต์ปีเตอร์สเบิร์ก	sayn bpì-dtèrt-bèrk
Sjanghai	เซี่ยงไฮ	sîang-hái
Stockholm	สต็อกโฮลม์	sà-dtòk-hohm
Sydney	ซิดนีย์	sít-nee
Taipei	ไทเป	thai-bpay
Tokio	โตเกียว	dtoh-gieow
Toronto	โตรอนโต	dtoh-ron-dtoh
Venetië	เวนิส	way-nít

Warschau	วอร์ซอว์	wor-sor
Washington	วอชิงตัน	wor ching dtan
Wenen	เวียนนา	wian-naa

243. Politiek. Overheid. Deel 1

politiek (de)	การเมือง	gaan meuang
politiek (bn)	ทางการเมือง	thang gaan meuang
politicus (de)	นักการเมือง	nák gaan meuang

staat (land)	รัฐ	rát
burger (de)	พลเมือง	phon-lá-meuang
staatsburgerschap (het)	สัญชาติ	săn-châat

nationaal wapen (het)	ตราประจำชาติ	dtraa bprà-jam châat
volkslied (het)	เพลงชาติ	phlayng châat

regering (de)	รัฐบาล	rát-thà-baan
staatshoofd (het)	ผู้นำประเทศ	phôo nam bprà-thâyt
parlement (het)	รัฐสภา	rát-thà-sà-phaa
partij (de)	พรรคการเมือง	phák gaan meuang

kapitalisme (het)	ทุนนิยม	thun ní-yom
kapitalistisch (bn)	แบบทุนนิยม	bàep thun ní-yom

socialisme (het)	สังคมนิยม	săng-khom ní-yom
socialistisch (bn)	แบบสังคมนิยม	bàep săng-khom ní-yom

communisme (het)	ลัทธิคอมมิวนิสต์	lát-thí khom-miw-nít
communistisch (bn)	แบบคอมมิวนิสต์	bàep khom-miw-nít
communist (de)	คนคอมมิวนิสต	khon khom-miw-nít

democratie (de)	ปูระชาธิปไตย	bprà-chaa-thíp-bpà-dtai
democraat (de)	ผู้นิยมปูระชาธิปไตย	phôo ní-yom bprà-chaa-típ-bpà-dtai
democratisch (bn)	แบบประชาธิปไตย	bàep bprà-chaa-thíp-bpà-dtai
democratische partij (de)	พรรคประชาธิปัตย์	phák bprà-chaa-tí-bpàt

liberaal (de)	ผู้เอียงเสรีนิยม	phôo iang săy-ree ní-yom
liberaal (bn)	แบบเสรีนิยม	bàep săy-ree ní-yom

conservator (de)	ผู้เอียงอนุรักษ์นิยม	phôo iang a-nú rák ní-yom
conservatief (bn)	แบบอนุรักษ์นิยม	bàep a-nú rák ní-yom

republiek (de)	สาธารณรัฐ	săa-thaa-rá-ná rát
republikein (de)	รีพับลิกัน	ree pháp lí gan
Republikeinse Partij (de)	พรรครีพับลิกัน	phák ree-pháp-lí-gan

verkiezing (de)	การเลือกตั้ง	gaan lêuak dtâng
kiezen (ww)	เลือก	lêuak
kiezer (de)	ผู้ออกเสียงลงคะแนน	phôo òrk sĭang long khá-naen
verkiezingscampagne (de)	การรณรงค์หาเสียง	gaan ron-ná-rorng hăa sĭang
stemming (de)	การออกเสียงลงคะแนน	gaan òrk sĭang long khá-naen
stemmen (ww)	ลงคะแนน	long khá-naen

stemrecht (het)	สิทธิในการเลือกตั้ง	sìt-thí nai gaan lêuak dtâng
kandidaat (de)	ผู้สมัคร	phôo sà-màk
zich kandideren	ลงสมัคร	long sà-màk
campagne (de)	การรณรงค์	gaan ron-ná-rorng

| oppositie- (abn) | ฝ่ายค้าน | fàai kháan |
| oppositie (de) | ฝ่ายค้าน | fàai kháan |

bezoek (het)	การเยือน	gaan yeuan
officieel bezoek (het)	การเยือนอย่างเป็น ทางการ	gaan yeuan yàang bpen thaang gaan
internationaal (bn)	แบบสากล	bàep sǎa-gon

| onderhandelingen (mv.) | การเจรจา | gaan jayn-rá-jaa |
| onderhandelen (ww) | เจรจา | jayn-rá-jaa |

244. Politiek. Overheid. Deel 2

maatschappij (de)	สังคม	sǎng-khom
grondwet (de)	รัฐธรรมนูญ	rát-thà-tham-má-noon
macht (politieke ~)	อำนาจ	am-nâat
corruptie (de)	การทุจริตคอรัปชั่น	gaan thút-jà-rìt khor-ráp-chân

| wet (de) | กฎหมาย | gòt mǎai |
| wettelijk (bn) | ทางกฎหมาย | thaang gòt mǎai |

| rechtvaardigheid (de) | ความยุติธรรม | khwaam yút-dtì-tham |
| rechtvaardig (bn) | เป็นธรรม | bpen tham |

comité (het)	คณะกรรมการ	khá-ná gam-má-gaan
wetsvoorstel (het)	ร่าง	râang
begroting (de)	งบประมาณ	ngóp bprà-maan
beleid (het)	นโยบาย	ná-yoh-baai
hervorming (de)	ปฏิรูป	bpà-dtì rôop
radicaal (bn)	รุนแรง	run raeng

macht (vermogen)	กำลัง	gam-lang
machtig (bn)	ทรงพลัง	song phá-lang
aanhanger (de)	ผู้สนับสนุน	phôo sà-nàp-sà-nǔn
invloed (de)	อิทธิพล	ìt-thí pon

regime (het)	ระบอบการปกครอง	rá-bòrp gaan bpòk khrorng
conflict (het)	ความขัดแย้ง	khwaam khàt yáeng
samenzwering (de)	การคบคิด	gaan khóp khít
provocatie (de)	การยั่วยุ	gaan yûa yú

omverwerpen (ww)	ล้มล้าง	lóm láang
omverwerping (de)	การล้ม	gaan lóm
revolutie (de)	ปฏิวัติ	bpà-dtì-wát

staatsgreep (de)	รัฐประหาร	rát-thà-bprà-hǎan
militaire coup (de)	การยึดอำนาจ ด้วยกำลังทหาร	gaan yéut am-nâat dûay gam-lang thá-hǎan
crisis (de)	วิกฤติ	wí-grìt

221

economische recessie (de)	ภาวะเศรษฐกิจถดถอย	phaa-wá sàyt-thà-gìt thòt thŏi
betoger (de)	ผู้ประท้วง	phôo bprà-thúang
betoging (de)	การประท้วง	gaan bprà-thúang
krijgswet (de)	กฎอัยการศึก	gòt ai-yá-gaan sèuk
militaire basis (de)	ฐานทัพ	thăan tháp

| stabiliteit (de) | ความมั่นคง | khwaam mân-khong |
| stabiel (bn) | มั่นคง | mân khong |

| uitbuiting (de) | การขูดรีด | gaan khòot rêet |
| uitbuiten (ww) | ขูดรีด | khòot rêet |

racisme (het)	ดูตินิยมเชื้อชาติ	khá-dtì ní-yom chéua châat
racist (de)	ผู้เหยียดผิว	phôo yìat phĭw
fascisme (het)	ลัทธิฟาสซิสต์	lát-thí fâat-sít
fascist (de)	ผู้นิยมลัทธิฟาสซิสต์	phôo ní-yom lát-thí fâat-sít

245. Landen. Diversen

vreemdeling (de)	คนต่างชาติ	khon dtàang châat
buitenlands (bn)	ต่างชาติ	dtàang châat
in het buitenland (bw)	ต่างประเทศ	dtàang bprà-thâyt

emigrant (de)	ผู้อพยพ	phôo òp-phá-yóp
emigratie (de)	การอพยพ	gaan òp-phá-yóp
emigreren (ww)	อพยพ	òp-phá-yóp

Westen (het)	ตะวันตก	dtà-wan dtòk
Oosten (het)	ตะวันออก	dtà-wan òrk
Verre Oosten (het)	ตะวันออกไกล	dtà-wan òrk glai

beschaving (de)	อารยธรรม	aa-rá-yá-tham
mensheid (de)	มนุษยชาติ	má-nút-sà-yá-châat
wereld (de)	โลก	lôhk
vrede (de)	ความสงบสุข	khwaam sà-ngòp-sùk
wereld- (abn)	ทั่วโลก	thûa lôhk

vaderland (het)	บ้านเกิด	bâan gèrt
volk (het)	ประชาชน	bprà-chaa chon
bevolking (de)	ประชากร	bprà-chaa gon
mensen (mv.)	ประชาชน	bprà-chaa chon
natie (de)	ชาติ	châat
generatie (de)	รุ่น	rûn

gebied (bijv. bezette ~en)	อาณาเขต	aa-naa khàyt
regio, streek (de)	ภูมิภาค	phoo-mí-phâak
deelstaat (de)	รัฐ	rát

traditie (de)	ธรรมเนียม	tham-niam
gewoonte (de)	ประเพณี	bprà-phay-nee
ecologie (de)	นิเวศวิทยา	ní-wâyt wít-thá-yaa

| Indiaan (de) | อินเดียนแดง | in-dian daeng |
| zigeuner (de) | คนยิปซี | khon yíp-see |

zigeunerin (de)	คนยิปซี	khon yíp-see
zigeuner- (abn)	ยิปซี	yíp see
rijk (het)	จักรวรรดิ	jàk-grà-wàt
kolonie (de)	อาณานิคม	aa-naa ní-khom
slavernij (de)	การใช้แรงงานทาส	gaan chái raeng ngaan thâat
invasie (de)	การบุกรุก	gaan bùk rúk
hongersnood (de)	ความอดอยาก	khwaam òt yàak

246. Grote religieuze groepen. Bekentenissen

religie (de)	ศาสนา	sàat-sà-nǎa
religieus (bn)	ศาสนา	sàat-sà-nǎa
geloof (het)	ศรัทธา	sàt-thaa
geloven (ww)	นับถือ	náp thěu
gelovige (de)	ผู้ศรัทธา	phôo sàt-thaa
atheïsme (het)	อเทวนิยม	a-thay-wá ní-yom
atheïst (de)	ผู้เชื่อว่า	phôo chêua wâa
	ไม่มีพระเจ้า	mâi mee phrá jâo
christendom (het)	ศาสนาคริสต์	sàat-sà-nǎa khrít
christen (de)	ผู้นับถือ	phôo náp thěu
	ศาสนาคริสต์	sàat-sà-nǎa khrít
christelijk (bn)	ศาสนาคริสต์	sàat-sà-nǎa khrít
katholicisme (het)	ศาสนาคาธอลิก	sàat-sà-nǎa khaa-thor-lík
katholiek (de)	ผู้นับถือ	phôo náp thěu
	ศาสนาคาธอลิก	sàat-sà-nǎa khaa-thor-lík
katholiek (bn)	คาธอลิก	khaa-thor-lík
protestantisme (het)	ศาสนา	sàat-sà-nǎa
	โปรแตสแตนท์	bproh-dtàet-dtaen
Protestante Kerk (de)	โบสถ์นิกาย	bòht ní-gaai
	โปรแตสแตนท์	bproh-dtàet-dtaen
protestant (de)	ผู้นับถือศาสนา	phôo náp thěu sàat-sà-nǎa
	โปรแตสแตนท์	bproh-dtàet-dtaen
orthodoxie (de)	ศาสนาออร์ทอดอกซ์	sàat-sà-nǎa or-thor-dòrk
Orthodoxe Kerk (de)	โบสถ์ศาสนาออร์ทอดอกซ์	bòht sàat-sà-nǎa or-thor-dòrk
orthodox	ผู้นับถือ	phôo náp thěu
	ศาสนาออร์ทอดอกซ์	sàat-sà-nǎa or-thor-dòrk
presbyterianisme (het)	นิกายเพรสไบทีเรียน	ní-gaai phrayt-bai-thee-rian
Presbyteriaanse Kerk (de)	โบสถ์นิกาย	bòht ní-gaai
	เพรสไบทีเรียน	phrayt-bai-thee-rian
presbyteriaan (de)	ผู้นับถือนิกาย	phôo náp thěu ní-gaai
	เพรสไบทีเรียน	phrayt bai thee rian
lutheranisme (het)	นิกายลูเทอแรน	ní-gaai loo-thay-a-rǎen
lutheraan (de)	ผู้นับถือนิกาย	phôo náp thěu ní-gaai
	ลูเทอแรน	loo-thay-a-rǎen
baptisme (het)	นิกายแบบติสท์	ní-gaai báep-dtìt

baptist (de)	ผู้นับถือนิกาย แบบติสท	phôo náp thĕu ní-gaai báep-dtìt
Anglicaanse Kerk (de)	โบสถ์นิกายแองกลิกัน	bòht ní-gaai ae-ngók-lí-gan
anglicaan (de)	ผู้นับถือนิกาย แองกลิกัน	phôo náp thĕu ní-gaai ae ngók lí gan
mormonisme (het)	นิกายมอร์มอน	ní-gaai mor-mon
mormoon (de)	ผู้นับถือนิกาย มอร์มอน	phôo náp thĕu ní-gaai mor-mon
Jodendom (het)	ศาสนายิว	sàat-sà-nǎa yiw
jood (aanhanger van het Jodendom)	คนยิว	khon yiw
boeddhisme (het)	ศาสนาพุธ	sàat-sà-nǎa phút
boeddhist (de)	ผู้นับถือ ศาสนาพุธ	phôo náp thĕu sàat-sà-nǎa phút
hindoeïsme (het)	ศาสนาฮินดู	sàat-sà-nǎa hin-doo
hindoe (de)	ผู้นับถือ ศาสนาฮินดู	phôo náp thĕu sàat-sà-nǎa hin-doo
islam (de)	ศาสนาอิสลาม	sàat-sà-nǎa ìt-sà-laam
islamiet (de)	ผู้นับถือ ศาสนาอิสลาม	phôo náp thĕu sàat-sà-nǎa ìt-sà-laam
islamitisch (bn)	มุสลิม	mút-sà-lim
sjiisme (het)	ศาสนา อิสลามนิกายชีอะฮ์	sàat-sà-nǎa ìt-sà-laam ní-gaai shi-à
sjiiet (de)	ผู้นับถือนิกายชีอะฮ์	phôo náp thĕu ní-gaai shi-à
soennisme (het)	ศาสนา อิสลามนิกายซุนนี	sàat-sà-nǎa ìt-sà-laam ní-gaai sun-nee
soenniet (de)	ผู้นับถือนิกาย ซุนนี	phôo náp thĕu ní-gaai sun-nee

247. Religies. Priesters

priester (de)	นักบวช	nák bùat
paus (de)	พระสันตะปาปา	phrá sǎn-dtà-bpaa-bpaa
monnik (de)	พระ	phrá
non (de)	แม่ชี	mâe chee
pastoor (de)	ศาสนาจารย์	sàat-sà-nǎa-jaan
abt (de)	เจ้าอาวาส	jâo aa-wâat
vicaris (de)	เจาอาวาส	jâo aa-wâat
bisschop (de)	มุขนายก	múk naa-yók
kardinaal (de)	พระคาร์ดินัล	phrá khaa-dì-nan
predikant (de)	นักเทศน์	nák thâyt
preek (de)	การเทศนา	gaan thâyt-sà-nǎa
kerkgangers (mv.)	ลูกวัด	lôok wát
gelovige (de)	ผู้ศรัทธา	phôo sàt-thaa

atheïst (de)	ผู้เชื่อว่า ไม่มีพระเจ้า	phôo chêua wâa mâi mee phrá jâo

248. Geloof. Christendom. Islam

Adam	อาดัม	aa-dam
Eva	เอวา	ay-waa
God (de)	พระเจ้า	phrá jâo
Heer (de)	พระเจ้า	phrá jâo
Almachtige (de)	พระผู้เป็นเจ้า	phrá phôo bpen jâo
zonde (de)	บาป	bàap
zondigen (ww)	ทำบาป	tham bàap
zondaar (de)	คนบาป	khon bàap
zondares (de)	คนบาป	khon bàap
hel (de)	นรก	ná-rók
paradijs (het)	สวรรค์	sà-wǎn
Jezus	พระเยซู	phrá yay-soo
Jezus Christus	พระเยซูคริสต์	phrá yay-soo khrít
Heilige Geest (de)	พระจิต	phrá jìt
Verlosser (de)	พระผู้ไถ่	phrá phôo thài
Maagd Maria (de)	พระนางมารีย์ พรหมจารี	phrá naang maa ree phrom-má-jaa-ree
duivel (de)	มาร	maan
duivels (bn)	ของมาร	khǒrng maan
Satan	ซาตาน	saa-dtaan
satanisch (bn)	ซาตาน	saa-dtaan
engel (de)	เทวทูต	thay-wá-thôot
beschermengel (de)	เทวดาผู้ คุมครอง	thay-wá-daa phôo khúm khrorng
engelachtig (bn)	ของเทวดา	khǒrng thay-wá-daa
apostel (de)	สาวก	sǎa-wók
aartsengel (de)	หัวหน้าทูตสวรรค์	hǔa nâa thôot sà-wǎn
antichrist (de)	ศัตรูของพระคริสต์	sàt-dtroo khǒrng phrá khrít
Kerk (de)	โบสถ์	bòht
bijbel (de)	คัมภีร์ไบเบิ้ล	kham-phee bai-bêrn
bijbels (bn)	ไบเบิ้ล	bai-bêrn
Oude Testament (het)	พันธสัญญาเดิม	phan-thá-sǎn-yaa derm
Nieuwe Testament (het)	พันธสัญญาใหม่	phan-thá-sǎn-yaa mài
evangelie (het)	พระวรสาร	phrá won sǎan
Heilige Schrift (de)	พระคัมภีร์ไบเบิล	phrá kham-phee bai-bern
Hemel, Hemelrijk (de)	สวรรค์	sà-wǎn
gebod (het)	บัญญัติ	ban-yàt
profeet (de)	ผู้เผยพระวจนะ	phôo phǒie phrá wá-jà-ná

profetie (de)	คำพยากรณ์	kham phá-yaa-gon
Allah	อัลลออ	an-lor
Mohammed	พระมูฮัมหมัด	phrá moo ham màt
Koran (de)	อัลกุรอาน	an gù-rá-aan
moskee (de)	สุเหร่า	sù-rào
moellah (de)	มุลละ	mun lá
gebed (het)	บทสวดมนต์	bòt sùat mon
bidden (ww)	สวด	sùat
pelgrimstocht (de)	การจาริกแสวงบุญ	gaan jaa-rík sà-wǎeng bun
pelgrim (de)	ผู้แสวงบุญ	phôo sà-wǎeng bun
Mekka	มักกะฮ	mák-gà
kerk (de)	โบสถ์	bòht
tempel (de)	วิหาร	wí-hǎan
kathedraal (de)	มหาวิหาร	má-hǎa wí-hǎan
gotisch (bn)	แบบโกธิก	bàep goh-thík
synagoge (de)	โบสถ์ของศาสนายิว	bòht khǒrng sàat-sà-nǎa yiw
moskee (de)	สุเหรา	sù-rào
kapel (de)	ห้องสวดมนต์	hôrng sùat mon
abdij (de)	วัด	wát
nonnenklooster (het)	สำนักแม่ชี	sǎm-nák mâe chee
mannenklooster (het)	อาราม	aa raam
klok (de)	ระฆัง	rá-khang
klokkentoren (de)	หอระฆัง	hǒr rá-khang
luiden (klokken)	ตีระฆัง	dtee rá-khang
kruis (het)	ไม้กางเขน	mái gaang khǎyn
koepel (de)	หลังคาทรงโดม	lǎng kaa song dohm
icoon (de)	รูปเคารพ	rôop kpao-róp
ziel (de)	วิญญาณ	win-yaan
lot, noodlot (het)	ชะตากรรม	chá-dtaa gam
kwaad (het)	ความชั่วราย	khwaam chûa ráai
goed (het)	ความดี	khwaam dee
vampier (de)	ผีดูดเลือด	phěe dòot lêuat
heks (de)	แมมด	mâe mót
demoon (de)	ปีศาจ	bpee-sàat
geest (de)	ผี	phěe
verzoeningsleer (de)	การไถ่ถอน	gaan thài thǒrn
vrijkopen (ww)	ไถถอน	thài thǒrn
mis (de)	พิธีมิสซา	phí-tee mít-saa
de mis opdragen	ประกอบพิธี	bprà-gòp phí-thee
	ศีลมหาสนิท	sěen má-hǎa sà-nìt
biecht (de)	การสารภาพ	gaan sǎa-rá-phâap
biechten (ww)	สารภาพ	sǎa-rá-phâap
heilige (de)	นักบุญ	nák bun
heilig (bn)	ศักดิ์สิทธิ์	sàk-gà-dì sìt
wijwater (het)	น้ำมนต์	nám mon

ritueel (het)	พิธีกรรม	phí-thee gam
ritueel (bn)	แบบพิธีกรรม	bpaep phí-thee gam
offerande (de)	การบูชายัญ	gaan boo-chaa yan
bijgeloof (het)	ความเชื่องมงาย	khwaam chêua ngom-ngaai
bijgelovig (bn)	เชื่องมงาย	chêua ngom-ngaai
hiernamaals (het)	ชีวิตหลังความตาย	chee-wít lăng khwaam dtaai
eeuwige leven (het)	ชีวิตอันเป็นนิรันดร์	chee-wít an bpen ní-ran

DIVERSEN

249. Diverse nuttige woorden

achtergrond (de)	ฉากหลัง	chàak lăng
balans (de)	สมดุล	sà-má-dun
basis (de)	ฐาน	thăan
begin (het)	จุดเริ่มต้น	jùt rêrm-dtôn
beurt (wie is aan de ~?)	ตา	dtaa
categorie (de)	หมวดหมู่	mùat mòo
comfortabel (~ bed, enz.)	สะดวกสบาย	sà-dùak sà-baai
compensatie (de)	การชดเชย	gaan chót-choie
deel (gedeelte)	ส่วน	sùan
deeltje (het)	อนุภาค	a-nú phâak
ding (object, voorwerp)	สิ่ง	sìng
dringend (bn, urgent)	เร่งด่วน	râyng dùan
dringend (bw, met spoed)	อย่างเร่งด่วน	yàang râyng dùan
effect (het)	ผลกระทบ	phŏn grà-thóp
eigenschap (kwaliteit)	คุณสมบัติ	khun-ná-sŏm-bàt
einde (het)	จบ	jòp
element (het)	องค์ประกอบ	ong bprà-gòrp
feit (het)	ข้อเท็จจริง	khôr thét jing
fout (de)	ข้อผิดพลาด	khôr phìt phlâat
geheim (het)	ความลับ	khwaam láp
graad (mate)	ระดับ	rá-dàp
groei (ontwikkeling)	การเติบโต	gaan dtèrp dtoh
hindernis (de)	สิ่งกีดขวาง	sìng gèet-khwăang
hinderpaal (de)	อุปสรรค	u-bpà-sàk
hulp (de)	ความช่วยเหลือ	khwaam chûay lĕua
ideaal (het)	อุดมคติ	u-dom khá-dtì
inspanning (de)	ความพยายาม	khwaam phá-yaa-yaam
keuze (een grote ~)	ตัวเลือก	dtua lêuak
labyrint (het)	เขาวงกต	khăo-wong-gòt
manier (de)	วิธีทาง	wí-thĕe thaang
moment (het)	ช่วงเวลา	chûang way-laa
nut (bruikbaarheid)	ความมีประโยชน์	khwaam mee bprà-yòht
onderscheid (het)	ความแตกต่าง	khwaam dtàek dtàang
ontwikkeling (de)	การพัฒนา	gaan phát-thá-naa
oplossing (de)	ทางแก้	thaang gâe
origineel (het)	ต้นฉบับ	dtôn chà-bàp
pauze (de)	การหยุดพัก	gaan yùt phák
positie (de)	ตำแหน่ง	dtam-nàeng
principe (het)	หลักการ	làk gaan

probleem (het)	ปัญหา	bpan-hăa
proces (het)	กระบวนการ	grà-buan gaan
reactie (de)	ปฏิกิริยา	bpà-dtì gì-rí-yaa

reden (om ~ van)	สาเหตุ	săa-hàyt
risico (het)	ความเสี่ยง	khwaam sìang
samenvallen (het)	ความบังเอิญ	khwaam bang-ern
serie (de)	ลำดับ	lam-dàp

situatie (de)	สถานการณ์	sà-thăan gaan
soort (bijv. ~ sport)	ประเภท	bprà-phâyt
standaard (bn)	เป็นมาตรฐาน	bpen mâat-dtrà-thăan
standaard (de)	มาตรฐาน	mâat-dtrà-thăan
stijl (de)	สไตล์	sà-dtai

stop (korte onderbreking)	การหยุด	gaan yùt
systeem (het)	ระบบ	rá-bòp
tabel (bijv. ~ van Mendelejev)	ตาราง	dtaa-raang
tempo (langzaam ~)	จังหวะ	jang wà
term (medische ~en)	คำ	kham

type (soort)	ประเภท	bprà-phâyt
variant (de)	ขอ	khôr
veelvuldig (bn)	ถี่	thèe
vergelijking (de)	การเปรียบเทียบ	gaan bprìap thîap
voorbeeld (het goede ~)	ตัวอย่าง	dtua yàang

voortgang (de)	ความก้าวหน้า	khwaam gâao nâa
voorwerp (ding)	สิ่งของ	sìng khŏrng
vorm (uiterlijke ~)	รูปร่าง	rôop râang
waarheid (de)	ความจริง	khwaam jing
zone (de)	โซน	sohn

250. Beperkende bijwoorden. Bijvoeglijke naamwoorden. Deel 1

accuraat (uurwerk, enz.)	พิถีพิถัน	phí-thĕe-phí-thăn
achter- (abn)	หลัง	lăng
additioneel (bn)	เพิ่มเติม	phêrm dterm
anders (bn)	ตางกัน	dtàang gan

arm (bijv. ~e landen)	จน	jon
begrijpelijk (bn)	ชัดเจน	chát jayn
belangrijk (bn)	สำคัญ	săm-khan
belangrijkst (bn)	ที่สำคัญที่สุด	thêe săm-khan thêe sùt

beleefd (bn)	สุภาพ	sù-phâap
beperkt (bn)	จำกัด	jam-gàt
betekenisvol (bn)	สำคัญ	săm-khan
bijziend (bn)	สายตาสั้น	săai dtaa sân
binnen- (abn)	ภายใน	phaai nai

bitter (bn)	ขม	khŏm
blind (bn)	ตาบอด	dtaa bòrt
breed (een ~e straat)	กว้าง	gwâang

breekbaar (porselein, glas)	เปราะบาง	bpròr baang
buiten- (abn)	ภายนอก	phaai nôrk

buitenlands (bn)	ต่างชาติ	dtàang châat
burgerlijk (bn)	พลเรือน	phon-lá-reuan
centraal (bn)	กลาง	glaang
dankbaar (bn)	สำนึกในบุญคุณ	săm-néuk nai bun khun
dicht (~e mist)	หนาแนน	năa nâen

dicht (bijv. ~e mist)	หนา	năa
dicht (in de ruimte)	ใกล้	glâi
dicht (bn)	ใกล้	glâi
dichtstbijzijnd (bn)	ใกล้ที่สุด	glâi thêe sùt

diepvries (~product)	แช่แข็ง	châe khăeng
dik (bijv. muur)	หนา	năa
dof (~ licht)	สลัว	sà-lŭa
dom (dwaas)	โง่	ngôh

donker (bijv. ~e kamer)	มืด	mêut
dood (bn)	ตาย	dtaai
doorzichtig (bn)	ใส	săi
droevig (~ blik)	เศร้า	sâo
droog (bn)	แหง	hâeng

dun (persoon)	ผอม	phŏrm
duur (bn)	แพง	phaeng
eender (bn)	เหมือนกัน	mĕuan gan
eenvoudig (bn)	ง่าย	ngâai
eenvoudig (bn)	ง่าย	ngâai

eeuwenoude (~ beschaving)	โบราณ	boh-raan
enorm (bn)	ใหญ่	yài
geboorte- (stad, land)	ดั้งเดิม	dâng derm
gebruind (bn)	ผิวดำแดง	phĭw dam daeng

gelijkend (bn)	คล้ายคลึง	khláai khleung
gelukkig (bn)	มีความสุข	mee khwaam sùk
gesloten (bn)	ปิด	bpìt
getaand (bn)	คล้ำ	khlám

gevaarlijk (bn)	อันตราย	an-dtà-raai
gewoon (bn)	ปกติ	bpòk-gà-dtì
gezamenlijk (~ besluit)	รวมกัน	rûam gan
glad (~ oppervlak)	เนียน	nian
glad (~ oppervlak)	เรียบ	rîap

goed (bn)	ดี	dee
goedkoop (bn)	ถูก	thòok
gratis (bn)	ฟรี	free
groot (bn)	ใหญ่	yài

hard (niet zacht)	แข็ง	khăeng
heel (volledig)	ทั้งหมด	tháng mòt
heet (bn)	ร้อน	rórn
hongerig (bn)	หิว	hĭw

hoofd- (abn)	หลัก	làk
hoogste (bn)	สูงสุด	sŏong sùt
huidig (courant)	ปัจจุบัน	bpàt-jù-ban
jong (bn)	หนุ่ม	nùm

juist, correct (bn)	ถูก	thòok
kalm (bn)	สงบ	sà-ngòp
kinder- (abn)	ของเด็ก	khŏrng dèk
klein (bn)	เล็ก	lék
koel (~ weer)	เย็น	yen

kort (kortstondig)	มีอายุสั้น	mee aa-yú sân
kort (niet lang)	สั้น	sân
koud (~ water, weer)	เย็น	yen
kunstmatig (bn)	เทียม	thiam

laatst (bn)	ท้ายสุด	tháai sùt
lang (een ~ verhaal)	ยาว	yaao
langdurig (bn)	ยาวนาน	yaao naan
lastig (~ probleem)	ยาก	yâak

leeg (glas, kamer)	ว่าง	wâang
lekker (bn)	อร่อย	à-ròi
licht (kleur)	อ่อน	òrn
licht (niet veel weegt)	เบา	bao

linker (bn)	ซ้าย	sáai
luid (bijv. ~e stem)	ดัง	dang
mager (bn)	ผอม	phŏrm
mat (bijv. ~ verf)	ด้าน	dâan
moe (bn)	เหนื่อย	nèuay

moeilijk (~ besluit)	ยาก	yâak
mogelijk (bn)	เป็นไปได้	bpen bpai dâai
mooi (bn)	สวย	sŭay
mysterieus (bn)	ลึกลับ	léuk láp

naburig (bn)	เพื่อนบ้าน	phêuan bâan
nalatig (bn)	ประมาท	bprà-màat
nat (~te kleding)	เปียก	bpìak
nerveus (bn)	กระวนกระวาย	grà won grà waai
niet groot (bn)	ไม่ใหญ่	mâi yài

niet moeilijk (bn)	ไม่ยาก	mâi yâak
nieuw (bn)	ใหม่	mài
nodig (bn)	จำเป็น	jam bpen
normaal (bn)	ปกติ	bpòk-gà-dtì

251. Beperkende bijwoorden. Bijvoeglijke naamwoorden. Deel 2

onbegrijpelijk (bn)	เข้าใจไม่ได้	khâo jai mâi dâai
onbelangrijk (bn)	ไม่สำคัญ	mâi săm-khan
onbeweeglijk (bn)	ไม่ขยับ	mâi khà-yàp
onbewolkt (bn)	ไร้เมฆ	rái mâyk

ondergronds (geheim)	ลับ	láp
ondiep (bn)	ตื้น	dtêun
onduidelijk (bn)	ไม่ชัดเจน	mâi chát jayn
onervaren (bn)	ขาดประสบการณ์	khàat bprà-sòp gaan
onmogelijk (bn)	เป็นไปไม่ได้	bpen bpai mâi dâai
onontbeerlijk (bn)	จำเป็น	jam bpen

onophoudelijk (bn)	ต่อเนื่อง	dtòr nêuang
ontkennend (bn)	แงลบ	ngâe lóp
open (bn)	เปิด	bpèrt
openbaar (bn)	สาธารณะ	sǎa-thaa-rá-ná
origineel (ongewoon)	ดั้งเดิม	dâng derm

oud (~ huis)	เก่า	gào
overdreven (bn)	เกินขีด	gern khèet
passend (bn)	ที่เหมาะสม	thêe mòr sǒm
permanent (bn)	ถาวร	thǎa-won
persoonlijk (bn)	ส่วนตัว	sùan dtua

plat (bijv. ~ scherm)	แบน	baen
prachtig (~ paleis, enz.)	สวย	sǔay
precies (bn)	ถูกต้อง	thòok dtôrng
prettig (bn)	ดี	dee
privé (bn)	ส่วนบุคคล	sùan bùk-khon

punctueel (bn)	ตรงเวลา	dtrorng way-laa
rauw (niet gekookt)	ดิบ	dìp
recht (weg, straat)	ตรง	dtrorng
rechter (bn)	ขวา	khwǎa
rijp (fruit)	สุก	sùk

riskant (bn)	เสี่ยง	sìang
ruim (een ~ huis)	กว้างขวาง	gwâang khwǎang
rustig (bn)	เงียบ	ngîap
scherp (bijv. ~ mes)	คม	khom
schoon (niet vies)	สะอาด	sà-àat

slecht (bn)	แย่	yâe
slim (verstandig)	ฉลาด	chà-làat
smal (~le weg)	แคบ	khâep
snel (vlug)	เร็ว	reo
somber (bn)	มืดมัว	mêut mua
speciaal (bn)	พิเศษ	phí-sàyt

sterk (bn)	แข็งแกร่ง	khǎeng gràeng
stevig (bn)	แข็ง	khǎeng
straatarm (bn)	ยากจน	yâak jon
strak (schoenen, enz.)	คับ	kháp
teder (liefderijk)	อ่อนโยน	òn yohn

tegenovergesteld (bn)	ตรงข้าม	dtrorng khâam
tevreden (bn)	มีความสุข	mee khwaam sùk
tevreden (klant, enz.)	พอใจ	phor jai
treurig (bn)	เศรา	sâo
tweedehands (bn)	มือสอง	meu sǒrng
uitstekend (bn)	ยอดเยี่ยม	yôrt yîam

uitstekend (bn)	ยอดเยี่ยม	yôrt yîam
uniek (bn)	อย่างเดียว	yàang dieow
veilig (niet gevaarlijk)	ปลอดภัย	bplòrt phai
ver (in de ruimte)	ห่างไกล	hàang glai
verenigbaar (bn)	เข้ากันได้	khâo gan dâai
vermoeiend (bn)	น่าเหนื่อยหน่าย	nâa nèuay nàai
verplicht (bn)	จำเป็น	jam bpen
vers (~ brood)	สด	sòt
verschillende (bn)	หลาย	lăai
verst (meest afgelegen)	ไกล	glai
vettig (voedsel)	มันๆ	man man
vijandig (bn)	เป็นศัตรู	bpen sàt-dtroo
vloeibaar (bn)	เหลว	lěo
vochtig (bn)	ชื้น	chéun
vol (helemaal gevuld)	เต็ม	dtem
volgend (~ jaar)	ถัดไป	thàt bpai
vorig (bn)	ที่ผ่านมา	thêe phàan maa
voornaamste (bn)	หลัก	làk
vorig (~ jaar)	กลาย	glaai
vorig (bijv. ~e baas)	ก่อนหน้า	gòrn nâa
vriendelijk (aardig)	ดี	dee
vriendelijk (goedhartig)	ดี	dee
vrij (bn)	ไม่จำกัด	mâi jam-gàt
vrolijk (bn)	รื่นเริง	rêun rerng
vruchtbaar (~ land)	อุดมสมบูรณ์	ù-dom sŏm-boon
vuil (niet schoon)	สกปรก	sòk-gà-bpròk
waarschijnlijk (bn)	เป็นไปได้	bpen bpai dâai
warm (bn)	อุ่น	ùn
wettelijk (bn)	ทางกฎหมาย	thaang gòt măai
zacht (bijv. ~ kussen)	นิ่ม	nîm
zacht (bn)	ต่ำ	dtàm
zeldzaam (bn)	หายาก	hăa yâak
ziek (bn)	ป่วย	bpùay
zoet (~ water)	จืด	jèut
zoet (bn)	หวาน	wăan
zonnig (~e dag)	แดดแรง	dàet raeng
zorgzaam (bn)	ที่ห่วงใย	thêe hùang yai
zout (de soep is ~)	เค็ม	khem
zuur (smaak)	เปรี้ยว	bprîeow
zwaar (~ voorwerp)	หนัก	nàk

233

DE 500 BELANGRIJKSTE WERKWOORDEN

252. Werkwoorden A-C

aaien (bijv. een konijn ~)	ลูบ	lôop
aanbevelen (ww)	แนะนำ	náe nam
aandringen (ww)	ยืนยัน	yeun yan
aankomen (ov. de treinen)	มาถึง	maa thĕung

aanleggen (bijv. bij de pier)	จอดเรือ	jòrt reua
aanraken (met de hand)	สัมผัส	săm-phàt
aansteken (kampvuur, enz.)	จุดไฟ	jùt fai
aanstellen (in functie plaatsen)	มอบหมาย	môrp măai

aanvallen (mil.)	โจมตี	johm dtee
aanvoelen (gevaar ~)	รับรู้	ráp róo
aanvoeren (leiden)	นำ	nam
aanwijzen (de weg ~)	ชี้	chée

aanzetten (computer, enz.)	เปิด	bpèrt
ademen (ww)	หายใจ	hăai jai
adverteren (ww)	โฆษณา	khôht-sà-naa
adviseren (ww)	แนะนำ	náe nam

afdalen (on.ww.)	ลง	long
afgunstig zijn (ww)	อิจฉา	ìt-chăa
afhakken (ww)	ตัดออก	dtàt òrk
afhangen van ...	พึงพา...	phêung phaa...

afluisteren (ww)	ลอบฟัง	lôrp fang
afnemen (verwijderen)	เอาออก	ao òrk
afrukken (ww)	ฉีก	chèek
afslaan (naar rechts ~)	เลี้ยว	líeow

afsnijden (ww)	ตัดออก	dtàt òrk
afzeggen (ww)	ยกเลิก	yók lêrk
amputeren (ww)	ตัดอวัยวะ	dtàt a-wai-wá
amuseren (ww)	ทำให้รื่นเริง	thám hâi rêun rerng

antwoorden (ww)	ตอบ	dtòrp
applaudisseren (ww)	ปรบมือ	bpròp meu
aspireren (iets willen worden)	ปรารถนา	bpràat-thà-năa
assisteren (ww)	ช่วย	chûay

bang zijn (ww)	กลัว	glua
barsten (plafond, enz.)	แตก	dtàek
bedienen (in restaurant)	เซิร์ฟ	sêrf
bedreigen (bijv. met een pistool)	ขู่	khòo

bedriegen (ww)	หลอก	lòrk
beduiden (betekenen)	บงบอก	bòng bòrk
bedwingen (ww)	ยับยั้ง	yáp yáng
beëindigen (ww)	จบ	jòp
begeleiden (vergezellen)	ร่วมไปด้วย	rûam bpai dûay
begieten (water geven)	รดน้ำ	rót náam
beginnen (ww)	เริ่ม	rêrm
begrijpen (ww)	เข้าใจ	khâo jai
behandelen (patiënt, ziekte)	รักษา	rák-sǎa
beheren (managen)	จัดการ	jàt gaan
beïnvloeden (ww)	มีอิทธิพล	mee ìt-thí phon
bekennen (misdadiger)	สารภาพ	sǎa-rá-phâap
beledigen (met scheldwoorden)	ดูถูก	doo thòok
beledigen (ww)	ล่วงเกิน	lûang gern
beloven (ww)	สัญญา	sǎn-yaa
beperken (de uitgaven ~)	จำกัด	jam-gàt
bereiken (doel ~, enz.)	บรรลุ	ban-lú
bereiken (plaats van bestemming ~)	ไปถึง	bpai thěung
beschermen (bijv. de natuur ~)	ปกป้อง	bpòk bpôrng
beschuldigen (ww)	กล่าวหา	glàao hǎa
beslissen (~ iets te doen)	ตัดสินใจ	dtàt sǐn jai
besmet worden (met ...)	ติดเชื้อ	dtìt chéua
besmetten (ziekte overbrengen)	ทำให้ติดเชื้อ	tham hâi dtìt chéua
bespreken (spreken over)	หารือ	hǎa-reu
bestaan (een ~ voeren)	มีชีวิต	mee chee-wít
bestellen (eten ~)	สั่งอาหาร	sàng aa-hǎan
bestraffen (een stout kind ~)	ลงโทษ	long thôht
betalen (ww)	จ่าย	jàai
betekenen (beduiden)	บงบอก	bòng bòrk
betreuren (ww)	เสียใจ	sǐa jai
bevallen (prettig vinden)	ชอบ	chôrp
bevelen (mil.)	สั่งการ	sàng gaan
bevredigen (ww)	ทำให้...พอใจ	tham hâi...phor jai
bevrijden (stad, enz.)	ปลดปล่อย	bplòt bplòi
bewaren (oude brieven, enz.)	เก็บ	gèp
bewaren (vrede, leven)	รักษา	rák-sǎa
bewijzen (ww)	พิสูจน์	phí-sòot
bewonderen (ww)	ชมเชย	chom choie
bezitten (ww)	เป็นเจ้าของ	bpen jâo khǒrng
bezorgd zijn (ww)	กังวล	gang-won
bezorgd zijn (ww)	เป็นห่วง	bpen hùang
bidden (praten met God)	ภาวนา	phaa-wá-naa
bijvoegen (ww)	เพิ่ม	phêrm

binden (ww)	มัด	mát
binnengaan (een kamer ~)	เขา	khâo
blazen (ww)	เป่า	bpào
blozen (zich schamen)	หน้าแดง	nâa daeng
blussen (brand ~)	ดับ	dàp
boos maken (ww)	ทำให้...โกรธ	tham hâi...gròht
boos zijn (ww)	โกรธ	gròht
breken	ขาด	khàat
(on.ww., van een touw)		
breken (speelgoed, enz.)	ทำพัง	tham phang
brengen (iets ergens ~)	นำมา	nam maa
charmeren (ww)	หว่านเสน่ห์	wàan sà-này
citeren (ww)	อ้างอิง	âang ing
compenseren (ww)	ชดเชย	chót-choie
compliceren (ww)	ทำให้...ซับซ้อน	tham hâi...sáp són
componeren (muziek ~)	แต่ง	dtàeng
compromitteren (ww)	ทำให้...เสียเกียรติ	tham hâi...sǐa gìat
concurreren (ww)	แข่งขัน	khàeng khǎn
controleren (ww)	ควบคุม	khûap khum
coöpereren (samenwerken)	ร่วมมือ	rûam meu
coördineren (ww)	ประสานงาน	bprà-sǎan ngaan
corrigeren (fouten ~)	แก้ไข	gâe khǎi
creëren (ww)	สร้าง	sâang

253. Werkwoorden D-K

danken (ww)	แสดงความขอบคุณ	sà-daeng khwaam khòrp kun
de was doen	ซักผ้า	sák phâa
de weg wijzen	บอกทาง	bòrk thaang
deelnemen (ww)	มีส่วนร่วม	mee sùan rûam
delen (wisk.)	หาร	hǎan
denken (ww)	คิด	khít
doden (ww)	ฆ่า	khâa
doen (ww)	ทำ	tham
dresseren (ww)	ฝึก	fèuk
drinken (ww)	ดื่ม	dèum
drogen (klederen, haar)	ทำให้...แห้ง	tham hâi...hâeng
dromen (in de slaap)	ฝัน	fǎn
dromen (over vakantie ~)	ฝัน	fǎn
duiken (ww)	ดำ	dam
durven (ww)	กล้า	glâa
duwen (ww)	ผลัก	phlàk
een auto besturen	ขับรถ	khàp rót
een bad geven	อาบน้ำให้	àap náam hâi
een bad nemen	อาบน้ำ	àap náam
een conclusie trekken	สรุป	sà-rùp

foto's maken	ถ่ายภาพ	thàai phâap
eisen (met klem vragen)	เรียกร้อง	rîak rórng
erkennen (schuld)	ยอมรับ	yorm ráp
erven (ww)	รับมรดก	ráp mor-rá-dòrk
eten (ww)	กิน	gin
excuseren (vergeven)	ให้อภัย	hâi a-phai
existeren (bestaan)	มีอยู่	mee yòo
feliciteren (ww)	แสดงความยินดี	sà-daeng khwaam yin dee
gaan (te voet)	ไป	bpai
gaan slapen	ไปนอน	bpai norn
gaan zitten (ww)	นั่ง	nâng
gaan zwemmen	ว่ายน้ำ	wâai náam
garanderen (garantie geven)	รับประกัน	ráp bprà-gan
gebruiken (bijv. een potlood ~)	ใช้	chái
gebruiken (woord, uitdrukking)	ใช้	chái
geconserveerd zijn (ww)	ได้รับการรักษา	dâai ráp gaan rák-sǎa
gedateerd zijn (ww)	มาตั้งแต่...	maa dtâng dtàe...
gehoorzamen (ww)	เชื่อฟัง	chêua fang
gelijken (op elkaar lijken)	เหมือน	měuan
geloven (vinden)	คิด	khít
genoeg zijn (ww)	พอเพียง	phor phiang
geven (ww)	ให้	hâi
gieten (in een beker ~)	ริน	rin
glimlachen (ww)	ยิ้ม	yím
glimmen (glanzen)	ส่องแสง	sòrng sǎeng
gluren (ww)	แอบดู	àep doo
goed raden (ww)	คาดเดา	khâat dao
gooien (een steen, enz.)	ขว้าง	khwâang
grappen maken (ww)	ล้อเล่น	lór lên
graven (tunnel, enz.)	ขุด	khùt
haasten (iemand ~)	รีบ	rêep
hebben (ww)	มี	mee
helpen (hulp geven)	ช่วย	chûay
herhalen (opnieuw zeggen)	พูดซ้ำ	phôot sám
herinneren (ww)	จำ	jam
herinneren aan ... (afspraak, opdracht)	นึกถึง	néuk thěung
herkennen (identificeren)	จดจำ	jòt jam
herstellen (repareren)	ซ่อม	sôrm
het haar kammen	หวีผม	wěe phǒm
hopen (ww)	หวัง	wǎng
horen (waarnemen met het oor)	ได้ยิน	dâai yin
houden van (muziek, enz.)	ชอบ	chôrp
huilen (wenen)	ร้องไห้	rórng hâi
huiveren (ww)	สั่น	sàn

huren (een boot ~)	จ้าง	jâang
huren (huis, kamer)	เช่า	châo
huren (personeel)	จ้าง	jâang
imiteren (ww)	เลียนแบบ	lian bàep

importeren (ww)	นำเข้า	nam khâo
inenten (vaccineren)	ฉีดวัคซีน	chèet wák-seen
informeren (informatie geven)	แจง	jâeng
informeren naar ... (navraag doen)	สอบถาม	sòrp thǎam
inlassen (invoegen)	สอดใส่	sòrt sài

inpakken (in papier)	ห่อ	hòr
inspireren (ww)	บันดาลใจ	ban-daan jai
instemmen (akkoord gaan)	เห็นด้วย	hěn dûay
interesseren (ww)	ทำให้...สนใจ	tham hâi...sǒn jai

irriteren (ww)	ทำให้...รำคาญ	tham hâi...ram-khaan
isoleren (ww)	แยก	yâek
jagen (ww)	ล่าหา	lâa hǎa
kalmeren (kalm maken)	ทำให้...สงบ	tham hâi...sà-ngòp

kennen (kennis hebben van iemand)	รู้จัก	róo jàk
kennismaken (met ...)	ทำความรู้จัก	tham khwaam róo jàk
kiezen (ww)	เลือก	lêuak
kijken (ww)	มองดู	morng doo

klaarmaken (een plan ~)	เตรียม	dtriam
klaarmaken (het eten ~)	ทำ	tham
klagen (ww)	บ่น	bòn
kloppen (aan een deur)	เคาะ	khór

kopen (ww)	ซื้อ	séu
kopieën maken	ถ่ายสำเนาหลายฉบับ	thàai sǎm-nao lǎai chà-bàp
kosten (ww)	มีราคา	mee raa-khaa
kunnen (ww)	สามารถ	sǎa-mâat
kweken (planten ~)	ปลูก	bplòok

254. Werkwoorden L-R

lachen (ww)	หัวเราะ	hǔa rór
laden (geweer, kanon)	ใส่กระสุน	sài grà-sǔn
laden (vrachtwagen)	ขนของ	khǒn khǒrng
laten vallen (ww)	ทำให้...ตก	tham hâi...dtòk

lenen (geld ~)	ขอยืม	khǒr yeum
leren (lesgeven)	สอน	sǒrn
leven (bijv. in Frankrijk ~)	อยู่อาศัย	yòo aa-sǎi
lezen (een boek ~)	อ่าน	àan

lid worden (ww)	เข้าร่วมใน	khâo rûam nai
liefhebben (ww)	รัก	rák
liegen (ww)	โกหก	goh-hòk

liggen (op de tafel ~)	อยู่	yŏo
liggen (persoon)	นอน	norn
lijden (pijn voelen)	ทรมาน	thor-rá-maan
losbinden (ww)	แก้มัด	gâe mát
luisteren (ww)	ฟัง	fang

lunchen (ww)	ทานอาหารเที่ยง	thaan aa-hăan thîang
markeren (op de kaart, enz.)	ทำเครื่องหมาย	tham khrêuang măai
melden (nieuws ~)	แจ้ง	jâeng
memoriseren (ww)	จดจำ	jòt jam

mengen (ww)	ผสม	phà-sŏm
mikken op (ww)	เล็ง	leng
minachten (ww)	รังเกียจ	rang gìat
moeten (ww)	ต้อง	dtôrng

morsen (koffie, enz.)	ทำให้...หก	tham hâi...hòk
naderen (dichterbij komen)	เข้าใกล้	khâo glâi
neerlaten (ww)	ลด	lót
nemen (ww)	เอา	ao

nodig zijn (ww)	เป็นที่ต้องการ	bpen thêe dtôrng gaan
noemen (ww)	เรียก	rîak
noteren (opschrijven)	จดโน้ต	jòt nóht
omhelzen (ww)	กอด	gòrt

omkeren (steen, voorwerp)	พลิก	phlík
onderhandelen (ww)	เจรจา	jayn-rá-jaa
ondernemen (ww)	ดำเนินการ	dam-nern gaan
onderschatten (ww)	ดูถูก	doo thòok

onderscheiden (een ereteken geven)	มอบรางวัล	môrp raang-wan
onderstrepen (ww)	ขีดเส้นใต้	khèet sên dtâi
ondertekenen (ww)	ลงนาม	long naam
onderwijzen (ww)	สอน	sŏrn

onderzoeken (alle feiten, enz.)	ตรวจสอบ	dtrùat sòrp
bezorgd maken	ทำให้...เป็นห่วง	tham hâi...bpen hùang
onmisbaar zijn (ww)	มีความจำเป็น	mee khwaam jam bpen
ontbijten (ww)	ทานอาหารเช้า	thaan aa-hăan cháo

ontdekken (bijv. nieuw land)	ค้นพบ	khón phóp
ontkennen (ww)	ปฏิเสธ	bpà-dtì-sàyt
ontlopen (gevaar, taak)	หลีกเลี่ยง	lèek lîang
ontnemen (ww)	ตัด	dtàt

ontwerpen (machine, enz.)	ออกแบบ	òrk bàep
oorlog voeren (ww)	ทำสงคราม	tham sŏng-khraam
op orde brengen	จัดเรียง	jàt riang
opbergen (in de kast, enz.)	เก็บที่	gèp thêe
opduiken (ov. een duikboot)	ขึ้นมาที่ผิวน้ำ	khêun maa thêe phĭw náam

openen (ww)	เปิด	bpèrt
ophangen (bijv. gordijnen ~)	แขวน	khwăen

ophouden (ww)	หยุด	yùt
oplossen (een probleem ~)	แก้ไข	gâe khǎi
opmerken (zien)	สังเกต	sǎng-gàyt

opmerken (zien)	เหลือบมอง	lèuap morng
opscheppen (ww)	อวด	ùat
opschrijven (op een lijst)	เขียน...ใส่	khǐan...sài
opschrijven (ww)	จด	jòt

opstaan (uit je bed)	ลุกขึ้น	lúk khêun
opstarten (project, enz.)	เปิด	bpèrt
opstijgen (vliegtuig)	บินขึ้น	bin khêun
optreden (resoluut ~)	ปฏิบัติ	bpà-dtì-bàt

organiseren (concert, feest)	จัด	jàt
overdoen (ww)	ทำซ้ำ	tham sám
overheersen (dominant zijn)	ชนะ	chá-ná
overschatten (ww)	ตีค่าสูงเกิน	dtee khâa sǒong gern

overtuigd worden (ww)	ถูกโน้มน้าว	thook nóhm náao
overtuigen (ww)	โน้มน้าว	nóhm náao
passen (jurk, broek)	เหมาะ	mò
passeren	ผ่าน	phàan
(~ mooie dorpjes, enz.)		

peinzen (lang nadenken)	มัวแต่ครุ่นคิด	mua dtàe khrûn-khít
penetreren (ww)	แทรกซึม	sâek seum
plaatsen (ww)	วาง	waang
plaatsen (zetten)	วาง	waang

plannen (ww)	วางแผน	waang phǎen
plezier hebben (ww)	มีความสุข	mee khwaam sùk
plukken (bloemen ~)	เก็บ	gèp
prefereren (verkiezen)	ชอบ	chôrp

proberen (trachten)	พยายาม	phá-yaa-yaam
proberen (trachten)	ลอง	lorng
protesteren (ww)	ประท้วง	bprà-thúang
provoceren (uitdagen)	ยั่วยุ	yûa yú

raadplegen (dokter, enz.)	ปรึกษา	bprèuk-sǎa
rapporteren (ww)	รายงาน	raai ngaan
redden (ww)	ช่วยชีวิต	chûay chee-wít
regelen (conflict)	ยุติ	yút-dtì

reinigen (schoonmaken)	ทำความสะอาด	tham khwaam sà-àat
rekenen op ...	พึ่งพา	phêung phaa
rennen (ww)	วิ่ง	wîng
reserveren	จอง	jorng
(een hotelkamer ~)		

rijden (per auto, enz.)	ไป	bpai
rillen (ov. de kou)	หนาวสั่น	nǎao sàn
riskeren (ww)	เสี่ยง	sìang
roepen (met je stem)	เรียก	rîak
roepen (om hulp)	เรียก	rîak

ruiken (bepaalde geur verspreiden)	มีกลิ่น	mee glìn
ruiken (rozen)	ดมกลิ่น	dom glìn
rusten (verpozen)	พัก	phák

255. Verbs S-V

samenstellen, maken (een lijst ~)	รวบรวม	rûap ruam
schieten (ww)	ยิง	ying
schoonmaken (bijv. schoenen ~)	ทำความสะอาด	tham khwaam sà-àat
schoonmaken (ww)	จัดระเบียบ	jàt rá-bìap

schrammen (ww)	ขวน	khùan
schreeuwen (ww)	ตะโกน	dtà-gohn
schrijven (ww)	เขียน	khĭan
schudden (ww)	เขย่า	khà-yào

selecteren (ww)	เลือก	lêuak
simplificeren (ww)	ทำให้ง่ายขึ้น,	tham hâi ngâai khêun
slaan (een hond ~)	ตี	dtee
sluiten (ww)	ปิด	bpìt

smeken (bijv. om hulp ~)	ขอร้อง	khŏr rórng
souperen (ww)	ทานอาหารเย็น	thaan aa-hăan yen
spelen (bijv. filmacteur)	เล่นบท	lên bòt
spelen (kinderen, enz.)	เล่น	lên

spreken met …	คุยกับ	khui gàp
spuwen (ww)	ถุย	thŭi
stelen (ww)	ขโมย	khà-moi
stemmen (verkiezing)	ลงคะแนน	long khá-naen
steunen (een goed doel, enz.)	สนับสนุน	sà-nàp-sà-nŭn

stoppen (pauzeren)	หยุด	yùt
storen (lastigvallen)	รบกวน	róp guan
strijden (tegen een vijand)	สู้	sôo
strijden (ww)	สู้รบ	sôo róp

strijken (met een strijkbout)	รีด	rêet
studeren (bijv. wiskunde ~)	เรียน	rian
sturen (zenden)	ส่ง	sòng
tellen (bijv. geld ~)	นับ	náp

terugkeren (ww)	กลับ	glàp
terugsturen (ww)	ส่งคืน	sòng kheun
toebehoren aan …	เป็นของของ…	bpen khŏrng khŏrng…
toegeven (zwichten)	ยอม	yorm

toenemen (on. ww)	เพิ่ม	phêrm
toespreken (zich tot iemand richten)	พูดกับ	phôot gàp

toestaan (goedkeuren)	อนุญาตให้	a-nú-yâat hâi
toestaan (ww)	อนุญาต	a-nú-yâat
toewijden (boek, enz.)	อุทิศ	u thít
tonen (uitstallen, laten zien)	แสดง	sà-daeng
trainen (ww)	ฝึก	fèuk
transformeren (ww)	เปลี่ยนแปลง	bplìan bplaeng
trekken (touw)	ดึง	deung
trouwen (ww)	แต่งงาน	dtàeng ngaan
tussenbeide komen (ww)	แทรกแซง	sâek saeng
twijfelen (onzeker zijn)	สงสัย	sŏng-săi
uitdelen (pamfletten ~)	แจกจ่าย	jàek jàai
uitdoen (licht)	ปิด	bpìt
uitdrukken (opinie, gevoel)	แสดงออก	sà-daeng òrk
uitgaan (om te dineren, enz.)	ออกไป	òrk bpai
uitlachen (bespotten)	เยาะเยย	yór-yóie
uitnodigen (ww)	เชิญ	chern
uitrusten (ww)	ติด	dtìt
uitsluiten (wegsturen)	ไล่ออก	lâi òrk
uitspreken (ww)	ออกเสียง	òrk sĭang
uittorenen (boven ...)	ทำให้...สูงเหนือ	tham hâi...sŏong nĕua
uitvaren tegen (ww)	ด่าว่า	dù wâa
uitvinden (machine, enz.)	ประดิษฐ์	bprà-dìt
uitwissen (ww)	ขัดออก	khàt òrk
vangen (ww)	รับ	ráp
vastbinden aan ...	ผูกกับ...	phòok gàp...
vechten (ww)	สู้	sôo
veranderen (bijv. mening ~)	เปลี่ยน	bplìan
verbaasd zijn (ww)	ประหลาดใจ	bprà-làat jai
verbazen (verwonderen)	ทำให้...ประหลาดใจ	tham hâi...bprà-làat jai
verbergen (ww)	ซ่อน	sôrn
verbieden (ww)	ห้าม	hâam
verblinden (andere chauffeurs)	ทำให้มองไม่เห็น	tam hâi morng mâi hĕn
verbouwereerd zijn (ww)	สับสน	sàp sŏn
verbranden (bijv. papieren ~)	เผา	phăo
verdedigen (je land ~)	ปกป้อง	bpòk bpôrng
verdenken (ww)	สงสัย	sŏng-săi
verdienen (een complimentje, enz.)	สมควรได้รับ	sŏm khuan dâai ráp
verdragen (tandpijn, enz.)	ทน	thon
verdrinken (in het water omkomen)	จมน้ำ	jom náam
verdubbelen (ww)	เพิ่มเป็นสองเท่า	phêrm bpen sŏrng thâo
verdwijnen (ww)	หายไป	hăai bpai
verenigen (ww)	ทำให้...รวมกัน	tham hâi...ruam gan
vergelijken (ww)	เปรียบเทียบ	bprìap thîap

vergeten (achterlaten)	ลืม	leum
vergeten (ww)	ลืม	leum
vergeven (ww)	ยกโทษให้	yók thôht hâi
vergroten (groter maken)	เพิ่ม	phêrm
verklaren (uitleggen)	อธิบาย	à-thí-baai
verklaren (volhouden)	ยืนยัน	yeun yan
verklikken (ww)	ประณาม	bprà-naam
verkopen (per stuk ~)	ขาย	khǎai
verlaten (echtgenoot, enz.)	หยา	yàa
verlichten (gebouw, straat)	ทำให้สว่าง	tham hâi sà-wàang
verlichten (gemakkelijker maken)	ทำให้...ง่ายขึ้น	tham hâi...ngâai khêun
verliefd worden (ww)	ตกหลุมรัก	dtòk lǔm rák
verliezen (bagage, enz.)	ทำหาย	tham hǎai
vermelden (praten over)	กล่าวถึง	glàao thěung
vermenigvuldigen (wisk.)	คูณ	khoon
verminderen (ww)	ลด	lót
vermoeid raken (ww)	เหนื่อย	nèuay
vermoeien (ww)	ทำให้...เหนื่อย	tham hâi...nèuay

256. Verbs V-Z

vernietigen (documenten, enz.)	ทำลาย	tham laai
veronderstellen (ww)	สมมุติ	sǒm mút
verontwaardigd zijn (ww)	ขุ่นเคือง	khùn kheuang
veroordelen (in een rechtszaak)	พิพากษา	phí-phâak-sǎa
veroorzaken ... (oorzaak zijn van ...)	เป็นสาเหตุ...	bpen sǎa-hàyt...
verplaatsen (ww)	ย้าย	yáai
verpletteren (een insect, enz.)	ปี้	bêe
verplichten (ww)	บังคับ	bang-kháp
verschijnen (bijv. boek)	ออกวางจำหน่าย	òrk waang jam-nàai
verschijnen (in zicht komen)	ปรากฏ	bpraa-gòt
verschillen (~ van iets anders)	แตกต่าง	dtàek dtàang
versieren (decoreren)	ตกแต่ง	dtòk dtàeng
verspreiden (pamfletten, enz.)	แจกจ่าย	jàek jàai
verspreiden (reuk, enz.)	ปล่อย	bplòi
versterken (positie ~)	เสริม	sěrm
verstommen (ww)	หยุดพูด	yùt phôot
vertalen (ww)	แปล	bplae
vertellen (verhaal ~)	เล่า	lâo
vertrekken (bijv. naar Mexico ~)	ออกเดินทาง	òrk dern thaang

vertrouwen (ww)	เชื่อ	chêua
vervolgen (ww)	ดำเนินการต่อ	dam-nern gaan dtòr
verwachten (ww)	คาดหวัง	khâat wǎng
verwarmen (ww)	อุ่นให้ร้อน	ùn hâi rórn
verwarren (met elkaar ~)	สับสน	sàp sǒn
verwelkomen (ww)	ทักทาย	thák thaai
verwezenlijken (ww)	ทำให้...เป็นจริง	tham hâi...bpen jing
verwijderen (een obstakel)	กำจัด	gam-jàt
verwijderen (een vlek ~)	ลางออก	láang òrk
verwijten (ww)	ตำหนิ	dtam-nì
verwisselen (ww)	แลกเปลี่ยน	lâek bplìan
verzoeken (ww)	ขอ	khǒr
verzuimen (school, enz.)	พลาด	phlâat
vies worden (ww)	สกปรก	sòk-gà-bpròk
vinden (denken)	เชื่อ	chêua
vinden (ww)	คนหา	khón hǎa
vissen (ww)	จับปลา	jàp bplaa
vleien (ww)	ชม	chom
vliegen (vogel, vliegtuig)	บิน	bin
voederen (een dier voer geven)	ให้อาหาร	hâi aa-hǎan
volgen (ww)	ไปตาม...	bpai dtaam...
voorstellen (introduceren)	แนะนำ	náe nam
voorstellen (Mag ik jullie ~)	แนะนำ	náe nam
voorstellen (ww)	เสนอ	sà-něr
voorzien (verwachten)	คาดหวัง	khâat wǎng
vorderen (vooruitgaan)	คืบหน้า	khêup nâa
vormen (samenstellen)	ก่อตั้ง	gòr dtâng
vullen (glas, fles)	เติมให้เต็ม	dterm hâi dtem
waarnemen (ww)	สังเกตการณ์	sǎng-gàyt gaan
waarschuwen (ww)	เตือน	dteuan
wachten (ww)	รอ	ror
wassen (ww)	ลาง	láang
weerspreken (ww)	ค้าน	kháan
wegdraaien (ww)	มวนหน้า	múan nâa
wegdragen (ww)	เอาไป	ao bpai
wegen (gewicht hebben)	มีน้ำหนัก	mee nám nàk
wegjagen (ww)	ไล่ไป	lâi bpai
weglaten (woord, zin)	เว้น	wén
wegvaren (uit de haven vertrekken)	ถอดออก	thòrt òrk
weigeren (iemand ~)	ปฏิเสธ	bpà-dtì-sàyt
wekken (ww)	ปลุกให้ตื่น	bplùk hâi dtèun
wensen (ww)	ปรารถนา	bpràat-thà-nǎa
werken (ww)	ทำงาน	tham ngaan
weten (ww)	รู้	róo

willen (verlangen)	ต้องการ	dtôrng gaan
wisselen (omruilen, iets ~)	แลกเปลี่ยน	lâek bplìan
worden (bijv. oud ~)	กลายเป็น	glaai bpen
worstelen (sport)	มวยปล้ำ	muay bplâm
wreken (ww)	แก้แค้น	gâe kháen

zaaien (zaad strooien)	หว่าน	wàan
zeggen (ww)	พูด	phôot
zich baseerd op	อิง	ing
zich bevrijden van ... (afhelpen)	กำจัด...	gam-jàt...

zich concentreren (ww)	ตั้งสมาธิ	dtâng sà-maa-thí
zich ergeren (ww)	หงุดหงิด	ngùt-ngìt
zich gedragen (ww)	ประพฤติตัว	bprà-phréut dtua
zich haasten (ww)	รีบ	rêep
zich herinneren (ww)	จำ	jam

zich herstellen (ww)	ฟื้นตัว	féun dtua
zich indenken (ww)	มีจินตนาการ	mee jin-dtà-naa gaan
zich interesseren voor ...	สนใจ	sǒn jai
zich scheren (ww)	โกน	gohn

zich trainen (ww)	ฝึก	fèuk
zich verdedigen (ww)	ปกป้อง	bpòk bpôrng
zich vergissen (ww)	ทำผิดพลาด	tham phìt phlâat
zich verontschuldigen	ขอโทษ	khǒr thôht

zich verspreiden (meel, suiker, enz.)	หก	hòk
zich vervelen (ww)	เบื่อ	bèua
zijn (ww)	เป็น	bpen

zinspelen (ww)	พูดเป็นนัย	phôot bpen nai
zitten (ww)	นั่ง	nâng
zoeken (ww)	หา	hǎa
zondigen (ww)	ทำบาป	tham bàap

zuchten (ww)	ถอนหายใจ	thǒrn hǎai-jai
zwaaien (met de hand)	โบกมือ	bòhk meu
zwemmen (ww)	ว่ายน้ำ	wâai náam
zwijgen (ww)	นิ่งเงียบ	nîng ngîap

www.ingramcontent.com/pod-product-compliance
Lightning Source LLC
Chambersburg PA
CBHW071321090426
42738CB00012B/2751